叢書アレテイア 8

批判的社会理論の現在

仲正昌樹◆編

福田隆雄，　高原幸子，　清家竜介，　権　安理，
合田香奈子，　松井賢太郎，　永井順子，　綾部六郎

御茶の水書房

批判的社会理論の現在　目次

目次

第一章　ポストモダン社会の「労働価値説」――仲正昌樹――3

1　近代的「人間」と「労働」　3
2　「労働」から「消費」へ　5
3　「消費」と記号論　7
4　「パラノ」から「スキゾ」へ　9
5　「スキゾ・キッズ」と「フリーター」　13
6　「フリーター」から「ニート」へ　15
7　「ニート」言説から見た「労働価値」説　18
8　労働価値説の多様化　20
9　ネット化社会と労働　24

第二章　絡め取られる〈個〉と舫《モカ》い紡《ツム》ぎだす〈個〉――福田隆雄――27
――〈共〉の経済への序章として――

1　基底にあるもの　27

目　次

2　悪魔の碾臼——自己調整する市場　33
3　絡め取られた〈個〉とその受肉の〈場〉の変容　40
4　〈網の目〉を資本として捉える　49
5　舫《モカ》い、紡《ツム》ぎだす〈個〉——〈共〉の経済へ　55

第三章　弁証法的唯物論とウェブ状のマルクス——————高原幸子——　69

1　はじめに　69
2　エクスタシーとシュルレアリスム　73
3　内在化と超越論　76
4　始まりと生の律動　80
5　労働の彼岸　83
6　おわりに——路地裏と水の記憶　87

第四章　コミュニケーション的理性とメディア——————清家竜介——　93
——媒介された主体性を巡って——

はじめに　「コミュニケーション論的転回」の際に見落とされたもの　93

1　コミュニケーション論的転回への道程　96
2　形式語用論によるコミュニケーション的理性の救済　101
3　「聖なるものの言語化」と「システム論の導入」による生活世界の純粋化　105
4　「信頼」と「正義」のメディアとしての貨幣　111
5　聖なるものの貨幣化　116
6　貨幣メディアの使用によるポスト伝統的な相互主観性の産出　120
むすび　コミュニケーション的理性の盲点　127

第五章　リチャード・ローティにおける「公的／私的」区分——ローティから見たフーコー——　権　安理　137

はじめに　137
1　権力と社会批判　139
2　「公的／私的」区分への位置づけ　142
3　「公的／私的」区分と固有名　146
4　「公的／私的」区分と「顔」　150

第六章　現代における自由と複数性への可能性――合田香奈子――161
はじめに　161
1　現代における自由の問題　164
2　リベラリズムにおける自由と主権性　165
3　コミュニケーション的自由による主権性　170
4　自己の複数性　174
5　崇高なものの判断力と自由　181
むすび　183
第七章　ドゥルーズ＝ガタリと新しいプラグマティクス――松井賢太郎――189
1　言語学というツリー　189
2　言語体系の異種混淆性――D＝Gと社会言語学（一）　192
3　マイナー性の言語学――D＝Gと社会言語学（二）　195
4　「指令語」とは何か？――D＝Gと言語行為論　201
5　言表行為のアレンジメント――D＝Gとフーコー言表理論　207

6　力の存在論――D＝Gとフーコー権力論（一）　213
7　権力論から欲望論へ――D＝Gとフーコー権力論（二）　218
8　ふたつの変異の系列――D＝Gとフーコー権力論（三）　222
9　新しいプラグマティクス　230
結び　新しいプラグマティクスの効能について　237

第八章　法・権利・社会・福祉国家――永井順子――　249
――「人を主体として生きさせる」ものをめぐって――

序　249
1　フーコーによる、権力の「法・主権モデル」批判　250
2　法とノルム　255
3　フーコーと「社会」　261
4　「社会」と福祉国家の検討　267
5　結びにかえて　271

第九章　親密圏のノルム化——批判的社会理論は人々の親密な関係のあり方と法との関係について何が言えるのか？——綾部六郎——277

1　はじめに　277
2　同性婚の法制化を正当化するロジックとしての「承認」論　280
3　正当化のロジックに対するいくつかの疑問　282
4　婚姻という制度それ自体がもつ問題点：ノルムという観点から　285
5　おわりに　292

批判的社会理論の現在

第一章　ポストモダン社会の「労働価値説」

仲正昌樹

1　近代的「人間」と「労働」

フランスの哲学者フーコー（一九二六—八四）は、その主著『言葉と物』（一九六六）で、一八世紀末に西欧世界で成立し、その終焉期を迎えつつある——現在、本当に終焉したことになるのか否かはっきりしないが——近代的な「エピステーメー（知の深層構造）」は、「人間」という概念を中心に形成されてきたと指摘している。この場合の「人間」というのは、近代的な人文諸科学（sciences humaines）の探究の前提となるべく、予めその基本的性格を規定され、枠付けされた「人間」である。そして、この「人間」をめぐる近代的な思考の三つの主要な経路が、「生命」「労働」「言語活動」である。つまり、生命体としての人間、労働（経済）主体しての人間、語る主体としての人間という三つのイメージの相関関係の中で、「人間」という概念が規定されていたのである。

この内の「労働」という側面を最初に発見したとされるのは周知のように、古典派経済学の創始者アダム・スミス（一七二三―九〇）である。スミスは、重商主義を批判して自由貿易を提唱する『諸国民の富』（一七七六）の中で、「労働」が全ての商品の交換価値の真の尺度であるという「労働価値説」を定式化している。商品aと商品bを比較して、市場での価格を確定するための具体的な尺度として利用されるのは、「労働時間」であるという。無論、「労働時間」と商品の価格（交換価値）が正確に比例しているわけではないが、全体的に見て、「労働時間」の長短が市場での需給のメカニズムを通して商品の価格に反映されることになる。市場での競争に勝ち残ろうとする生産者は、分業などによって労働の効率を高め、相対的に短い労働時間で商品を生産し、安く売ろうとする。そうした生産者間の競争によって、労働（時間当たり）の生産性は社会全体として高まっていき、国民の富が増大していく、というのである。

古典的自由主義経済の批判者であるマルクス（一八一八―八三）は、スミスの「労働価値説」の図式を基本的に継承しながら、「労働」が交換価値の尺度になっているがゆえに、労働者が搾取されている逆説が起こっている、という議論を展開する。スミスの議論においては、生産者＝労働者として想定されていたが、マルクスによれば、資本主義的生産体制においては、（肉体）労働を買って商品を生産する「資本家」と、「労働者」との間に階級的利害の対立が生じる。資本家階級（ブルジョワジー）が、商品当たりの労働の価格をできるだけ安く抑えることによって、利益を増やそうとするのに対し、労働者階級（プロレタリアート）は自らの生活を楽にするため、労働の価格を高くしようとする。「資本」を媒介にして生産活動が循環する資本主義的な生産体制の下では、労働の価格は、常にブルジョワジーの側に有利に決定され、プロレタリアートは次第に困窮化していく。その困窮化から脱するためには、プロレタリアートは

「革命」を起こし、生産手段をブルジョワジーから取り上げ、自らが生産の主体になるしかない、というのである。

二〇世紀の思想界に圧倒的な影響を与えたマルクス主義は、「資本」を介した「生産」システムを廃することを通して、「労働」によって生み出されている「価値」の全てを「労働者」の側に「取り戻す」ことを最終目的とする社会・労働運動だったと言うことができる。マルクス主義者にとって、労働によって生み出された価値を取り戻すということは、自分たちの人間性――初期マルクスの言い回しでは、「類的本質」――を取り戻すことである。プロレタリアート革命によって成立したソ連・東欧ブロックや中国・北朝鮮などの社会主義政権は、労働者の労働力を最大限に引き出すため、重工業中心の生産体制を強化する政策を推進した。マルクス主義者たちは、いつのまにかスミスの労働価値説を、「自発的に『労働』することを通してのみ、人間は、本当の意味で人間らしく生きることができる」という世界観にまで〝格上げ〟したのである。

近代市民社会成立の思想的な基盤となったスミス的な自由主義が、アメリカを盟主とする資本主義陣営の共通の価値観でもあったと考えれば、二〇世紀とは、「労働価値説（観）」の二つのヴァージョンが対立した時代であったということになろう。右にとっても左にとっても、人間の本質は「労働」だったのである。問題は、どうすれば、各人に内在する「労働」する能力を最大限に活用できるかである。

2　「労働」から「消費」へ

しかしながら、資本主義がある程度まで成長してくると、単純労働に従事する労働者を〝搾取〟しながら、同じ規格の商品を安価で大量に生産することによって、「資本」が自己増殖するという、マルクス主義が批判した一九世紀的なパターンは行き詰まりを見せるようになる。農村から都市に移動してきて――低賃金で働いてくれる――労働人口予備軍があまりいなくなり、加えて、人々の生活に最低限必要な〝もの〟が市場に供給されるようになってくると、各企業とも〝同じようなもの〟を作り続けているだけでは、生産規模を拡大できなくなる。一九世紀末から二〇世紀初頭にかけて、西欧の先進資本主義諸国は、安い原材料と労働力、新たな商品市場を求めて帝国主義政策を取るようになったが、第二次大戦後は、第三世界の植民地が次々と独立し、独自の道を歩むようになったので、帝国主義的拡張も困難になる。

安価な労働力を大量に投入する重工業を中心とした成長が限界に達しつつあった西欧諸国は、流通・サービス・情報などの第三次産業にシフトしていく（＝ポスト工業化社会）。〝同じようなもの〟を大量に作るのではなく、人々の「消費」意欲を刺激する付加価値の高い商品、つまり様々な形を取る〝余分なもの〟を作り出す企業が増えてくる。高級な衣服、化粧品、装身具、時計、家具を扱う百貨店や専門店が都市の中心部に立ち並ぶ。そこに人々を幻惑して引き寄せるべく、様々なイメージ戦略を打ち出し、人為的に「流行」を作り出す広告業やメディア業界も連動して成長してくる。無論、〝生活必需品とはいえない様々なもの〟を、人々に買わせようとすれば、低賃金で単純作業に従事させられる肉体労働者ばかりではなく、それなりの収入を得ているホワイトカラーを中心とする新中間層が形成されている必要がある。そうした二〇世紀前半から徐々に続いていた変化は、六〇年代後半から七〇年代前半にかけて一挙に顕在化する。大量消費社会の到来である。

それに対してソ連・東欧の社会主義諸国は、生産財を公有化し、資本家による搾取を取り除きさえすれば、生産力はさらに増大していくことが可能であるという前提に立って、重工業部門に労働力を投入する戦略を取り続ける。社会主義諸国では、〝贅沢な消費財〟は、健全な労働者には不要だと考えられていたふしがある。終戦直後の何年間か、五〇年代半ばくらいまでは、どちらの経済体制が経済成長戦略として有効かはっきりしなかったが、七〇年代のオイル・ショックの前後に、重工業への労働集約路線を取り続ける社会主義諸国の経済成長が鈍化していることが統計的に明らかになってくる。伝統的なマルクス主義は、「労働」と表裏一体の関係にあるはずの「消費」にはあまり注目してこなかったので、社会主義国では「消費」を重視するという考え方が育ちにくかったのかもしれない。

そうなると、西欧諸国の政治・社会思想における対立軸も、正統マルクス主義が依拠していた、ブルジョワジー／プロレタリアートの二項対立から、大量消費＝大衆社会に見られる新たな問題、例えば、文化産業（資本）による芸術や（批判的）社会科学、ジャーナリズムなどの囲い込み、消費文化に満足した大衆の体制順応傾向、中央集権化された官僚機構による公的領域における管理強化、性差やエスニシティをめぐる文化的摩擦などの問題にシフトしてくる。

3　「消費」と記号論

「消費」をめぐる問題系を、一九六〇年代から七〇年にかけてフランスやアメリカを中心に形成された「ポストモダン思想」の枠内で本格的に展開したのは、フランスの社会学者ボードリヤール（一九二九―二〇〇七）である。彼の初期の著作『消費社会の神話と構造』（一九七〇）は、モノ（objet）やサービスや物的財の増加によってもたらされた消費や豊かさによって、我々の生態系に根本的な変化が生じている、という状況認識に立っている。我々は、(交換価値を帯びた商品として作り出された)モノのリズムに合わせて、モノの絶えざる運動に従って生きている。人工的な生態系を形成しているモノは、個々の商品としての使用価値とは独立に、モノの集合体としての幻惑作用を発揮する。そのようなモノの複合的な誘惑が端的に現れる場が、百貨店やドラッグストアだ。

ボードリヤールは、人々を「消費」に向かわせている心性の内に、日常生活の中で奇蹟を待望する未開社会の魔術的な心性と同質のものが潜んでいることを指摘する。各種の儀礼によって秩序付けられている未開社会と、現代の大量消費社会の共通点は、象徴的な「記号」を通しての操作である。神話的な儀礼においては、象徴的な意味を帯びた「記号」としての役割を果たしている各種のモノ(呪物)を一定の作法に従って動かすことによって、奇蹟に対する人々の欲望が再活性化され、奇蹟信仰を中心とする社会秩序が再生されるが、それとパラレルに、商品として生み出されたモノを、百貨店のような空間の中で一定の様式の下に「記号」として配置することによって、我々の欲望が刺激され、我々は新たな消費活動へと誘われる。ただし、「記号」によって主体の振る舞いが規定されているといっても、未開社会と現代の大量消費社会では、「記号」の作用の仕方が異なる。象徴的な儀礼によってその秩序が繰り返し再生されるような未開社会では、「モノ＝記号」の指し示す「差異」はほぼ固定化しているが、現代の大量消費社会では、人々を新たな「消費」へと誘うべく、新たな「差異」が、つまり新たな「モノ＝記号」が作り出されているのである。

大量消費社会に生きる〝我々〟は、自らの自然な欲求に従って〝主体〟的にモノを消費しているわけではなくて、呪物的な魔力を発揮する象徴的な記号体系の中で特定の「意味」を割り振られているモノの消費へと仕向けられているということになる。「記号としてのモノ」を消費させられているわけである。これは、主体の意識の自律性を前提にするデカルト―カント以降の近代自我哲学とも、下部構造＝生産様式による意識の規定性を強調するマルクス主義的唯物論とも異なる世界観、いわば記号論的な世界観である。

こうした意味での「記号論」の台頭は、マルクス主義と古典的自由主義の共通の基盤であった「労働価値説」の解体と同時に、フーコーが、近代の「人間」中心的なエピステーメーのもう一つの柱として挙げていた「言語活動」の「脱人間化」をも含意している。近代的な言語学では、言語活動の本質は、「人間」の「精神」の〝内〟にあると前提され、「言語」は「人間」の内なる声（パロール）を反映する透明な媒体と見なされていた。それに対して、ポストモダン思想に影響を与えたソシュール（一八五七―一九一三）の構造主義言語学・記号学、あるいは、それを応用したレヴィ＝ストロース（一九〇八―）の文化人類学、ラカン（一九〇一―八一）の精神分析などにおいては、主体の内面性の現われとしてのパロールよりも、外的な言語記号の体系（ラング）の方が重視されるようになった。主体としての「人間」抜きでの、言語活動の探究が可能になったのである。

構造主義的な記号論を軸として発展するようになったポストモダンの世界観においては、「労働」と「言語」によって、自己の周囲の「世界」を把握し、秩序化して支配しようとする「人間」はもはや絶対的に安定した〝主体〟ではないのである。

4　「パラノ」から「スキゾ」へ

資本主義の成長戦略の「労働」から「消費」へのシフトと、それと連動する思想のポスト近代化は、七〇年代以降日本でも急速に進行することになった。高度経済成長に伴って、工業化・都市化・サラリーマン化が進み、大学進学率が上昇し続けていた間は、「会社のような組織の中で決まったルールとスケジュールに従って、定年まで働き続けるまじめな勤労者」になることが、若者たちが目指すべき「社会化」の安定したモデルになっていた。しかし七〇年代前半のニクソン・ショックやオイル・ショックを機に、日本経済が全体的に低成長期に入ってくると、人々の「消費」意欲を刺激して、「企業労働」を中心に画一化していたライフスタイルを多様化させることが、更なる成長の条件になった。工場での「労働」を中心とする主体の画一的形成が頭打ちになったので、ボードリヤールが論じたように、強引にでも「差異」を作り出さねばならなくなったわけである。

八〇年代にポストモダンの旗手として登場してきた浅田彰（一九五七―）は、『構造と力』（一九八三）や『逃走論』（一九八四）などで、企業戦士のように一つのことに固執し自分のアイデンティティを変えようとしないパラノ型人間に代わって、一つのことに集中できずあっちこっちに関心を移し、「シラケつつノリ、ノリつつシラケ」ているスキゾ・キッズを、ポストモダン社会に適したニュー・タイプとして称揚した。「パラノ」というのは、パラノイア（偏執狂）の略で、資本主義社会に生きる人間のように一つところで継続的に働き、富を蓄積することに固執する傾向を示す。「スキゾ」というのは、その逆に、スキゾフレニー（分裂症あるいは統合失調症）の略で、一つところにとどまることなく、あっちこっちに移動しようとする傾向である。

浅田が依拠しているドゥルーズ（一九二五―九五）やガタリ（一九三〇―九二）の議論によれば、農耕が始まる以前の社会に生きていた「遊牧民（ノマド）」は基本的にスキゾ体質であったが、農耕の発達によって人々が一つところに定着し、国家を形成するようになると、安定した生き方を志向するパラノ的な体質の人間が増加する。しかし資本主義が高度に発展すると、資本は更なる発展のために、「国家」の枠を越えた移動・変容を開始し、それに伴って人間のスキゾ的な面が再び前面に出てくる。スキゾ＝ノマド的な人間は、固定したアイデンティティに縛られるのを嫌がり、既成の慣習の枠からはみ出してしまうので、彼らの増加は、資本主義発展のための良質で均質化された労働力を提供してきた「国民国家」の土台を揺るがすことにもなる。

ドゥルーズ＝ガタリ、そして浅田は、この再ノマド＝スキゾ化現象を、フロイト派精神分析の前提になってきたエディプス三角形（父―母―子）を通じての自我形成過程の変容とも関連付けている。エンゲルス（一八二〇―九五）が『家族、私有財産、国家の起源』（一八八四）で論じているように、近代的な核家族は、資本主義と共に形成されてきたとされている。資本の脱領域化と諸個人の（再）スキゾ化は、不可避的に、資本主義と密接に結び付いてきた核家族のあり方にも影響を与えることになる。

大家族が農業を中心とする生産の基本単位であった前近代社会と違い、資本主義化された社会では、労働者である父親だけが工場に働きに行き、そこで搾取されながら労働した〝対価〟として、（妻や子供たちからなる）核家族の生活を営むのに必要な最低限の賃金をもらってくる。その賃金で子供が養われることによって、次の世代の（搾取の対象としての）労働力が再生産される。核家族における生殖（reproduction）と、労働力の再生産（reproduction）が重なって、資本主義社会は機能してきた。このエンゲルス的な見方を、エディプス・コンプレックスを通しての自我形成をめぐる精神分析のストーリーと重ね合わせると、核家族＝エディプス三角形の内で形成されてくる「主体」は、その〝父〟と同様に、外の世界における資本主義的・市民社会的秩序に同化し、その秩序を〝主体〟的に支えていくようになる、ということになる。

（再）スキゾ化というのは、核家族＝エディプス的な主体形成のメカニズムが「限界」に突き当たって変調を来たしたせいで、資本主義にきちんと同化（＝パラノイア化）できず、子供のようにスキゾ的な体質を残したまま〝大人〟になる者が大量に出てくる現象として理解できる。『逃走論』で浅田は、突発的に暴力をふるったり、極端に内向的になったりする現代の若者たちは病んでおり、彼らが病んでいるのは「家族が病んでいる」からだと決め付ける当時の紋切型の俗論を批判し、スキゾ体質の若者の生き方を肯定する論を展開した。彼はドゥルーズ＝ガタリの『アンチ・オイディプス』（一九七二）を参照しながら、病んでいない〝健全な家族〟とされているものが、実は、（将来の労働力である）子供たちを資本主義的な競争のサイクルに誘うべく発明された「エディプス的な家族」にすぎないことを明らかにする。

彼は、スキゾ・キッズが病気なのではなく、むしろスキゾ・キッズを閉じこめ、資本主義社会に順応した〝主体〟として走り続けるよう強いてきたエディプス的家族＝パラノ・ファミリーこそ病気であると見る。浅田に言わせれば、群れを成して同じ方向に走り続けるパラノ的な〝主体〟たちよりも、注意散漫で分散化・多様化した走りをするスキゾ・キッズの方が〝自然〟であるとも言える。現実的に考えても、従来のような重工業を中心とする高度経済成長が難しくなり、消費主導で産業構造が多様化している以上、従来のようにパラノ・ドライブだけで突き進んでいけない。いい年をしてスキゾ・キッズであり続けるような人間が、そろそろ肯定的に評価されていい頃だ、というのである。

5 「スキゾ・キッズ」と「フリーター」

浅田の「スキゾ・キッズ」は、近代的な「人間」像の解体・崩壊を示唆する、ある意味終末論的言説であるが、不安に駆り立てられて一方向に走る資本主義的な「パラノ人間」のネガティヴなイメージを対置することで、注意散漫で落ち着きのない「スキゾ・キッズ」を相対的にポジティヴに見せている。しかも、〝主体〟になりきらない「キッズ」という中途半端なイメージを出すことで、革命主体を掲げるマルクス主義のような先鋭化された二項対立にはまることも回避している。スキゾ・キッズは、パラノ人間に正面から「闘争」を挑み、彼らに取って代わろうとするのではなく、左右のパラノの群れから、ひたすら「逃走」する。浅田の議論は、資本主義的な会社人間になり切るのも、資本主義を破壊する革命活動にコミットするのも嫌になっていた当時の学生たちにアピールした。

一つの正常＝規範性（normality）の枠内に留まることができないで、すぐに逸脱してしまう「スキゾ・キッズ」的な生き方は、「差異」を強調することによって「消費」を拡大していこうとする、サービスや広告などイメージ的なものに重きを置く軽薄短小産業の成長戦略にとって好都合であった。パラノ的に同じものばかり買い、使い続けたら、商売にならないからである。

そうした「スキゾ・キッズ」たちの「差異」志向のライフスタイルは、日本的な雇用・労働形態の変化にも対応していた。終身雇用制に保護されながら、同じ企業で定まったキャリア・コースに即して働き続けることを「会社人間」になることが自明の理ではなくなり、職場も働き方も収入も、その時々の状況に応じて変化させる、スキゾ的な生き方が相対的に高く評価されるようになった。そして、七〇年代から八〇年代にかけて、スキゾ的な——かなり「遊び」の要素も入った——〃労働〃に対応するような流動的な職種も生まれてきた。

『逃走論』の中で浅田は、「差異化」することによって商品を売り込む「広告」の世界で働く人、特にコピーライターには、子供っぽさを思いっきり発揮して、絶えず規範＝正常性から逸脱してしまうような人間、まじめな業界ではやっていけないスキゾ型人間が多い、と述べている。無論、スキゾ人間が多いといっても、自らの想像力と戯れているだけでは、商売にはならない。しかし、商売を意識しすぎると、スキゾ的な面白みがなくなる。「広告」業界では、一ヶ所での集約・蓄積的な労働を好まず、遊び心を保とうとするスキゾ人間と、スキゾ人間たちがもたらす差異を利用して商売しようとするパラノ人間の間の絶え間なき鬩ぎ合いがあるというのである。

八〇年代には、「コピーライター」だけでなく、一般的に「〇〇ライター」とか「△△コーディネーター」「□□デザイナー」「××スタイリスト」など、その業界の外の人間には何をやっているのかよく分からないし、一般会社員のように安定しているとは思えないカタカナ表記の情報・文化・芸術関係の職種が若者たちの間でポピュラーになり、スキゾ・キッズの活躍の余地が広がった。彼らにとって、遊び／労働の境界線は定かではなく、古典的な意味での「労働」は絶対的な価値基準ではなくなった。

八七年には（それ自体がカタカナ産業である）リクルートによって、「フリーター（フリー＋アルバイター）」という言葉が広まったが、この言葉は当初ネガティヴなニュアンスを含んでいなかった。むしろ、一つところに落ち着かず、自由気ままに職場を渡り歩く「スキゾ・キッズ＝ノマド」的なイメージの方が強かった。八〇年代には、「パラノ・ドライブから逃走するスキゾ・キッズ」は単なる観念ではなく、ある程度のリアリティがあったのである。

6　「フリーター」から「ニート」へ

当初は、安定性よりも自由を志向する〝より人間らしく生き生きした生き方〟のように言われていた「フリーター」であるが、九〇年代に入ってバブル経済が崩壊し、不況が長期化するにつれて、次第に「夢ばかり語っていて、定職に就こうとしない今時の若者」という負のイメージを帯びるようになった。九〇年代後半には、フリーターのイメージは、「職業生活におけるフリーハンドを確保しようとする主体性の現れ」と「夢ばかり追いかけて職業生活を回避しようとするモラトリアム的な甘えの現れ」——小此木啓吾（一九三〇—二〇〇三）の『モラトリアム人間の時代』が刊行されたのは一九七八年——の両義性を帯びていたが、次第に後者の方に比重が移っていった。

「フリーター」が「社会現象」として認知されるようになった当初は、「自分の夢を実現できる場所」を見つけたら、自然と定着するはずなのでずるずるとフリーターが増え続けることはないという予想もあったが、二一世紀に入ってからも増え続けたため、次第に「社会問題」として認識されるようになった。不況が十年以上にわたって長期化しているので、なかなか正規雇用されない人が累積していくのは当然であったとも言える。しかし、それまでの「スキゾ・キッズ」としての「フリーター」という八〇年代的なプラスのイメージに対する反動と、「パラサイト・シングル」「社会的引きこもり」「オタク」などの「今時の若者」を〝象徴〟する負のイメージの増大が相乗効果を引き起こし、ポスト・バブルの日本の経済構造の側だけでなく、フリーターになってしまう「若者」の側にも「問題」があるのではと見る風潮が生まれてきた。マーケット・アナリストの三浦展（一九五八―）が『下流社会』(1)で述べているような、「夢ばかり追って職業生活に適応できない若者」像ができあがる。

そういうイメージが流通するようになったのは、「人は労働に生きがいを見出だすはずである」という「近代的人間観」の大前提が、浅田たちが華々しく活躍した八〇年代よりも更に怪しくなったからだと考えられる。［スキゾ・キッズ＝フリーター］をポジティヴに評価することが可能であったのは、若い内はふらふらしていても、年を取っていけばいつしか継続的に打ち込める「労働の場」への定着を好むようになるはずだ、という暗黙の了解があったからだ。

その了解が崩れると、放っておいたら、ちゃんと労働する能力がない社会の余計者になってしまうのではないか、という不安が高まってくる。親にかなりの年収があるおかげで完全に自立しないでフリーター生活を続ける若者の存在がメディアでクローズアップされることで、そうした「近代的人間」崩壊に対する不安に拍車がかかる。「自分が経済的に自立していないにもかかわらず将来のことをあまり気にしていない若者」というのは、スキゾ・キッズの究極の姿かもしれないが、そのように見える若者が増え続けることは、大人たちにとって、大げさに言えば、近代資本主義社会にとって大きな脅威である。理由はともかくとして、フリーターが増加し続けているという事実が、不安を更に増幅させる。

そして、二一世紀に入って、この「フリーター」の更なる〝進化〟形態として、「ニート」が登場することになる。二〇〇四年七月に労働経済学者の玄田有史とフリーライターの曲沼美恵の共著『ニート――フリーターでも失業者でもなく』(2)が刊行されベストセラーになって以来、もともと英国の若年就業政策の文脈で使われていたこの言葉が、その原義を離れ、ポスト・バブルの日本的な文脈でひとり歩きし始め、

「(現代日本の) 若者の勤労意識」に生じつつある〝根本的な変化〟を象徴的に表現するキーワードになった。[3]

英国の〈NEET : Not in Employment, Education or Training〉が主として、教育や職業訓練を受けることができないため、労働市場に参入して競争しにくい若年失業者を指していたのに対し、日本版の「ニート」は、その人格形成過程に何らかの〝問題〟を抱えていて、そもそも「労働」意欲自体を持ちにくくなっている若者という意味合いが込められている。これが、それまで「フリーター」と結び付いていた「引きこもり」や「オタク」ともつながって、若者の負のイメージを象徴するマジック・ワードになった。小泉チルドレンの杉村太蔵が、自らを「フリーター・ニート世代の代表」と呼んでいることや、国の一般会計予算案で「ニート」対策が雇用分野での重点項目になったことが、その端的な現われであろう。団塊ジュニア世代以降の「若者のニート化」が、人口減少社会になった日本が早急に解決すべき「社会問題」として構築されつつある。

こうした「ニート」論の流行の背景には、「フリーター」問題の底流で進行していた「近代的人間」観、つまり「労働価値説」と密接に結びついた「パラノ的人間」観の動揺があったと考えられる。「スキゾ的人間」にまつわる負のイメージをうまく表象する、新たなシニフィアン (=意味するもの) がタイミングよく与えられたことによって、「ニート」言説が形成されたというのが私の見方である。「人間は労働することによって幸福になるとは限らない」というポストモダン的認識ゆえの漠然とした不安が「今時の若者」に投影されているせいで、〝ニート〟という「市民社会の他者」に対する苛立ちが起こってくるのである。

ニート化する若者を鍛え直そうとする保守的な論者たちは、当然のごとく、「人間は本来労働するものであり、かつ労働する義務を負っている」という見方をしているが、若者に同情する姿勢を見せるリベラル左派の論者たちもまた、「若者は本来労働したいはずなのに、新自由主義がそれを阻害している」というような論旨で、「労働」を依然として神聖視しているきらいがある。「労働」を人間性形成の核と見る限り、〝ニート的（に見える）存在〟をそのまま肯定するのは難しくなる。「ニート化防止のための社会的対策はそもそも必要か」という問題は、近代的「人間」像が崩壊していく中で生じるポストモダンの不安にどう対処するかという思想・哲学の問題と深いところで結び付いている。

7 「ニート」言説から見た「労働価値」説

日本の「ニート」論の大半は、その具体的な方法論や語り方のトーンは異なっていても、どうやったら「若者」が「労働の場」にアクセスしやすくなるのかという問題設定のもとで展開されている。熟練した労働能力を身に付けることは、基本的に〝いいこと〟なのである。社会的分業化と自由競争を通しての「労働の効率化→生産力の増大」を目指す「資本主義経済」を否定してきたマルクス主義的あるいはアナーキズム的な左翼論客たちまでも、こと「ニート」の問題になると、「若者たちがみな〝ちゃんと〟就職して働けるように」支援する枠組みを作るという方向に話をもっていく傾向がある。九〇年代の終わり頃には、ダメ連やスロー・ライフ、年収三百万円での豊かな生活など、資本主義的な労働規範から〝自然と〟逸脱しているように見える生き方、言い換えると、スキゾ・キッズのニュー・ヴァージョンに見える生き方を称揚していたプチ左翼的な人たちも、いつのまにか若者たちが（資本主義社会の中での）労働生活に適応することを希望する「いい大人」になってしまったように思われる。

原理的に考えると、だめ連とか不良少年、ニート、フリーター的な生き方をする若者――昔のマルクス主義風に言うと、ルンペン・プロレタリアート――がどんどん増えていけば、国民全体の生産力も購買力も落ちていくので、資本主義は崩壊していくことになるはずである。資本主義自体は否定しない市民派＝リベラル派であれば、そうした破局を食い止めようとしても不思議はないが、反資本主義的左翼にとっては、資本主義社会が崩壊過程に入っていくのは喜ぶべきことである。後者が一時期だめ連的なものに期待を寄せていたのは、「(資本主義社会の中で) ダメであり続けること」に適応しているように見える若者たちに、資本主義社会の崩壊を越えて生き延びる力があると見ていたからだろう。

二〇〇四年以降の「ニート」論議では、そうした「反資本主義的にしぶとい若者」像が影を潜めてしまい、むしろ労働市場から締め出される若者たちを犠牲者視するトーンが支配的になっている。絶望した若者たちが余計に自分たちの首をしめることになるとも気付かずに、〝強いリーダーシップ〟を示している小泉前首相や安倍首相などの新自由主義的な路線を支持し、全体主義志向を強めるのではないかと――教科書的に――危惧する良心左派的な言説の方が目立っている。革命的左翼であれば、窮乏化による全体主義の危機は、革命への好機と読み替えることが可能なはずだが、そうは考えないようである。

左翼論客たちが〝常識的〟になっている現実的な理由として、真正マルクス主義者たちが高齢化して舞台から退場し始めているということ、「フリーター」の生活の実態が次第に分かってきて、呑気に革命熱を煽り続けるわけにもいかなくなったといったことを挙げることができよう。しかし、〝より本質的な理由〟として、左翼として (新) 自由主義的経済を〝批判〟しているつもりでも、アダム・スミス的な「労働価値説」から抜け切っていなかったため、いつのまにか先祖返りした、ということがあったのではないかと考えられる。先に述べたように、マルクスは、市場での交換価値が支配的になっている資本主義社会では、労働者が生産物に投下した「(生の) 労働」がそのまま「価値」として妥当すると見做す労働価値説は成り立たないとして批判したが、若者向けの雇用対策をしようとすれば、どうしても、まるで〝スミス的な労働価値説の信奉者〟のように、若者が社会的に――つまり資本主義的な市場で――価値を認められているような種類の「労働」の場に定着することを「善し」とせざるを得なくなる。

8 労働価値説の多様化

このように、左右のフリーター・ニート論者たちが〝労働価値説〟を軸に〝再結集〟する傾向があるわけだが、その一方で彼らのイメージする〝労働〟は必ずしも一様ではなくなっているようにも思われる。ニートにしないためのマニュアル本のような類いの議論は、当然のことながら、社会的分業体制に参加して、自らも価値産出の担い手になることをよしとする、古典的な労働価値説にそのまま依拠しているふしがある。それに対して、NPO法人「ニュースタート事務局」代表の二神能基の『希望のニート』[4]や、小杉礼子編の『フリーターとニート』[5]に含まれる一部の論稿は、組織内での「労働」を通しての価値創出それ自体よりも、むしろ、「労働」という形での他の諸人格との「つながり」に力点を置いているように読める。「物」を作り出すことそれ自体ではなくて、「物を作る」ことを共通目的とする一定の社会関係の中で自分の居場所を得て、その関係の中での活動が評価されるようになることを「労働」の中心的意義と見るわけである――著者たちには、恐らくそういう意図はなかったろう。

「労働力」の本質が、人間の生活に必要な使用価値を帯びたもの (=生活資材) を生み出すことにあるのか、それとも、交換価値の基盤にある間主体的関係性を構築することにあるのかという問題は、初期マルクスが『経哲草稿』（一八四四）や『ドイツ・イデオロギー』（一八四五—四六）などで提起しており、〝素朴な唯物論に基く単純な労働価値説〟に反対するネオ・マルクス主義の文脈でしばしばテーマ化されてきた。例えば初期フランクフルト学派に貨幣論の面で強い影響を与えたゾーン＝レーテル（一八九九—一九九〇）や、アルチュセールの弟子のジャック・ランシエール（一九四〇—）は、間主体的な相互作用の中での「価値」の創出・組織化として「労働」を捉える議論を明示的に展開している。

狭義のマルクス主義を離れた、より現代思想的な文脈における「労働本質」をめぐる論争の一つの例として、デリダの脱構築の手法を法哲学とフェミニズムに本格的に導入することを試みるドゥルシラ・コーネル（一九五〇—）と、「法と経済」学の第一人者として知られ、裁判官でもあるリチャード・ポズナー（一九三九—）との間の九〇年代半ばの論争を挙げておこう。[6]

「解約任意の雇用 employment at will」の法理論的妥当性をめぐる問題が起点になったこの論争で、ポズナーは雇用者の解雇（解約）する権利を法的に拘束することは「契約自由」の原則に反するだけでなく、労働者の利益にも適わないという、いかにも「法と経済」学的な立場を取る。高度の技能を備えた労働者であれば、そうした労働者を養成するまでにはかなりのコストがかかったはずなので、企業はそうした熟練した労働者を、どうでもいいような些細な理由で解雇しようとしない。そうした人材を他のライバル企業にもっていかれたら痛手であるうえ、恣意的に解雇するような企業であるという評判が立って、優秀な人材が集まってこなくなる恐れがある。そうした判断は企業自体が行うべきである。下手に法的規制をかけたら、企業は、不要な人材を抱え込んでしまうことを恐れて、新規採用を手控えるようになる。そうすると、各企業の生産性が悪くなるうえ、正規の雇用契約を結ばないパートタイムや下請けの労働者が増え、そういう人々が下層労働者階級を形成することになるだけだ、というのである。これは、古典的な労働価値説を、その社会的効用の面から強く擁護する議論であると言える。

これに対してコーネルは、解雇に対して少なくとも、労働者本人が理解できるような「正当事由 just cause」を示すことを義務付けるべきだと主張する。コーネルに言わせれば、「労働」とは、単に自分の行なった作業に対して「契約」に基づく対価を受け取るだけの営みではない。職場という関係性の中で「人格」として「承認」されることも「労働」を構成する不可欠の要素である。「人格」として承認されることと、その〝労働〟の成果を評価されることは、不可分の関係にあるのである。

彼女はヘーゲル（一七七〇―一八三一）が『精神現象学』（一八〇七）等で展開した「承認」論を援用しながら、一人の自律した「人格」としてのアイデンティティは、純粋に抽象的・精神的なものではなく、「労働」を通して獲得した所有物＝固有性（property）を中心とした、自己の周囲の事物との独特の関わりや、そうした〝もの〟を介しての他の諸「人格」との関わりの中で生成するものであることを指摘する。私たちは「労働」を通して「世界」と関わりを持っているのであり、「職場」は、「私」の「人格」を支えている（心的）環境の一部である――コーネルは、そうした「人格」を支えている（心的）環境のことを、「イマジナリーな領域」と呼んでいる。契約に基づいて割り振られたノルマを遂行するための単なる作業場ではないのである。

こうした意味での「職場」から追い出され、自らの「人格」としてのアイデンティティに重大な変更を加えることを余儀なくされる以上、少なくとも、本人がそのことの意味を理解し、自分なりに咀嚼できるよう、「正当事由」を示されるべきである、というのがコーネルの議論である。「正当事由」を示しながらの解雇の手続きを経ることなしに、雇用者の側の一方的な事情だけで解雇されたら、「人格」を「格下げ」されたことになり、雇用者／被用者間の相互承認に基づく人格的な対称性が崩壊することになる。被用者は、雇用者によって、そのアイデンティティのあり方を恣意的に左右される格下の存在に成り下がってしまう、というのである。

こうした彼女の人格論的なアプローチは、人間の精神的本質としての「人格」と、貨幣価値に換算される肉体の「労働」の分離を前提にしてきた西欧近代の思考とはかなり異質だが、「職場」を自己実現の場、あるいは、（親密な）人間関係を形成する場として捉えることも多い日本の〝労働〟観とは、ある意味親和性がある。彼女の人格論は、「人格」を自己完結的で、自己決定の主体となり得る〝全面的な主体性〟を備えたものとして想定するカント主義のそれとは異なり、職場、家族、性、ジェンダー、エスニシティ…など様々な親密な領域における他者との関わりを含んだ多面的なものとして理解するところに特徴がある。コーネルの「人格」は、そうした関係性の中で常に「生成」の途上にあるのである。彼女は、こうしたユニークな「人格—職場」相関関係論の視点から、「セクシュアル・ハラスメント」の問題にもアプローチしている。(7)

マルクス主義も、階級闘争が終焉した後の「共産主義社会」においては、「労働」が、「労働価値説」的世界観から解放されて、より人格的・相互承認的なものになることを説いているが、現実の資本主義社会において、そうした人格的な関係が成立し得るという見方はしない。コーネルは、資本主義であろうと社会主義であろうと、あらゆる「労働」の場に、間人格的な関係性が内在しているという前提で、「労働」

を捉えようとする。こうした視点は、現代の若者と労働の関係を再考するうえで、重要になってくるだろう。

9　ネット化社会と労働

ポストモダン系の社会理論における脱・労働価値説のもう一つの重要な契機として、インターネットを中心としたヴァーチャルな空間の成立による「労働」の構造的な変容を挙げることができよう。人々が直接的に出会わないままネット空間を介して共同作業し、物質性を必ずしも備えていない〝商品〟を生み出すポスト近代的な営みも、社会的に「労働」としてのステータスを獲得しつつある。

そうしたネット化の進展によって、「労働」が、具体的な物質性を帯びた「物」や特定の空間との結び付きから解き放たれるようになると、一般労働者／フリーター／ニートの区別も次第に曖昧になっていくかもしれない。アダム・スミスやマルクスがイメージしていた「労働」とは、工場や会社のような集団的に組織化された空間の中で、所定の期間、自らの身体を拘束され、決められた様式に従っての作業に従事することの「対価」として賃金を得ることであったが、ネット上のやり取りを通して構成され、多くのネット・ユーザーから認められるようになった〝アイデア〟に何かのきっかけで値段が付き、〝商品〟として流通することが当たり前になれば、家に閉じこもって遊び心でネットにかじりついている人と、毎日会社に通勤して夕方まで真面目に事務所で与えられた仕事をしている人と、どちらが創造的な労働者か分からなくなる。公的領域における苦役としての「労働」――英語の〈labor〉あるいは仏語の〈travail〉には、もともと「苦役」とか「苦難」という意味が含まれている――と、私的領域における楽しみとしての

「趣味」あるいは「遊び」の区別が曖昧になるわけである。

「労働」と「遊び」の区別の消失というのもまた、マルクス主義が、共産主義社会において実現するべきユートピア的状態としてイメージしていたことである。マルクス主義自体が、失われた「労働」と「遊び」の一体性を回復するための思想運動であると見ることもできる——苦役としての労働のない「楽園」の回復を最終ゴールとするユダヤ＝キリスト教の救済史観にこうしたイメージの源泉があるのかもしれない。旧来のマルクス主義の場合、階級社会が続く限り、「労働」は苦役のままであり続けるはずだが、ネット技術の急速な発展によって既に、新たな〝労働〟観が誕生しつつある。現代における『共産党宣言』（一八四八）とも呼ばれるネグリ（一九三三―）とハート（一九六〇―）の共著『〈帝国〉』（二〇〇〇年）では、ネット技術を介することで高度に非物質化・ネットワーク化・グローバル化した「労働」が、（ネット空間を作り出した）グローバルな〈帝国〉に対抗するマルチチュード（多数性＝群衆）の連帯の基盤として想定されている。

無論、現状では「労働／遊び」の区別が止揚されているというには程遠いし、すぐにそうなるとも思えないので、正規雇用者／ニートの区別を解消するオールタナティヴ運動のようなものを焦って立ち挙げても仕方がない——慌ててそういうことをやっても、柄谷行人（一九四一―）を中心に結成されたＮＡＭ（New Associationist Movement）のようにすぐに消滅することになるだろう。一つだけはっきりしているのは、スミス＝マルクス主義的な意味での「労働価値説」を復活させたところで、「労働」をめぐるポストモダン的な不安を解消することはできないということだ。大量消費社会、ネット化社会の新たな現実に適合した〝労働〟観を構築する作業にじっくりと取り組むことこそが、現在の社会理論に求められていることである。

◉注

（1）三浦展『下流社会』光文社新書、二〇〇五年。

（2）玄田有史・曲沼美恵『ニート：フリーターでも失業者でもなく』幻冬舎、二〇〇四年。

（3）日本的な「ニート」言説を批判的に分析する議論として、以下を参照。本田由紀・内藤朝雄・後藤和智『「ニート」って言うな！』光文社新書、二〇〇六年。

（4）二神能基『希望のニート』東洋経済新報社、二〇〇五年。

（5）小杉礼子編『フリーターとニート：「移行」の危機』勁草書房、二〇〇五年。

（6）両者の議論の概要は、以下のコーネルの著作の六章及び七章に収められている。Drucilla Cornell, *Just Cause: Freedom, Identity and Rights*, Rowman & Littlefield, 2000（仲正監訳『正義の根源』御茶の水書房、二〇〇二年）

（7）セクシュアル・ハラスメント問題への応用は、以下の著作の第四章で展開されている。Drucilla Cornell, *The Imaginary Domain: Abortion, Pornography & Sexual Harassment*, Routledge, 1995（仲正監訳『イマジナリーな領域』御茶の水書房、二〇〇六年）

第二章　絡め取られる〈個〉と舫《モカ》い紡《ツム》ぎだす〈個〉

——〈共〉の経済への序章として——

福田隆雄

1　基底にあるもの

怠惰な生を送る者に対しては、神は人もともに憤る、
怠け者はその性情が、雌蜂の苦労の結晶を、
みずからは働きもせず食いつぶす針のない雄の蜜蜂に似ておる。
お前はしかし、折々の季節のもたらす命の糧でお前の納屋が満たされることを願って、
時を誤らず、しかるべき手順を整えて働く気を起さねばならぬぞ。
人間は労働によって家畜もふえ、裕福にもなる、また働くことでいっそう神々に愛されもする。
労働は決して恥ではない、働かぬことこそ恥じなのだ(1)

食べなくては、生きていけない。

食べるために、生きていくために、必要な生活必需品を購うためのカネが必要である。

このカネを得るためにハタラかなければいけない。

ドコで働くかということはここでは問わない。

ただハタラクことで賃金を貰う、稼ぐということである。

私たちは様々な労働ないしは、生業（ナリワイ）を持っている。

無意識に行われている日常の何気ない動作、資本―賃労働関係が満遍なくわれわれの生活に纏わりつき、人と人の間《あわい》、さらにその間《あわい》を縫って、生きているわれわれの肉＝身体の内部にまで、このような関係が、微細に穿ち、入り込んで来る。

「そうしないと生きてはいけない」というリアルなものは、無批判かつ無思考に、われわれの生活において肯定される。

時間配分を簡単に頭の中で思いうかべれば分かるとおり、ハタラク時間、カゾクトスゴス時間、そしてネル時間のなかでハタラクことが占める時間は大きい。

働いて得る金はドコからからくるのか。

近代産業社会において企業（カイシャ）に就職することで賃金を受け取る。

資本―賃労働関係という網の目のなかに〈個〉は、すでに投げ込まれている。

ところで、この資本―賃労働という関係は、ある人間像を措定する。

近代経済学、新古典派経済学が想定する人間像である。完全な市場競争のなかで、完全情報を持ち、完璧な計算力によって自立的かつ合理的な行動を起こすという〈個〉としての人間を〝完全〟な主体とみなし、現在の経済社会のシステムにおいて、自律した主体があらゆる場面で「自利心」「満足」を最大化する行動をする。社会は〈個〉の塊に過ぎないという方法的個人主義のヴィジョンに立って教科書化された〝普通の〟経済学が構築されている。

純粋な意味における市場経済制度という概念は、合理的な経済人から構成された市場経済が、いわば真空状態のなかで機能しているように考えるものである。ウェブレンが指摘したように、数多くの欲望の塊としての経済人が歴史的軌道を持たず、それぞれ他の経済人から完全に孤立した存在として、快楽と苦痛を瞬間的に計算する計算機《コンピューター》のように動き回る暗黒の世界が、新古典派理論（そしてケインズ理論についても）の対象とした世界だったのである。(2)

一方で、常に私たちの日常に纏わりついてくる資本―賃労働関係、その関係の網の目の中で完全な人間とされ、措定される〈個〉としての人間に対して、様々な「無理」を見出し、異議を唱える経済学的思考がある。

例えば、ある人はすぐにカール・マルクスを想起するだろうし、さらにウェブレンやウェーバー、ガルブレイスといった批判的、非主流派的なヴィジョンをもつ様々な人々も思い浮かぶかもしれない。以下の議論の主人公であるカール・ポランニーも痛烈な批判者の一人である。

だが、このような批判的理論が数多く人類史で展開されても、非現実とされる論理は「支配知」ないしは「支配的言説」として、なおも君臨し続け、〝普通〟の経済学の思考自体に纏わりついている。

纏わりついているものは教科書的な制度化された真理となる。

「ものの見方」としての経済学は、私たちの思考を規定し、そしてわれわれが生きている世界をも変える。

この「支配知」たる経済学が纏う論理とは何であるのか?

一八、一九世紀西欧近代社会において、自然科学者や哲学者たちの自然観がモデルとなり、自然世界そのものが真理とされた。客観化され、「論理的原子主義」や「要素還元主義」といった科学的方法が取られ、自然は死せる客体となり、有機的なものとしてではなく、分解され個々の要素に還元され、原子的に把握される。このような自然観は、世界観そのものと等値となり、社会観とも等値となっていく。

一八世紀ヨーロッパ、社会観ないしは社会科学（とりわけスコットランドの道徳哲学、道徳科学）は、ホッブズ、ロックなどによって自然主義的、幾何学的に論じられた。全能なる神が、自然界の法則を定め、絶対空間である自然界を作り出すというニュートン力学主義の科学観が地下茎となって経済学（政治経済学）に根をはり、純粋な経済学となって本格的に展開される。アダム・スミスは経済の過程、発展が、ニュートンの描いた科学的世界のアナロジーのなかで「見えざる手」に導かれ分業と市場が発展すると考えた。[3]さらに、ここからリカード、ジェボンズ、ワルラスにいたるまで、ニュートン力学主義の世界観は貫徹される。

この社会観、社会科学に基づく経済学では、数式、科学的な方式、需要と供給の法則が全てを語り、モノや人の価格はなんの制約もなしに自由に動く。ワルラスは次のように語る。

有効供給と有効需要を定義し、有効供給および有効需要と価格との関係を研究し稀少性を定義し、また稀少性と価格との関係をも研究することが必要であり、しかもこれらのことは数学の用語と方法と原理に頼ることなくしてはなし得ないということである。そこで結論として言えることは、数学的形式は純粋経済学にとって、可能な形式であるだけでなく必要で不可欠な形式であるということである。(4)

一方においては有効効用の最大、他方においては生産物の市場における生産物の価格、用役の市場における用役の価格、資本の市場における純収入の価格のいずれにせよ価格の単一性、これが経済的利益の世界が自ら秩序を形成して行くための条件である。これはちょうど、引力が質量に正比例し、距離の自乗に反比例するということが、天体運動の世界が自ら秩序を形成する二つの条件となっているのと同様である。経済の世界においても天体運動の世界においても、二行で表現できる公式がその科学の全体を包括しており、これを用いて無数の特殊な事情を説明することができるのである。(5)

スミスの展開した経済学（政治経済学）に比べ、経済力学ともいうべきワルラスの経済学（純粋経済学）は、経済の過程は力学的であり、微積分方程式的に経済過程・発展は進むとする。力学の系譜は、パレートを経て、現代経済学の完成者サミュエルソンに継承される。

経済力学主義である新古典派経済学思想の基底には、限界効用主義がある。これは〈最大多数の最大幸福〉を基準とし、人々の功利を比較・加算可能と考えるベンサムらの「道徳算術」という功利主義思想を背景に、ワルラス、ジェボンズ、K・メンガーらの「限界革命」、つまり限界分析と極大原則による限界効用逓減の法則と限界生産力説といった方法論的個人主義に基づく分析道具を持つ。

とりわけ背景にある功利主義は、近代の経済学思想・哲学の基底をなし、今日の「近代経済学」に至っている。

アダム・スミスの経済学を発展させ、マルクスに批判的に継承されるリカード経済学はこのベンサムの思想を受けつぎ、万物を商品化し、なんら制約を受けない「市場」の登場の地ならしをした。経済学は「快楽と苦痛」を比較計算する「道徳算術」という倫理学的表現であり、それは「キリキリと苦痛を与えながら、ごろつきを正直ものに、怠け者を勤勉な人間に変える工場」(6)である円形監獄 Panopticon の発想に表象される。

カール・ポランニーはそれを「悪魔の碾臼」と名づけた。

一六〇一年イギリスで制定されたエリザベス救貧法は、浮浪者を減らし、労働能力を持つものには働くことを強制し、働かないものを扶助するというものであったが、産業革命の進展と社会変動に伴い、一七九五年から一八三四年、一八三四年以後の修正救貧法の時期、そして一八三四年から労働組合の意義が認められる一八七〇年代までの間に、「救貧法」、スピーナムランド法をめぐる激論が交わされた。

この議論が持つ主旨とは働くことが可能な貧民にたいする救貧院外での救済が、勤労意識を奪い、貧民を堕落させるというものであった。議論を通じて貧困の重大さが認識され、「貧民」の存在が議論となり、「政治経済学」の登場を促した。『道徳感情論』(一七五九年)のようにスミスにおいては人間とその世界が問題になったのに対して、救貧法をめぐる論争、そのすぐあとに現れたタウンゼントの『救貧法論』（一七八六年）は、その解決策として人間の世界に自然の法則を持ち込んだ。彼が唱えた自然の法則＝「山羊と犬の定理」は、「飢餓」という生物学的要素でもって解決を図ろうとしたのだった。(7)

以後、経済学は、「貧民」という存在への対処を課題とし、「貧民」の存在と相互・緊密に絡み合って展開される。産業革命を経て今までにない精巧な機械の登場により到来した産業社会は、増え続ける「貧民」に賃金を扶助するという恩情主義政策の「救貧法」では対応、解決できず、別の制度・方法を確立する必要に直面したのだった。

そこで出た解決策はこうである。

「山羊と犬の定理」、自然淘汰の法則に基づいて、貧民を働かせること、つまり競争的な労働市場を確立、整理し、自己調整する「市場」へと貧民を投げ込むことである。

一九世紀の思想史にとってきわめて重要であった。生起しつつある社会が市場システムにほかならないがゆえに、人間社会は、いまや、旧来の政治体を支えていた道徳的な世界とはまったく異質な基盤へ移転させせられる危険にさらされていた。一見解決不可能な貧困問題が、マルサスやリカードをして自然主義に脱したタウンゼントを是認せざるをえなくしていたのである。(8)

2　悪魔の碾臼――自己調整する市場

いかなる社会であれ、何らかの種類の経済をもたなければ、瞬時たりとも存続できないことはいうま

でもない。だがわれわれの時代より前には、原理的にさえ、市場に統制される経済が存在したことは一度もなかった。(9)

人類史が始まって以来、社会に埋め込まれていたはずの市場システムが、一九世紀文明において市場に制御された社会として立ち現れた。これは社会構造の根本的な〝転換〟を意味した。

それを支える経済的自由主義、自由放任主義というイデオロギー、観念は、市場を創造しようとした社会の組織原理の教義ともなった。単に国家の介入を無効とする非官僚主義的政策を指向するということだけでなく、ここで、気をつけなければいけないのは、なにものにも依存しない自律した「自己調整的」な「市場」ということ、それを肯定する思想である。〈個〉が自律し、気ままに振舞うという自由放任主義(＝〝レッセフェール〟)と自由主義的教義は「ユートピア」(10)であるということだ。

一八世紀から一九世紀前半までの経済的自由主義という信仰が優勢であった。

しかし、優勢であったとされる自由放任経済と自由な市場への信仰は、皮肉にも様々な国家の意識的なお膳立てによって成立したのに対して、それへの対抗と規制は、自然発生的に生まれた。この二つが主旋律となって「二重運動」を奏でながら平和の一〇〇年間、つまり自己調整的な市場社会は一九世紀を通じてその時代の文明をリードした。一九世紀文明は、国際システムとして世界の平和と人類の繁栄を保障し、一九二九年の大恐慌において崩壊した。こののちの「制度的真空」のなか、人類史は「社会の自己防衛」として社会主義、ファシズム、ニューディールといった、中央集権的国家による制度の創成を模索する時代、つまり〈大転換〉の時代を迎えたとポランニーは言う。

しかし、今日、市場原理主義というべきユートピア的言説によって導かれた市場の優位のもとに諸社会がいまだ包摂されている。〈大転換〉後の今日、再び「自己調整的市場」による〈大転換〉が起きつつあるのではないだろうか。

もちろん市場化の波がくまなく地球上を覆うとき、「社会は、自己調整的市場システムに内在するさまざまの危険に対してみずからを防衛」[11]するのであるが。

以上のような「二重運動」の歴史的展開について本論考で詳細に述べることはしない。

ここで指摘したいのは、一時にしろ、「自己調整的市場」が、「信仰」とまでになったこと、その観念的であった信仰が現実を動かしたこと、そして「自己調整的市場」とは何か、それに伴う社会の変貌についてである。ポランニーは次のように言う。

> 自己調整的市場による現世的人間救済というまぎれもない信仰にまで成長した。[12]
>
> 時間と空間を席巻し、さらに銀行通貨によってかつて例をみないダイナミズムをつくり出したのである。市場システムが最高潮に達したころ、つまり一九一四年ごろには、地球上のあらゆる地域、地球上の全住民および将来生まれてくる世代、自然人のみならず法人と呼ばれる巨大な擬制体も、そのシステムに包み込まれたのであった。キリスト教が歩みを開始して以来絶えてなかったほどの普遍性への要求を伴って、一つの新しい生活様式が地球上に広がった――ただし、今度は純粋に物質レベルでありはしたが。[13]

ポランニーは、歴史学や人類学の成果を踏まえつつ、そう喝破したのだった。

人類史において、経済は社会の諸関係の中に埋め込まれ、実際には市場と規制は並行して発展した。だが、産業革命を経て一九世紀に入り自己調整市場は制度として完成し、それまであった幾つかの経済のパターン、「家政」「再分配」「互酬」を退け、そして突出する。一九世紀文明の、共通の母体、柱として産業革命期イギリスから「自己調整的な市場」[14]という信仰、ユートピアという観念は、現実を捉え、それを変える原動力となり、全世界へと拡がった。

「市場」経済とは、ポランニーの言葉を借りれば、「市場価格によって統制される経済、市場価格以外にはなにものによっても統制されない経済のこと」[15]である。ポランニーは、現代経済社会における市場経済というものを、市場価格以外なにものにも統制されない「自己調整的」なものとして捉えた。つまり、自己調整とは「外部からの助力や干渉なしに経済生活の全体を組織化することができるようなこのようなシステム」[16]である、と。すべては市場によってのみ統制・規制され、財の生産と分配はまさに「自己調整的に制御され、そして社会の様々な制度・システムを包摂する。

「自己調整的」に制御されるということは、ある価格で入手できる財やサービスなどの供給が、それに応じた価格でも需要と等しくなるような市場システムを前提としたうえで、ありとあらゆる生産が市場での販売のために行なわれ、それに応じた所得がそのような販売から生まれる事柄を指す。すべての生産要素・財に諸市場が存在する。この無数の市場は、やがて一つの大きな「自己調整的」な市場に統合される。ポランニーは次のように「市場」の概念をまとめている。

これらの諸要素の価格はそれぞれ商品価格、賃金、地代、利子と呼ばれるが、これらの用語はまさしく諸価格がもろもろの所得を形成することを示している。すなわち、利子は貨幣の使用に対する価格であって、貨幣を供給しうる人々の所得を形成する。地代は土地の使用に対する価格であって、それを供給しうる人々の所得を形成する。最後に、商品価格は企業家サービスを売る人々の所得を形成する。利潤と呼ばれる所得は、実際、二組の価格の差、すなわち生産された財の価格とそのコストつまり生産に必要な財の価格との差にほかならない。したがって、もしこれらの諸条件が満たされれば、すべての所得は市場での販売から生じることになり、これらの所得は生産された財のすべてを購入するのにちょうど十分な大きさになるだろう。(17)

所得とは、すなわち利潤であり、この利潤獲得の動機が人間を動かす。ポランニーによれば、一九世紀の状況は、この利潤動機と自己調整的メカニズムによって与えられ、日常生活も、国際関係もこのメカニズムに対応するものであった。メカニズムが導き出す特徴は自己調整的なるものの「厳密な決定論」と「その経済的性格」である。だが事実は両者に結びつきがなく、このメカニズムの結果が、「決定論」を生み、物質的・経済的性格を持つ人間の動機（利潤追求、貨幣利得を追求）の強さが「決定」の源とされた。(18)

市場は、様々な物を自由に売買できる世界である。この世界で幅を利かせるのは「稀少性」概念であり、これが支配概念となる。市場経済が支配する社会では、唯一の原理になる。

自己調整的市場が成立するには人間社会にとって「本源的な生産要素」である、土地・労働・貨幣の

「擬制」商品化が絶対的な必要条件である。だが、「売買されるものはすべて販売のために生産されたのでなければならないという仮定は」[19]これらの本源的な生産要素にはあてはまらない。本来社会にとって市場システムは「付属物」であって、社会の支配原理そのものではなかった。しかし、「自己調整的な」市場の登場、そして支配原理になることによって人間が生活するうえで本源的であったはずの生産要素（人間・自然・貨幣）までもが、市場で流通する擬制化された「商品」となる。万物は販売されるための商品にならなければならないのだ。

この非本来的なものがあたかも本来的なものとして「商品」となる。このことの〝無理〟から新たな〝緊張〟が発生する。

人類は新しい動機にとらわれたのでなく、新しいメカニズムよってとらわれたのだ。簡潔に言えば、緊張は市場から発し、そこから政治領域へと広まり、社会全体を包むことになったのである。[20]

社会の諸々な制度に取り囲まれた人間は、やがて剥き出しの姿のまま自己調整的な市場へと放り出され、悪魔が挽く碾臼の下敷きとなり砕かれる。

人間はただ下敷きになり挽かれるだけではない。悪魔によって碾臼が挽かれるとともに、碾臼に対する人間の反抗が起こる。ポランニーは次のように明言する。

市場メカニズムに、人間の運命とその自然環境の唯一の支配者となることを許せば、いやそれどころか、購買力の量と使途とについてそれを許すだけでも、社会はいずれ破壊されてしまうことになるだろう。なぜなら、いわゆる「労働力」商品は、たまたまこの特殊な商品の担い手となっている人間個々人にも影響を及ぼさずには無理強いできないし、見境なく使ったり、また使わないままにしておくことさえできないからである。つけ加えれば、人間の労働力を処理する場合、このシステムは、労働力というレッテルの貼ってある肉体的、心理的、道徳的実在としての「人間」を処理することになるのである。文化的諸制度という保護の被いがとり去られれば、人間は社会に生身をさらす結果になり、やがては滅びてしまうであろう。人間は、悪徳、堕落、犯罪、飢餓、という激しい社会的混乱の犠牲になって死滅するであろう。自然は個々の元素に分解され、近隣、風景は汚され、河川は汚染され、軍事的安全は脅かされ、食料、原料の生産力は破壊されるだろう。最後に、市場による購買力管理は企業を周期的に破産させることになるだろう。なぜなら、貨幣の払底と過多は企業にとって未開社会の洪水、旱魃と同じくらいの災難であろうから。疑いもなく、労働、土地、貨幣市場は市場経済にとって本源的なものなのである。しかし、もし社会の人間的・自然的実体が企業の組織ともどもこの悪魔の碾臼から保護されることがなかったら、どのような社会も、そのようなむき出しの擬制システムの影響には一時たりとも耐えることはできないであろう[21]

本来的に商品になりえないもの。本源的な生産要素、つまり、人間それ自体の〈労働〉〈生活〉、人間が自分たちで勝手に作り出せない〈自然〉〈土地〉、決して生産されるものでなく金融・財政システムから出てきた〈貨幣〉〈資本〉といったものそれぞれを「擬制」という「商品」に化《ば》かすことで、「自己調整的」

な市場は成り立つ。市場は、社会を従え、原子に分解し、「文化的空白」を生じさせ、民衆を堕落した烏合の衆とする「悪魔の碾臼」であるとポランニーは揶揄した。

重要なことは「悪魔の碾臼」は、本源的な生産要素を「擬制」化した商品を必要とすることなのだ。そしてそのことは次のことを意味した。碾臼によって人々は〈個〉とされ、同時に商品として〈個〉が売買自由になった。

3 絡め取られた〈個〉とその受肉の〈場〉の変容

人間は、いままでの埋め込まれていたプレモダンな社会からバラバラな〈個〉とされ、「悪魔の碾臼」という名の「市場」に絡め取られ、砕かれた。絡め取られた〈個〉は、そのまま〈個〉として存続できない。生活するためのなんらかの紐帯を必要とした。その役割を果したのが、企業（カイシャ）である。

現代日本では、〈個〉は会社（カイシャ）と呼ばれる組織（「コミュニティ」）のなかで〈肉〉を得る。「悪魔のひき臼」、自己調整的な市場にとって、一八三四年の救貧法の改正が慈善的な地主による温情的な支配を終焉させ、人間＝労働の市場の障害となる「生存権」を廃棄させたことには大きな意義があった。

産業革命が始まり、精巧な機械が登場し、それに見合った形の見通しが十分保証される長期的視野にたった投資、とりわけ工場制にとって大量に必要とされた人員の確保、本源的生産要素である労働の商品化の安定供給は特に重要であった。だが、労働よりもさきに土地と貨幣が流動化していたのに対して、労働者の物理的移動は厳しく禁止されていた。労働の流動化という課題、労働市場の確立という問題は、先に述べたように、同時に現在にいたる経済学的思考の基底を形作った産業革命期イギリスでの救貧法＝スピーナムランド法を巡る思想闘争そのものであった。

増え続ける「貧民」をどうするのかという事態の解決のためには競争的労働市場（＝賃金制度）の確立は急務であった。解決策としての温情主義に基づく救貧法＝スピーナムランド法の試み、また賃金が基金からの助成による生存権の確保ということは、人々を自尊心よりも救貧を好むような低水準にまでに落ち込ませ「労働市場のない資本主義体制を創出しようとする試みは、みじめな失敗に終った」[22]という結果をもたらした。つまり、救貧法（＝生存権）と労働市場（＝賃金）は共存不可能であったのだ。

ここで一つの解決策が取られた。タウンゼントがいう「山羊と犬の定理」、「餓死」という自然の刑罰でもって人間は働かなければいけないということだ。こうして人は「ハタラカナケレバならな」くなった。人間＝「労働」が市場に絡め取られた。この市場が機能するには「個人が餓死することを許しておかない有機的な社会を解体することが必要であった」[23]

労働を他の生命活動から切り離し市場の法則に従わせるということは、すべての有機的な生存諸形態を絶滅させ、それとは異質の、原子論的、個人的組織に置き換えることであった。[24]

競争的な労働市場には、個々が自立した者同士であることを前提とした契約の自由の原理が必要であった。血縁、隣人、地域といった非契約の原理を解体することが同時に求められた。

本来、共同体や地縁、因習などといったプレモダンな社会関係に絡め取られてきた人間は、ここにおいて一人ひとりというかたちで〈個〉として解体された。すべてのひとが対等な契約を結べる〝近代的な自我〟の誕生である。ただ、バラバラにされた労働する人間は、何物にも錯縛されず自由になったわけではない。「餓死」しないためにも、大部分の人々は、資本―賃労働関係、労働市場を通じて企業（カイシャ）に入り、自己調整的市場に絡め取られ、その〈場〉に身をゆだねなければならない。市場に絡め取られた〈個〉としての人間は、その〈肉〉を資本に適応した形態での身体へと変貌させられる。むき出しにされた人間は、その身体を「コミュニティ」としての企業（カイシャ）において受肉する。一方的に搾取されるだけでなく、そこでも「社会の自己防衛」[25]は発動され、様々な労働運動や社会政策によって企業（カイシャ）は制約を受け同時に働く人々にとって生活保障の場ともなった。今日、企業（カイシャ）という場は、人々を新たな〝グローバルな大競争〟（メガ・コンペティション）に耐えられる身体へと蝉脱させる。

今現在、二〇〇五年平均[26]でみると就業形態において雇用者が占める割合は八五・五％とまだまだ圧倒的である。それにたいして自営業者などの非雇用者は一四・六％である。つまり企業（カイシャ）で働く雇用者が八割以上をしめる。現代日本では、二〇歳前後で入社し、六〇歳までの定年までの三〇〜四〇数年間を「カイシャ」で働く。そして「カイシャ」というコミュニティに属し、その属する場でいかなる振る舞いをするのか。どの「カイシャ」に属し、どのような役職についていたかが、人としての存在そのものの評価となり、また仕事や業績の成果で評価するということよりも「カイシャ」に属すること、そこへの貢献が重要視される。それは同時に自己が自己であるための承認を受ける場であり、自己同一《アイデンティティ》の確証の物語の舞台となる。

以下では、資本―賃労働関係、すなわち雇用関係の「質」的変化の歴史を概観することで、人間という本源的な生産要素が、どのような擬制化された商品となり、また擬制商品化の過程―過去―現在―未来の地層の重なりと、今日、「グローバルな身体」としていかなる〈場〉に受肉していったのかを概観する。

森[27]は二つの基準から雇用関係の類型化を試みる。以下この類型化の試みに依拠・参照しつつ、雇用の質・原理的な変化を議論していきたい。まずその前に、雇用と請負をはっきりと区別、分類する必要がある。

基本的に請負は、依頼人は請負人に対して仕事の種類しか命令できない。また契約を結んだ場合、請負の場合はすでに仕事の内容が決まっている。それに対して雇用関係は雇用主が雇用者に対して仕事の種類、場所、仕方について命令できる。つまり最大の違いは仕事に関して命令ができるかどうかである。

雇用と請負の区別を押さえた上で、雇用関係とはなにかを考察するための類型化を試みると二つの類型化の基準が時間管理と雇用期間の長さのレベルで考えられる。第一基準は、労働時間以外の時間における自由度であり、これには「全時間管理」と「時間限定」の二つがある。前者は労働者が仕事をしていない時間も他の雇用主のもとでは働けないという規制があることで、後者はそのような規制がない場合である。

第二基準は、雇用関係の長さである。正規労働者のように比較的長い時間働いている者、長期間の者と、パートに見られる短い時間に区切られる労働や日雇いのように一日限りの働きで短期の者に区別される。例えば英米法の観点から雇用関係を見ると、正規雇用における被雇用者、つまり労働者は、雇い主と契約して、一方が仕事の命令をし、他方はその命令に服するという関係となる。この場合、労働時間外の自由時間も次の労働時間のための休息ということになり、副業という形で他の雇用主の元では働けない。またかつて雇用主には労働時間を変更する自由もあった。

A型は全時間管理と長期を特質としている。雇用関係の長期に及ぶ継続と雇用主のコントロールが雇用時間・期間中の全時間に及び、ここからさらに時間管理があるかないかで、A—1型とA—2型に分けられる。

1型は時間管理の概念が弱く、あったとしても弱いものである。

典型をイギリスの家内奉公人（召使）に見ることができる。被雇用者は雇用主と生活を共にするので、雇用主から範囲や時間も無限定の命令を受ける。命令と服従という関係でみれば、雇用関係における雇用主の権限を最大限に広げたものである。そのため雇用主は、被雇用者の生活を保障する義務が生じる。働く者は他の報酬を当てにできないので生活を保障するための「生存費賃金」にならざるをえない。

2型は時間管理を全面的にした類型であり、典型例は工場の労働者である。機械がある工場で働くことから、またそれによる協業の必要から、時間管理が全面的に導入された。またその外の雇用慣行、就業規則などの規制が重なりさらに時間管理が強化される。この類型の特質は工場労働者が工場に出勤する「職住分離」であり、これは標準労働時間のように、就業時間の長さや始業、終業時間が定められたため、労働時間と生活時間は分離する。しかし、この分離は強固なものでなく、工場法等の制限やそのほかの条件がゆるせば生活時間帯でも労働者に命令ができた。労働者は他の雇用主のもとでは働けない。A—1型は雇用主の家庭に労働者がいる場合直接その労働者を養う必要がある。A—2型の場合は、職住分離が普通ならば、雇用主は雇用者が生活するのに、あるいはその家族が暮らしていけるのに十分な賃金を渡すという間接的な責任、社会的な規範を負うことになる。

このA—2型はマルクス、古典派経済学が想定した雇用関係である。この二つの類型の中間に属するのが、事務職、技術者である。かつてはA—1型に親和的であったが、事務職が働いている職場やオフィスが工場に近くなるにつれてA―2型の場合に近くなった。そうじてA型は雇用の関係者たちがお互いに長期間雇用関係が続くと期待する傾向がある。また「一身専属性」という特質を持ち、そこから生活を保障する「生存費賃金」という規範が生まれ、「解雇」すなわち「失業」の問題が生じてくる。「失業」という事態に対する様々な対策が取られるようになる。この類型を基本として、「自己調整的な市場」と「社会の自己防衛」という二重運動の鬩ぎ合いのなかで、つまり労働者の権利意識と労働運動の高まりやそれへの対抗策でもあった国家による社会政策によって、雇用主の権限や命令を制限する新しい形ができる。

B型は時間限定で短期を特質とし、契約した時間がそのまま労働時間となり、労働時間以外の自由時間は他の雇用主に雇われることも可能である。A型と違い「一身属性」が生じない。当然そのため生存費賃金、そして生活保障という概念も生まれない。共通点としては、契約による関係が成立しており、労働者は支配命令され、忠誠義務があり、仕事の成果は使用する側に属するが、労働者に対しては賃金を払う必要が出てくる。A型は雇用主が労働者を丸抱えすることに特徴があるのに対して、そのために生活を保障する賃金を支払うことになる。B型にはそのような原則は通じない。

歴史を遡れば、A―1型とB型がほぼ当てはまる類型は早くてイギリスでは中世、アメリカでは建国当初から、日本では江戸時代から見られる。

A―2型が登場したのは、産業革命以後である。

近代科学技術に支えられた工業生産制は、大量の半熟練者を必要した。この要請に応えるため自己調整的な市場の需要と供給の法則に基づく労働市場の確立が必要であり、伝統的なギルドなどに属する熟練職人や徒弟制ではこの要請には応えられなかった。大量の労働者の調達は労働市場によってはじめて可能なものとなった。

この新しい雇用形態は基本的に不安定であった。児童労働、長時間労働、家族関係の解体といった問題が発生し、こうした問題への対処として工場法の制定、労働運動や社会政策が生み出された。様々な社会運動や規制（ポランニーはこれを「社会の自己防衛」と称した）を受けながらこの雇用関係の類型は、常識化されていく。

二〇世紀初頭アメリカで、大量生産を可能にしたフォーディズム、テイラーの科学的生産管理方法が確立し、内部労働市場を伴った工場制、そして企業によって純粋なA—2型の雇用関係が広まった。工場で働くA—2型の労働者の存在は、生活に安定性を保障されない不安定性をもち、かつ経営者からみれば半熟練労働者は熟練労働者とは違い、熟練やモラルといった点での不確定性をもち、また身分制であったギルド職人とは違い、かれらの身分・地位を企業内でどうするのかという問題が出てきた。「経営側が労働者を一人前に仕立てあげていく課題を担うことは、労働者を企業の『外側』の存在から（究極的には請負）から『内側』の存在へとシフトさせていくことをも意味する」[28]。「内側」の存在とするには企業は雇用の保障、企業内福祉といった制度を確立し、企業内での内部養成や昇進といった労務管理を発展させる必要があった。また同時に労働運動を通じて労働者たちは企業内のルールを作り上げていく主体となる。こうして企業は「人格の承認」と諸制度を生成・確立させていく[29]。

一九八〇年代から、サービス業（第三次産業）に就業するものが増え、かつての大量の半熟練者を必要とした（第二次産業）に取って代わり、工場生産制も多品種少量生産のポスト・フォーディズム型生産方式、柔構造・フレキシブル化がすすむ。九〇年代には情報化が進み、産業の質が変化し始めた。いままで

の工業労働者とは違う、様々な情報や記号を操る「シンボリック・アナリスト」の登場が喧伝されもした。(30)

ここにおいてA型やB型では捉えきれない類型が出現する。

近年の成果主義、業績主義の流れは、雇用形態の流動化と多様化を促し、請負か、雇用か、また日雇いか常雇いかという分類が曖昧になり始めた。例えば、全時間管理を特徴とするA型において、時間管理を外れるA―3型ともいうべき雇用形態が発生している。例えば「裁量労働制」である。時間管理による雇用管理が後退し、仕事の場所、時間、仕方の権限を労働者に移し、労働者自身の判断のもとで仕事をするが、契約としての請負と違っていつでも、どこからでも、何回でも雇用主から命令がなされるという雇用としての特徴は依然残る。また「在宅労働」は在宅という場所のため雇用主の監督が難しく仕事の種類に関する命令しかできない。自宅などで仕事をするため請負制に近い。だが雇用主はいつでも仕事を指定し変更できるので完全な請負ではない。しかしこの雇用形態が進むと自営業との境目はさらに曖昧となる可能性は高い。

この二つの類型は雇用主による直接管理が難しいため労働者に責任を負わせ、どの程度「成果」があがるのかという基準から管理されることになる。さらにこれら二つの類型のほかにB型に区別される「パートタイム労働」の変貌がある。「基幹パート」、「擬似パート」といった比較的長期間雇用され、企業内の特殊な熟練を身に付けた正規社員とかわらないパートタイム労働が増えた。つまりB型のA―2型への接近が見られる。「派遣」や「出向」と言う形態も増え続けている。とくに近年増え続けている「派遣」の形態は、雇用関係のない派遣先から指揮命令を受ける。つまり派遣元と派遣先両方から指揮と命令を受け、また同時に時間に対する報酬であるがために時間管理も受けるのが特徴である。一身専属性と支配命令関係といった結びつきと雇用関係の原理はここでは妥当しなくなる。さらに細かく見ると登録派遣のようにB型に近くなるものも増えてくる。常用の派遣になると派遣先に常駐するということからA—2型に近くなるものが出てくる。

「パートタイム」や「派遣」のような雇用形態は、A—2型やB型の相互浸透したものとしてC型の出現を見ることができる。これまで長時間労働と全時間管理を特徴とするA型が主流であった。

しかし、昨今、時間管理がなくなり、労働者に決定権が大幅に移行するといった雇用関係の変化からA—3型やC型ともいうべき新たな雇用関係が出現している。非正規雇用の量的拡大とともに雇用関係の質的・原理的変化がおき、従来の一身専属性と指揮命令の関係の破壊と時間管理のA—2型のような雇用関係の解体という事態である。雇用形態と請負制の境界性がなくなり、労働者の「非」雇用形態である自営業化とも言うべき事態がおきつつある。

ここで重要なことは「終身」と言う言葉にこめられた「規範」の終焉という事態に多くの人々が曝されているということだ。再び剥き出しのまま悪魔の碾臼の前に放り出されるのであろうか。産業革命からの精巧な機械の導入にともなう工場制の普及が、企業（カイシャ）の雇用関係の原基（A—2型）を創出した。このことが意味するのは企業（「カイシャ」）による人間の囲い込み《エンクロージャ》である。企業（「カイシャ」）は人々が労働力「商品」として受肉する〈場〉である。しかし、いまやその働く場所はかつての安定した、終身の生活を保障し、「コミュニティ」としてのカイシャの成員であることを担保するという働く〈場〉ではなくなりつつある。企業は雇用の場であることをやめ、雇用関係から関係が外れるフリーエージェントの時代を迎えようとしている。[31]

工場法、労働運動、社会保障制度の確立といった、社会の自己防衛と自己調整的な市場のせめぎ合いの産物である「コミュニティ」としてのカイシャは、是非はともかくとして社会統合の要であったことは事実だ。「雇用」を通じて多大な影響を否応にも社会に、〈個〉としての人間にも与えてきた。「コミュニティ」として生成してきたのは、まさに大多数の人間を「雇用」し、「クワシテイケタ」からだ。

社会主義、ファシズム、ニューディール体制の登場により、一九三〇年代に崩壊したといわれた「ユートピア」＝自己調整的な市場は、再び「グローバル化」という名で「信仰」として復活しつつある。この「信仰」は一つの〝真理〟を宿している。

企業がもつこの「真理」とは、出来得る限り費用コストを極限にまで下げ、収益を無限に上げることである。

この真理は、「コミュニティ」という機能の創出と喪失の鬩ぎ合いを貫く真理でもある。それは、時には差し迫る革命と労働運動に対して己を守るための妥協と「アメ」として「コミュニティ」（福祉資本主義、会社荘園制）を作り上げ、またある時は、倒産しないために容赦なく「コミュニティ」をリストラ（本来は〝事業の再構築〟の意）する。

4 〈網の目〉を資本として捉える

〈個〉としての人間は、世界のあらゆるところで日々無垢な姿で生まれ、やがて市場に絡め取られる。そして企業（＝カイシャ）という「コミュニティ」において新たな生を受肉する。人間が生きていくうえで圧倒的な時間と空間を占拠し、その生を保障し、生き方に律動を与える。だが、この「コミュニティ」

は今日これまで果してきたそのような機能を果しえるのかが問われつつある。「コミュニティ」としてのカイシャの崩壊は、いままで覆い隠していた古層を顕わにする。ポランニーの問題提起をここで今一度強調したい。

自己調整的市場という考えはまったくのユートピアであった、というのがわれわれの命題である。そのような制度は、社会の人間的・自然的な実体を無にしてしまうことなしには、一時たりとも存在しえないであろう。それは人間の肉体を破壊せしめたであろうし、人間の環境を荒漠たるものに変えてしまったことであろう。社会は否応なく、自分自身を防衛する措置をとったのであるが、しかしその措置がどのようなものであろうとも、それは市場の自己調整作用を損ない、経済生活を混乱させ、社会をさらにもうひとつの危険に陥れた。まさにこのディレンマが、市場システムの発展を一定の鋳型にはめこんでしまい、ついには市場システムを基礎とした社会組織を崩壊させたのである。[32]

自己調整的な市場による「転換」の開始、社会組織の崩壊は、社会の自己防衛という抵抗に遇い、この二つの主旋律、つまり二重運動が織り成す「複合社会」を作り、一八世紀から今日までの文明を形作り、縁取ってきた。その過程でロバート・オウエンの「社会の発見」があったとポランニーがいう。[33]二一世紀初頭の今日、「グローバル化」と称せられる「自己調整的な市場」の全世界への覇権的展開は、同時にそれへの疑問をわれわれに惹起させてくれる。社会の自己防衛が再び発動し、われわれを再び埋め込まれていたはずのかつての「古層」としての社会へ、市場を擬制化することで支えてきた労働、自然、貨幣といった「社会の実体」へとわれわれの目を向けさせ、課題を生じさせる。はたして、離脱した経済を社会へと再び埋め込むことはできるのであろうか、と。

人間の関係そのものが社会であるとするならば、このあいまいな「社会なるもの」を具体的な姿で捉え、測定可能にする道具として、さらには経済の発展のみならず、市民社会の育成・発展のためにその具体的な姿を捉えようとする試みがある。社会科学の研究領域で現在注目されている、Social capital 論である。新たなる〈資本〉として社会学のみならず、経済学にも、そして政策科学という新たな領域でその概念─存在をめぐって議論の輪が拡がっている。先進諸国の市民社会のインフラとして、また発展途上国における貧困撲滅と経済成長を達成するためにその概念の有効性が幅広く論じられている。[34]

日本語として直訳すれば「社会資本」であるが、普及している訳語には「社会関係資本」などがある。「関係」そのものが資本となる、またはそう見なす。簡単に言葉そのもののイメージとして導き出される意味は、人と人との「関係」そのものを〈資本〉として捉えるということである。[35]

Social capital とは具体的にいかなる概念なのか。

それは、人々の間にある「信頼」と「互恵」、「協力」であり、それらの積み重ねによって形成される網の目、ネットワークの厚みそのものに定義され、測定される。物質的な資本への投下と違い、Social capital への投資とはこのようなネットワークを拡大させる、「信頼」や「互恵」を増加させることを意味する。それは個人と個人との間《あわい》にあるという性質財としては、公共的、私的な用法の機能を兼ね備えている。それは個人と個人との間にあるという性質のためである。

人々の間で幾度も繰り返される「交流」「社交」が人々の間で「信頼」を生み出し、また個々人の相互間での行為が「互恵」と「協働」を生みだす。例えば、ある人間の行為へのお礼や社交場における交流といった関係は、何度も繰り返され、それ自体、社会の道徳、さらには規範となり、やがて、コミュニティ、コモンズ、共同体、などと様々な名で呼ばれる社会的集団を形成する。逆に個人が属するそのような組織、集団、ネットワークが個人の社会的・経済的資源となり、個人によって活用され、また個人は社会・世界を規定する。個人と社会・世界が相互に交流、規定しあうなかで「制度の経路依存性」が高まり、それぞれの社会のなかに蓄積される。Social capital が高度に蓄積された社会は、公共的なものに常に纏わり着くジレンマ、つまり合理的で、欲望に忠実な個人が「集合行為のジレンマ」「フリーライダー《ただのり》」「囚人のジレンマ」「共有地《コモンズ》の悲劇」を克服する可能性が高い[36]。

Social capital 概念を世に知らしめたのは、「制度を上手く機能させる要因は一体なにか」という問題意識のもとで、イタリアの事例研究を記したパットナムであり、『哲学する民主主義』[37]とまたそれを敷衍した議論を行った『孤独なボウリング』[38]は、Social capital 研究の基本文献である。

イタリアでの調査に基づいてパットナムは言う、制度パフォーマンスが良好な市民共同体・州、すなわちSocial capital が上手く機能するということは、

合唱団やサッカーチーム、野鳥の会やロータリー・クラブが数多く存在している。これらの州の大部分は日刊紙や地域の諸問題に関する記事を熱心に読む。彼らは、公的争点に関心を寄せるが、人格的、あるいは恩顧=庇護主義的な政治には関心はない。住民はお互いに信頼し合い、その結果、公正に行動し、法律にも従う。これらの州のリーダーは比較的清潔である。彼らは民衆による政府《ポピュラー・ガバメント》を信頼し、ま

た政敵とも妥協の用意がある。こうした州の市民とリーダーは、政治的平等が性に合うことを知っている。社会的・政治的ネットワークの組織化は、水平的になされ垂直的ではない。共同体は、連帯、市民的積極参加、協力、清潔性に価値を置く。政府は仕事に勤しむ(39)ことである。

Social capital をめぐる議論はいまだ発展途上にあり、パットナム以外にも社会学者コールマンやブルデューらも独自の概念として展開させてきたように様々な論者によって、経済発展や、教育そして人的資本形成、環境保全、福祉、まちづくり等、きわめて幅広い公共政策上の目標の実現を促す概念として様々に論じられている。

以下、諸冨(40)の議論を参照したい。諸富は、環境と経済の間における問題、すなわち「持続的発展」の可能性を考えるために Social capital に注目し、まとめ、次なる課題を投げかけている。

従来、私的かつ物的な資本概念から、人的資本、社会資本概念から Social capital（本書の中では「社会関係資本」と言う用語として使用されている）概念への展開は、「非物質的転回」であり、従来の資本概念が物質的に捉えられたのに対して、新たな資本概念である社会関係資本は、特徴をその非物質性に求めることができるという。

物質的な資本から非物質的資本へという資本の発展、つまり「拡張された資本概念(41)」を概観するならば、一九世紀～二〇世紀前半までの経済成長の過程では、個人の所得のうちできるだけ多くを貯蓄にまわし、再投資するという循環のなかで資本蓄積がなされた。これは株式会社制度の確立と普及とともに特定の投資家による「私的」な性格をもつものであった。だが、二〇世紀後半に入り、ケインズ革命に象徴される「投資の社会化」が始まる。高度に発展する資本主義、科学技術と工業体制に対してもはや私的資本では莫大な投資が賄いきれず、国家による公的投資による電力、道路などの公共施設、インフラの整備のために社会的な投資、「社会資本」が必要とされるようになった。社会資本は、間接的に生産過程への投資をすることで私的な資本の利潤、蓄積を増進させるための市場を支える基礎的要素に対する物質的な投資であるといえる。だが、このような社会資本が環境破壊を招き、悪化させる。

環境破壊などを目の前にし、公害問題に取り組んでいく中で、宇沢弘文は「社会的共通資本」概念を主張した。従来の資本概念とは違い、幅広く資本概念を捉えているといえる。これは「生活権」という視点から、三つの要素、社会資本に加えて、自然資本、制度資本からなり、生活と生産に必要、かつ公共性が高いものであり、必需品に近い。財としては非排除性、非競合性を持ち合わせ、基本的に市場による運営や維持管理はできない、なぜなら所得分配上の問題や最適な供給が市場によってなされる性格のものでなく、またその公共的な性格は根本的に利潤原理に基づくものでないからである。自然を最適管理し効率性の観点から見る資源経済学とちがい、自然環境そのものを対象として規定するという性質上の違いがある。

しかし、Social capital 論と比較して次のことが課題となってくる。「制度を目的でなく手段と位置づけることで、社会的共通資本を運営する主体のあり方そのものを議論の組上に載せることができるのである。制度のあり方や、制度運営の仕方が拙劣であれば、社会的共通資本の利用によって達成することのできる我々の機能は、きわめて貧しいものにとどまってしまうであろう」[42] と諸富は指摘し、運営する主体の問題、そしてそれこそ Social capital の厚みが、このような資本（capital）を支えるネットワーキング・網の目という無形の制度そのものとして「統治」（＝ガバナンス）の優劣を左右するという。いかなる行為主体が統治（＝ガバナンス）を担うかという問題が浮上してくる。

つまり「主体の複数化」という問題である。資本（capital）としての性格が、個人が所有できる物的資本や国家予算でなければ補えない公共投資（社会資本）でなく、非物質的要素、つまり個と個を結ぶネットワーキング、網の目であるという性質であるがゆえに、人々の間《あわい》に **Social capital** があるがために関わる行為主体が複数にならざるをえない。従来の公共・社会投資の主たる担い手である政府、企業が、そして網の目を構成しているすべての人々、NGO、NPOといった新たなる主体が担うことができ、また担う必然性が生じてくると言える。

5　舫《モカ》い、紡《ツム》ぎだす〈個〉――〈共〉の経済へ

大きな政府の失敗、福祉国家の衰退といった〈公〉への批判、無秩序、アナーキー、自由放任主義などの〈私〉、への批判を考えるなら、「第三の道」としての「コミュニティ」の役割、社会統合さらには市民社会への期待が、様々な主体が集う **Social capital** が持つその可能性にかけられる。その可能性とは経済発展への寄与のみだけでなく人々の〝連帯〟を活性化させる可能性を秘めているということだ。

だが次のことは、大いに警戒すべきことである。

つまり、網の目、人と人の間《あわい》を資本として経済学的（新古典派）に把握するということは、人間の関係そのものが経済学の世界へと編纂されることであり、その網の目、関係性は、生産要素の一つとして生産関数（生産可能集合）y＝f（K、L）とされる経済学が設定する関数的世界の中へと組み込まれ、回

収されるということを。

産業革命によって始まった出来事を概念化する記号モデルが生産関数（生産可能集合）である。[43]

この方程式は、Ｏは生産物、Ｋは資本、Ｌは労働力という微分関数として、Ｏ＝ｆ（Ｋ、Ｌ）という図式で表象される。この関数は市場経済の中で企業原理に組み込まれ収益関数、費用関数に分裂する。つまり収益関数を最大にしようとすること、そして費用関数としての資本コストをできるだけ最小としようとする、この二つの「力」が真理となり現代の経済社会を万力のように締め付ける。

工業から記号と情報が氾濫しそれらが意味を付与する非物質的、非生産的な産業社会へと移行しつつあるといえる。[44] 移行は、ケアワーク、コミュニケーション、そして人間の感情、生物的資源としての情動、肉体そのものを動員し、それらが生産過程における根本的な条件となる。またＩＴ・情報化は、常にスピードが求められ、時間までもが重要な生産要素とする。

かつての産業革命は高価な機械を使って廉価な半熟練労働者を使い、生産物が「規模の経済」によって大量に生産されることによって企業利益を出し、企業―市場経済体制を成立させた。ＩＴイノベーションの過程では資本・労働とともに情報ネットワークの網の目の「端末」と融合し、資本と労働とともにそのものを生産要素として組むことが不可能となってきている。この生産関数を構成する生産要素が厳密に定義・測定されてはじめて経済政策は理念的に成り立つが、それがこのＩＴ化、ないしはスピードを重視する「時間」経済では成立しなくなる。従来の生産関数が生産要素の微分関係のみを重視し、企業組織機能Ｆ（Ｘ）をつまり企業（「カイシャ」）を重要視してこなかった。だが、グローバル化、モノ、ヒト、カネの規制なき流動化、地球規模での大競争（メガ・コンペティション）は、企業に過度の「フレキシビリティ」

を要請し、過剰なまでの競争は、最小コスト、最大収益という二つの力を駆使して、企業を変質させる。これは人々をかつてのように囲い込み働かせることが重荷になったことを意味する。人を育て、長期間雇用するための高コストの人件費は企業にとっては確保する理由のないものになった。かつて人々が己の自己同一《アイデンティティ》確証の物語を語り、受肉する〈場〉であった企業（カイシャ）はもはや長期雇用を保証できなくなり、企業自体が生き残れるか解体されるかという瀬戸際の危機にさらされる。

今日の新資本主義制度を特徴づける諸々の慣行は、人を人として重く見る感覚、他者に必要とされる感覚をあからさまに、そして無残にも失わせる。(45)

ここで確認すべきことは、3で見たように非正規雇用の増大と従来の企業中心の正規雇用のあり方の変容が大きな問題となっていることだ。かつての自己調整的市場と社会の自己防衛の二重運動がつくりだした〈受肉〉する場は、場としての機能を失い、再び人々は「悪魔の碾臼」へと投げ込まれていく。そしてこの無限に反復される「労働」＝働くことは、かつての自己同一《アイデンティティ》を確認する場、他者からの人格の承認を得ることとではなくなり、ただ〈個〉が擬制化された労働力「商品」としてむき出しとなることでしかない。カイシャが社会、関係性構築をなす時代は過ぎ去りつつある。

〈個〉が、いかなる〈関係〉に絡めとられるのか。

個が個として成り立つためには、それに先立つ、関係性が必要であることは自明である。関係性とは〈社会〉ともいわれる。しかし、関係性が企業で働くことのみを意味するならば、経済学世界の概念に回収され、経済学の学知という枠組みのなかに幽閉される。それが意味することはわれわれが居る〈社会〉というもの自体の貧困性ではないだろうか。ここでアレントを〈社会〉を考えるための補助線として引く。アレントは「公共性」概念を〈社会〉概念に対抗させる。労働・制作・活動という三つの人間の行為のうちに、世界性を持つ、制作、活動から、人間は「社会の勃興」のうちに、労働という生命の過程へと巻き込まれてしまう。企業（カイシャ）とはアレントによれば〈社会〉の領域になるであろう。アレントが危惧した「社会の勃興」とは、種の生命の究極的な自己主張であり、それは近代初期には、個体の「エゴイスティクな」生命、後期には〈社会的〉生命やマルクスが唱えたような「社会化された人間」が強調され、活動の最期の痕跡である自然力、生命そのもの、自然の過程として等しくその力に屈服する。〈複数性〉が消失し、画一化され、〈世界性〉から離れた、働くこと、そのことにのみ費やされる人間の行為である。

社会化した人類はというのは、ただ一つの利害だけが支配するような社会状態であり、この利害の主体は階級かヒトであって、一人の人間でもなければ多数の人々でもない。肝心な点は、今や人びとが行っていた活動の最後の痕跡、つまり自己の利益に含まれていた動機さえ消滅したということである。残されたものは「自然力」、つまり生命過程そのものの力であって、すべての人、すべての人間的活動力は、等しくその力に屈服した（「思考過程そのものが自然過程である」）[46]。

アレントが抱いた〈社会〉とは、産業社会後の社会、じつは経済が社会から離脱した「経済の時代」としての〈社会〉であるといえる。働く人間は、「カイシャ」という「コミュニティ」でしか生きられないわれわれ人間のことをさすということならば、一九世紀、自然の法則として「自己調整的な市場」を「ユートピア」的言説であった「山羊と犬の定理」を持つ新古典派の経済学的思考はそうした労働する「動物」の思想である。そしてその動物たちが群れ、飼いならされる動物農園として〈社会〉はあるのだ。ここでポランニーとアレントの思考は通底で共鳴する。

この動物農園の思想は、明るみの地表へ向かい、暗がりの、地中深く根のように張っている〈社会〉というもの、われわれの日常性というものそのものの〈大地〉から、離陸し、離脱することの危険をもつ。しかし、逆説的に、この「擬制」化がなければ市場は「自己調整的」とはならない。依然として本源的な生産要素労働＝人間、土地＝自然といった「社会の実体」が支えているのだ。市場は本来経済の外部で機能し、経済は社会の諸関係の中にあった。だが、産業革命、「精巧で、それゆえに特殊化された機械設備の発明」は、本来的生産要素の擬制化を強いる。社会という大地に埋め込まれた経済は、重力に反し、離脱し、上空へと舞い上がった。が、所詮重力には勝てない。引き戻され、無残に一九二九年「大恐慌」というかたちで墜落した。しかしながら、はかないはずの「ユートピア」的言説はいまだ経済学において支配知となり、上空にその残滓を留めている。

工業からポスト・フォーディズム時代の今日において、ネグリとハート[47]は、〈共〉(commonality) とマルチチュードを、時代を理解するための鍵概念としている。そしてそれらの概念にもとづいて陰鬱なる科学＝経済学は死に、経済学の「生政治的科学」への転換を唱えている。

自然にもとづくものではなく、〈共〉による労働の再編成と、生産を構成する特異な主体（個人であれ集団であれ）同士の具体的協働とにもとづいた基準を探る試みについて認識する必要がある。(48)

〈共〉とは、「ザ・コモンズ」（commons）が前近代的な共同体・空間を指すのに対して、非物資的生産、つまりコミュニケーションや言語、共同作業、協働そして情報、アイディア、知識、意味などの多数の自己と他者が共有する生産基盤であり、何人も分割して占有できない。また螺旋を描くように〈共〉を基盤にしつつ生産されるものは、また〈共〉を再生産する。

主体性は協働とコミュニケーションによって生み出され、そうして生まれた主体性そのものが新たな協働とコミュニケーションの形態を生み出し、その循環が繰り返されるということだ。この螺旋のなかで連続して起きる、主体性の生産から〈共〉の生産へという動きのひとつひとつが革新であり、その結果、より豊かな現実がもたらされる。(49)

マルチチュードとは、労働者や人民といった伝統的な単一概念でなく、多様性や複数性を同一性に回収せず、あらゆるカテゴリー、異なる文化、民族、ジェンダー、異なるあらゆる複数性の擁護、つまり「無数の内的差異」から成る概念である。社会経済的には、「〈共〉的な労働主体」、「ポストモダン的生産の現実的な〈肉〉」である。

ネグリとハートがいう〈共〉としての経済とその〝学〟を今こそ考えるべきでないだろうか。

〈共〉ということを考えるには、前近代的なユイ、モヤイ、テツダイといった互助の形態[50]を新たな〈共〉といった形で語らせるわけには行かないだろうか？

だがこのことについてはここでは序章として問題を提起するだけにとどめる。

資本―賃労働という名のもとで、〈個〉が個として成り立つには、人―間の基底にある関係を無視することはできない。そして〈個〉は〈共〉を基盤として、さらに〈共〉をつくりだす。それは新たに関係を舫《モカ》い、紡《ツム》ぎだす〈個〉であり、人間であるといえる。そうした関係性の束が自己調整的な市場に回収されない〈社会〉[51]を作り出す。

既成のネットワーク分析などの様々な研究言説の中で、取りこぼされるものがある。人と人の間に語りつくせぬ関係がある。〈共〉という概念をさらに観念的かつ具体的に彫琢する必要がある。

だが、その前にこれだけは指摘すべきであろう。つまり、人と人の関係そのものを取り扱うとき、既に経済学の任の外ではあるが、次の言葉を常に銘記すべきでないか。

なにもしないときこそ最も活動的であり、独りだけでいるときこそ、最も独りでない。[52]

❁文献

Karl Polanyi, *The Great Transformation*, Beacon Press. Boston 1957.
『大転換』吉澤英成他訳、東洋経済新報社、一九七五年。
以下、GT. と略記し、邦訳より引用。

◉注

（1）ΗΣΙΟΔΟΥ　ΕΡΓΑ　ΚΑΙ　ΗΜΕΡΑΙ

『ヘーシオドス　仕事と日』松平千秋訳、岩波書店、一九八六年、四七頁～四八頁。

（2）宇沢弘文『経済学の考え方』岩波書店、一九八八年、二四五頁。

（3）長尾伸一『ニュートン主義とスコットランド啓蒙』（名古屋大学出版会、二〇〇一年）を参照。また荒川章義『思想史のなかの経済学』（中央公論社、一九九九年）は近代経済学のその起源と思想性についてまとめている。

（4）Leon Walras : *Eléments d'économie politique pure ou théorie de la richesse sociale*, Paris et Lausanne, 1929（邦訳『純粋経済学要論』久武雅夫訳、岩波書店、一九八三年、一五七頁）

（5）同書、三一〇頁。

（6）GT. 一六四頁。

（7）GT. 一五三頁～一五四頁を参照。

以下の引用は、ポランニーの「山羊と犬の定理」の紹介である。「『国富論』から一〇年後のタウンゼントの『救貧法論』は、山羊と犬の定理をめぐって書かれたものであった。舞台は、太平洋上チリ沖のロビンソン・クルーソー島であった。この島に、将来やってくる場合の食肉用に、ジュアン・フェルディナンデスは数匹の山羊を陸揚げした。山羊は猛烈な勢いで増殖し、スペインの貿易を悩ましていた私掠船――大半はイギリス船であったが――にかっこうの食料供給源となった。私掠船を粉砕するために、スペイン当局は一つがいの犬を陸揚げし、犬もまた時を経るにつれて大いに増殖し、私掠船が買っていた山羊の数を減少させたのである。タウンゼントは次のように書いた。『そこで、新たな均衡が取り戻された。双方の種のうちで弱いほうが、まず自然淘汰され、活動的で精力的なほうが生き残った。』これについて彼は次のように付言した。『人類の数を制限するのは食料の数である』と」、さらに「飢餓は、穏やかで無垢な、そして間断ない圧力であり、かつ勤勉や労働への最も自然な動機として最大の力を発揮する。そして、飢餓が他人の自由意志による恩恵によって満たされる場合には、飢餓は仕事への励みと感謝の気持とを継続的かつ確実に生みだす根拠となるのである」。

(8) GT. 一五七頁。
(9) GT. 五七頁。
(10) GT. 第九章を参照。
(11) GT. 一〇一頁。
また、「二重運動」に対するポランニーの議論をまとめ、独自に展開したものとしては佐藤光『カール・ポランニーの社会哲学』(ミネルヴァ書房、二〇〇六年)
(12) GT. 一八四頁。
(13) GT. 一七八頁。
(14) 以下、ポランニーの「自己調整的」市場に関しての見方は、若桑みどり「カール・ポランニー」橋本努編『経済思想第八巻　二〇世紀の経済の諸潮流』(日本経済評論社、二〇〇六年)を参考にした。
このような「観念」は、九四年のダボス経済フォーラム「メガ・コンペティション」(大競争時代)の到来が宣されて以来いまだに「グローバル化」「市場原理主義」という呼称のもと徘徊し続けているといえる。
(15) GT. 五七頁。
(16) GT. 五七頁。
(17) GT. 九二頁。
(18) GT. 二九四頁。
(19) GT. 九六頁。
(20) GT. 二九四頁。

(21) GT. 九七〜九八頁。傍点強調は、原著による

(22) GT. 一〇七頁。

(23) GT. 一二二頁。

(24) GT. 一二三頁。

(25) 稲上毅・川喜田喬編著『リーディングス日本の社会学　九　産業・労働』（東京大学出版会、一九九九年）を参照。

理念型としての日本企業は一つの「コミュニティ」であるといえる。このシステムは、原理的に時間の「長さ」が「コミュニティとしての企業」を成り立たせている。長期にわたる生活保障と能力展開である。その特徴は男性の正社員を第一成員とするが、女性は結婚や出産などによる短期就業が多いため成員としては認められにくい構造になっている。そこには性別分業役割の差別構造ともいうべきものがある。つまり通念としては男性正社員が積極的な成員、女性正社員が消極的な成員あるいは準成員というのが一般的になる。こうした原理を支える制度が終身雇用、年功序列であり、ＯＪＴプラス（on the job training）の人的資源メカニズムである。前者二つが長期的な生活保障に、後者が長期的能力開発に対応する。前者は第一に終身雇用制の保障としての解雇制限の判例法理と戦後の労働政策、そして日本の古くからの「経営家族主義」的な経営イデオロギーにまでさかのぼることのできる経営者の規範行為によって形成された。第二の年功賃金には、生活に必要な男子を生活の稼ぎ手と想定する生計費と言う意味を持った。

ところで「コミュニティ」としての企業からここから外れて、離脱することは何を意味するのだろうか。無限に感じられる働くことに、「意味」をもとめ流離うことは、一瞬のうちにしか許されぬことなのであろうか？　その問われる労働の意味もまた無限に反復される。従来、働くことは他人に承認され、社会に置ける自分の位置を確かめるという、自己同一《アイデンティティ》確定の作業であった（今村仁司『近代の労働観』一九九八年、岩波書店）。だが、こうした自己を物語るものとして働くことは、今現在ドコまで有効だといえるだろう。

我々は「ワーキング・プア」が表象しているような「働くこと」の無意味と、無限に繰り返されるこのような問いに今一度耳を傾けるべきではないだろうか。是か非かはさておき、「コミュニティ」としての企業＝カイシャからの離脱、もしくは排除は何を意味するのかということについて、いまこそわれわれは気付き、そして考えるべきでないか。就職できなかった、「コミュニティ」の一員になれなかったものとして若者を語ることでなく、はっきりとしてそこにある現実に向き合いながら、愚直に〈働くこと〉の意味を模索すること、そのことの重要性を確認することであるといえる。

(26) 厚生労働省『平成一八年版　労働経済白書』、二〇〇六年。
(27) 森建資「雇用関係の変貌をどのようにとらえるのか」(社会政策学会編『雇用関係の変貌』法律文化社、二〇〇三年)を参照。またこのような雇用関係の類型化の詳細を試みたものに石田眞「企業組織の変動と雇用形態の多様化」(『法律時報七五巻五号』、二〇〇三年五月号)がある。
ここでの議論はアソシエ21『アソシエ』一八号(アソシエ21、二〇〇七年)に掲載した「フリーター、今〈働くこと〉の意味」に加筆修正したものである。
(28) 佐口和郎「『雇用流動論』の歴史的意味」社会政策学会編『自己選択と共同性』御茶の水書房、二〇〇一年、二一一頁。
(29) 野村正實『終身雇用』(岩波書店、一九九四年)参照。三種の神器、「終身雇用制」「年功賃金」「企業内別組合」が日本型雇用システムの特徴だといわれた。
一九七〇年代前半まで遅れたシステムとされてきたが、その経済的パフォーマンスの良好さから高い評価を世界からうけ、九〇年代前半にはそのピークに達した。フリーターやニートというまえに、「雇用の危機」がすくなくとも日本型雇用システムに根ざすものであり、それがどのように生成し、構造をもったのかについて、労資関係や労働法の成立過程まで遡って、今一度検討すべきであろう。

つまりそれは、正規雇用のA―2型と日雇いのB型が並存している「二重市場論」の形成とその検討である。

一九五〇年頃、高度成長期の平均的工場労働者は、不断に地方農家の子弟から供給を受けていた。京浜工業地帯の工場労働者たちは「前近代的経営が、他律的に商品経済に捲きこまれるのと対応しながら、縁故や募集の細い糸をたどって、労働市場に引きこまれる。ところで、これらの労働者は、自らもっている技能の面からも、生活的環境の面からも、近代的賃金労働者としては白紙である。彼らは、その経済的必然性から賃労働市場に押し出されたにすぎない。彼らはその運命を甘受する以外ないのである。」（氏原正治郎『日本労働問題研究』東京大学出版会、一九六六年、三六六頁）といった「ものづくり」を支えたとされる正規労働者像や、また、かつてさかんに語られた「階級問題」は、いつの間にか「階層」社会論にすり替わった。そのなかで次第に働く現場、「人間絶望工場」（鎌田慧）は語られなくなってしまったのではないだろうか。二一世紀初頭の今日、「下流」階層・格差社会や「偽装請負」、「ワーキング・プア」といった働く現場の劣化が話題となっている。噴出しているこれらの議論は八〇年代にじつは隠されたといっていいのではないか。地層の奥深くにあって、ジェンダーの視点から「正社員は男」であり、女は、〝安全弁〟としてパート労働に甘んじてきたこととといった、性差については働くこと＝「労働」が問題にされ議論されてはいたが、一部の研究者を除いて「働く現場」についてどれほどの議論が主なメディアや思想界でなされたというのだろうか（このことについては別途検証すべきであろう）。

忘却の彼方へと「働くこと」はおいやられ、階級や二重労働市場、男女の性差と労働問題、さらには安全弁としてのパート、下請け、日雇いは、社会の、世間の問題とはならなかった。それは今思えば、われわれにとって錯視、錯認であり、いま、そこにある問題としては、いまだ認識されてないといえるかもしれない（以下筆者のインタビュー：渡辺雅男「階級論の復位」『情況』二〇〇五年一〇―一一月号を参昭されたい）。

（30）Robert B. Reich, *The Work of Nations*, Alfred A knopf, Ins., New York U. S. A. 1991.
『ザ・ワーク・オブ・ネーションズ』中谷巌訳、ダイヤモンド社、一九九一年。

（31）Peter Cappelli, *The New Deal at Work*, President and Fellows of Harvard College 1991.

『雇用の未来』若山由美訳、東洋経済新報社、二〇〇一年。
Daniel H. Pink, *Free Agent Nation : The Future of Working for Yourself* Warnar Books, Inc., NY.
『フリーエージェント社会の到来』池村千秋訳、ダイヤモンド社、二〇〇二年。

(32) GT. 四頁。

(33) GT. 一七二頁。

(34) 以下を参照 www.npo-homepage.go.jp/report/h14/sc/honbun.html。

(35) 佐藤寛編『援助と社会関係資本―ソーシャル・キャピタル論の可能性―』（アジア経済研究所、二〇〇一年）を参照のこと。援助・開発と言う視点からこの「関係性」に注目し、手際よくまとめている。
また経済社会学、社会学の視点からは経済社会学会編『経済社会学会年報二七共通論題市場から社会へ：ソーシャル・キャピタルの構築』現代書館、二〇〇五年。

(36) 宮川公男・大守隆編著『ソーシャル・キャピタル』東洋経済新報社、二〇〇四年。

(37) Robert Putnam, *Making Democracy Work*, Princeton University Press 1993.
『哲学する民主主義』河田潤一訳、ＮＴＴ出版、二〇〇一年。

(38) Robert Putnam, *Bowling Alone*, New York : Simion&Schuster, 2000.
柴内康文訳『孤独なボウリング』柏書房、二〇〇六年。

(39) Robert Putnam (1993) 邦訳一三七〜一三九頁。

(40) 諸富徹『思考のフロンティア―環境』岩波書店、二〇〇三年。

(41) 同書、四一頁以下「Ⅱ自然資本としての環境と社会関係資本」を参照。

(42) 同書、五八頁。

(43) 生産関数をどう捉えるかは以下が有益である。
東條隆進『よい社会とは何か』成文堂、二〇〇四年、「新古典派経済学と汎記号主義」下関市立学会編下関商経論集、一九七四年。
(44) Diane Coyle, *The Weightless World*, MIT Press, 1887.
『脱物質化社会』室田泰弘他訳、東洋経済新報社、二〇〇一年。
(45) Richard Sennett, *The Corrosion of Character*, W. W. Norton&Company 1998.
『それでも新資本主義についていくのか』斉藤秀正訳、ダイヤモンド社、二〇〇一年邦訳、二一一頁。
(46) Hannah Arendt, *The Human Condition*, University of Chicago Press 1958.
『人間の条件』志水速雄訳筑摩書房、一九九四年邦訳、四九八頁。
(47) Michael Hardt and Antonio Negri, *Multitude: War and Democracy in the Age of Empire*, Penguin Press 2004.
『マルチチュード』上・下　幾島幸子訳、水島一憲・市田良彦監修、日本放送出版協会、二〇〇五年。
(48) 同書、上、邦訳二五六頁。
(49) 同書、下、邦訳一四頁。
(50) それぞれの特質を民俗社会学の視点から恩田は、「共」的なもの、非市場の互助行為として次のように簡潔にまとめている。ユイは、対称性をもち、互酬的行為、モヤイは、中心性、再分配的行為、テツダイ非対称性、支援・援助的行為、恩田守雄『互助社会論　ユイ、モヤイ、テツダイの民俗社会学』二〇〇六年、世界理想社。
(51) 「社会」なるものを考える場合次のものが参考にすべきである。市野川容孝『思考のフロンティア――社会』(岩波書店、二〇〇六年)。
(52) アレント、『人間の条件』邦訳、五〇四頁。
＊「市場原理主義者」とされ、その〝宣教師〟または〝グル〟とされる、ミルトン・フリードマンの死の報に接したその日(「朝日新聞」一一月一七日夕刊)に脱稿。

第三章　弁証法的唯物論とウェブ状のマルクス

高原幸子

1　はじめに

インターネット上でのやりとりが、人間の一現象に分類されるにとどまらず、むしろ身体の構成から〈労働〉の概念自体をも組み替えなおす契機となるとしたら。グローバル化した労働編制のなかで、複合化した南と北の地点同士を繋ぐフェアトレードという試みが〈労働〉の彼岸をつまびらかにするとしたら。

一八四三年から四五年にかけてパリで執筆したカール・マルクスの手稿とノート（後に『経済学・哲学草稿』）には、賃金の形態における人間的労働の疎外についての現象学的分析が繰り広げられ、もう一度〈労働〉の実践的指向性を問い直すための多くの示唆を与えてくれる。何故いままたマルクスの初期の作品を再読することが〈労働〉から派生する人間諸相のリアリティを見出すことに繋がるのだろうか。ルイ・アルチュセールが一八四五年を境にマルクスにおける「認識論上の切断」を見[(1)]、廣松渉が『一八四四年草稿』における〔疎外〕から『ドイツイデオロギー』における〔物象化〕への移行でヘーゲル的主客図式が超克されたとする、[2]その直前の手稿におけるマルクスの思考に張られた網の目にこそ、資本と私的所有に引き入れられている人間世界に敷かれた糸を手繰り寄せる潜在的な口腔が開かれているように思えるのである。

ハンナ・アレントが人間事象のなかの活動と言論と、世界にある客観的なリアリティとの係わりをもって関係の「網の目（ウェブ）」と呼ぶとき、そこにはマルクスの労働哲学が明確に意識されており、物の客観的世界に拘束された「網の目」として述べている。[3]

ネット上に情報発信をするが、必ずしも自己同一化しない世界を漂泊し、知識の編制が必ずしも既存の権威・秩序に属さない状況があり、そのなかで個人が個人で在り続けることは可能だろうか。また、貧困のない公正な社会をつくるために、対話と透明性、互いの敬意に基づいた貿易のパートナーシップを提唱するフェアトレードが、商品化の表層のなかで記号化しないという確証はあるのだろうか。小規模農家や手工芸職人に継続的な仕事をつくり、農薬や化学肥料に頼らない自然農法や、生産地で採れる自然素材と伝統技術を生かした生産により持続可能な社会を目指すことは、市場開拓や商品開発などと両立しうることなのだろうか。

ウェブ上に拡大する情報の展開も、フェアトレードにおける理念と商品の両立の展開も、どちらも「顔の見える」関係という個々のつながり（ネットワーキング）への両義的な意思にあるだろう。つまり身体を介した知性労働、知的消費のなかで肥大した仮象領域に自己を投影されることが繰り返され、それゆえに自己の分裂を抱えながらもなおかつ先に繰り越されていく他者との出会い、という両義的な場にどちらも関わっているのである。

ものの客観的世界に拘束された「網の目（ウェブ）」状のかたちは、情報が高度に回転していくスパイラル（渦巻き）な形状とは異なり、権力や平等や自由といった概念に親和性を持つ。仮象的想像領域は、非現実世界と同義ではなく、必ず不平等や不自由が導かれるように敷かれたライン（線状）の網の目でもあり、客観的リアリティそのままである。

　客体性からなる社会的世界の一部としての主体の生成という観点から、マルクスにおいては〔疎外〕という形態が重要な意味を持つ。

「その形態とはすなわち、ある時は神学の仮想的創造物に比較され、ある時は黒魔術の亡霊に比較されるような『幻想的な反映』の投影と自立化を伴う、現実的実存の分裂である」(4)。

　賃金形態における人間的労働の疎外とは、私的所有が人間を「自己自身に対して疎遠」にすることであり、商品というひとつの客体としての表象が、物神性を伴い社会的世界を構成している。疎外された労働には、いくつかの位相があるが、自然との係わりから人間を類的存在として捉え、その類からの疎外を、自然や人間の精神的な類的能力を人間の個人的生存の手段としてしまう疎外(5)は現実性を帯びてくる。この類的存在としての人間とは、非有機的自然によって生きる、自由で普遍的な存在であるという。

　「植物、動物、岩石、空気、光などが、一部は自然科学の対象として、一部は芸術の対象として、理論的に人間の意識の一部を形成するように──これらは、人間が享受し消化するためには、まずもって調理し加工しなければならない精神的な非有機的自然であり、精神的な生活資料である──、それらは実践的にも人間の生活と活動の一部を形成する。人間は肉体的には、食糧、燃料、衣服、住居などの形態で、これらの自然の産物によってのみ生きているのである。人間の普遍性は実践的にはまさに、全自然を自己の非有機的体躯とするという普遍性に現われる。それはまず第一には、自然が人間の直接の生活資料である点で、つぎには、自然が人間の生命活動の素材／対象であり、道具である範囲においてである。自然は、それ自体は人間の体躯ではないかぎりにおいて、人間の非有機的身体である。人間は自然に依存して生きるということは、自然は、人間が死なないためには、それと絶えずかかわっているのでなければならないことで、人間の身体であるということなのである。人間の肉体的および精神的生活が自然と連関しているということは、自然が自然自身と連関しているということ以外の何ごとも意味しない。というのも人間は自然の一部であるから」[6]。

ここには人間が自然を〈対象〉とするという一連の動きについて、感性の本質と思惟の本質の同一性を彷彿とさせ、唯物論が思惟との対立によって定義されるのではなく、それ自身のうちに、あらゆる形態の思惟をその「高等な」形態も含めて包括していることが暗示されている[7]。存在論として〈身体〉が自然との係わりにおいて出現するということは、主体の生成のために不可欠な領域の出現とも言えるだろう。

2　エクスタシーとシュルレアリスム

自然との交換／交感関係を成り立たせるなかで〈身体〉の領域が到来してくるということは、労働する主体が生成されるための伏線でもある。レヴィ＝ストロースに依拠しながら親族の構造的諸原則を分析したゲイル・ルービンは、「女たちの交換」という相互的、排他的、依存的に性を分割するシステムを見出す。(8) マルクスが、動物はただ直接的な肉体的欲求に支配されて生産するだけであるのにたいし、人間はみずから肉体的欲求から自由に生産し、全自然を生産し、その生産物にたいし自由に相対する、(9) とする一連の生産サイクルに、〈身体〉の領域として性の指標が隠されているのはシュルレアリスムの出現によって明白になってくるだろう。

一九三〇年代頃から活躍したシュルレアリストたちは、その多くに性的ファクターを抱えていたし、自然との親和性を女性に見ていたことは明白であろう。(10) またシュルレアリスムと微妙な距離感を保ち、ファシズムへの抵抗を試みたジョルジュ・バタイユは、文化人類学に基づく交換の概念としてマルセル・モースの〈贈与〉や〈供犠〉をより発展させた〈消尽〉〈expenditure〉という概念に、破壊的戦争やサービスの拡大、放蕩や産業構造の変化などを読み込み、そこにファシズムの台頭を熟慮していた。(11)

こうしたシュルレアリスムの勃興において、レオノーラ・キャリントン、フリーダ・カーロなどの女性の作家たちが活躍したが、その多くは神話や民間伝承、呪術、自然、動物、自己やエゴとの交感といった寓話や色彩・空間構成を用いた問いかけをしていた。男性シュルレアリストたちの弟子的立場かミューズかという二律背反的な位置づけのなかで、女性作家たちが〈身体〉に属するだろう汎神論的・唯物論的具象を制作していたことは、マルクスの述べるところの非有機的身体そのものとして人間の傍において主体にならない主体形成を行っていたと見ることができるだろう。(12)

また映画〝EXILS（邦題：愛より強い旅）〟（二〇〇四）には、パリ在住で北アフリカにルーツを持つ二人がアルジェリアに旅をする過程での音楽への陶酔が描かれている。自分の育ちも何もあまり語らない女性のナイマは、背中に傷痕を持つが、その奔放さを踊りで表現する。更に彼女はアルジェリアに着いてからも何か落ち着かない様子があり、それをシャーマンに見抜かれ、最後にはイスラム神秘主義のスーフィー音楽の儀式でトランス状態に入る。(13) 打楽器のリズムに合わせ、陶酔や忘我というエクスタシーに身を委ねる経験は、抑圧や恐怖を解放し、自己を取り戻す再生へと繋がっていく。ここには、植物や土地の質感とともにアルジェリア反植民地闘争の傷跡や移民の不法労働者たちの姿が重なっている。

エクスタシー（陶酔／忘我）の状態は、ここにあるであろう心（もしくは自己）をどこか別のところへ飛んで行かせてしまうことであり、現実と通じていながらそれを超え出た想像（創造）領域において解放することであり、必ずや自己の再生が伴われる。非有機的身体という領域に覆われた自己が、主体生成に立ち会うとき、エクスタシー（陶酔／忘我）の回路を経なければならないときもあるだろう。

ジュディス・バトラーは倫理のための主体的根拠はあるのか、という問いかけのなかでヘーゲル的主体形成には他者との関係のあり方にエクスタシー（忘我／陶酔）があるという読みを引き出す。

「他者との遭遇は元へ戻ることが無い自己の変容をもたらす。こうした交換／交感（exchange）のただなかの自己について認識されることは、その内部に留まっていることは不可能な存在の仕方である。

自己自身の外部において、また自己の外部に自己が作ることはできない因習や規範によって強制され、それに従って行動することで、自己は自己自身の外に起こる媒介（mediation）を通じて自己自身を知るしかないのだと分かる。またこうした因習や規範において、自己はその作者か、もしくは自身で創作するエージェント（行為者）である、と自己自身を識別することはできないのだ。この意味において、ヘーゲル的認識主体とは、喪失（loss）と忘我／陶酔（ecstasy）の間のためらいが不可欠なもののためにあると云える」[14]。

バトラーはここに、ラカンの象徴界の示す欠如（lack）として存在する欲望か[15]、もしくは自己の外部の媒介のうちに存在が分裂している状況のなかにある〈身体〉のあり様を暗示している。シュルレアリスムが、「心の純粋な自動現象（オートマティスム）であり、それにもとづいて口述、記述、その他あらゆる方法を用いつつ、思考の実際上の働きを表現しようとくわだてる。理性によって行使されるどんな統制もなく、美学上ないし道徳上のどんな気づかいからもはなれた思考の書きとり」[16]であるなら、エクスタシー（陶酔／忘我）のすぐそばには、認識論的世界を突き抜ける弁証法が存在していると考えられるだろう。次のベンヤミンのシュルレアリスムに関する言に耳を傾けたい。

「『驚きの状態にある』画家や詩人の美学、不意打ちされた者の反応としての芸術という美学は、いくつかのきわめて不吉な、ロマンティックな偏見にとらわれている。オカルト的、シュルレアリスム的、幻像的（ファンタスマゴリー）なものにかかわる才能や現象を真摯に究明しようとするとき、つねに前提となるべきは弁証法的な交錯をとらえることであるが、こうしたものをロマンティックな頭脳は決して受けつけないであろう。つまり、謎めいたものの謎めいた面をパセティックに、あるいはファナティックに強調しても、なんら先へ進むことにはならない。むしろ私たちは、秘密を日常的なもののなかに再認する程度に応じてのみ、その秘密を見抜くことになるのである。その際私たちが援用するのは、日常的なものを見抜きがたいものとして、見抜きがたいものを日常的なものとして認識するような、弁証法的な光学である」[17]。

存在論としての〈身体〉の領域が出現することは、現実／非現実、日常／非日常といった区分けには陥らない弁証法が働いているのであり、それこそが独立した思惟に従属していない唯物論の地平を拓く可能性を秘めているのであろう。

3　内在化と超越論

マルクスの「世界を変える」ということと、ランボーの「人生を変える」といったスローガンはアンドレ・ブルトンが結びつけを行ったが[18]、マルクスのうちに見出された定式における数々の哲学的な言表は、共通に理論と実践の関係、生と意識の関係についての問題を対象にしている。マルクスはヘーゲルの弁証法における「意識は外化と対象性を同様に止揚して自己のうちへ取り戻してしまい、したがって、意識はそれの他在そのものにあって自分のもとにある」という思弁を敷衍させる。自己意識の代わりに〈人間〉の自己意識に置き換え、宗教、法や政治等々において一種の外化された生活をしていることを認識した人間は、このような外化された生活そのものにおいて、真の人間的生活をしていることとする。そこでヘーゲル的弁証法においては、自己自身と矛盾しながら、すなわち知とも対象の本質とも矛盾しながらの自己肯定、自己確証が、真なる知であり生活になっている、という批判を展開する。[19] すなわち、相互に解体と産出をしあったりする人間の諸々の実存と存在様式とになっている、ただ運動の諸契機にすぎないような私権、道徳や家族や市民社会や国家、世界史は、ヘーゲルの法哲学においては自己疎外態の否認における確証（止揚）がなされているのである。[20]

近代の超越論的思考の基盤を築いたと云えるだろうヘーゲルの否定性の弁証法に対し、マルクスの批判は、ヘーゲルが親和性を持つ国民経済学の諸前提が見過ごす物質的過程や諸法則の概念的把握によって進められていく。マルクスにあって「物質とは物理学の対象を指示せず、諸個人の現実的な生を指示しており、それゆえに現実性による諸観念の生産は無意味なものとならない」[21] のである。

ジル・ドゥルーズは、「純粋な内在性」における思考で超越論的領域に関連した〈意識〉とは概念のそれでしかないと云う。〈意識〉とは主体が客体とともに産み出されたときのみ事実となり、そのどちらも超越論的領域の外部で行われ、超越であると示すのだという。その反対にドゥルーズはベルグソンを引きながら、〈意識〉は一定ではない速度で超越論的領域を横切る限り、すべてに散らばり、何をもそれを暴くことはできないとし、意識とは客体を関与した主体を反映することによってしか表されないとする。[22]

ドゥルーズはまた唯物論者と呼ぶスピノザに、〈意識〉本位の様態が崩されていく様を確認して、〈意識〉は身体や観念に引き起こった結果は手にするがその原因は知らずにいるとし、対象が私たちに引き起こす変様（アフェクチオ）による触発によってコナトゥス（自己存続の努力）に意識が起こる、という組み合わせや起伏といった動的な姿を見る。[23]〈身体〉という新しいモデルを哲学に注ぎ込んだスピノザにおいては、〈意識〉が身体を規制し、従属させようとする理解は、全くの論外であっただろう。

ドゥルーズにおいて純粋な内在とは、何ものでもないひとつの生であり、生に対する内在ではなく、何ものにも属さない内在がそれ自体ひとつの生である。生は内在の内在であり、絶対的な内在である：それこそが完全なる力であり、完全なる無上の喜びである。[24]絶対的内在とは、それ自体にあり、何ものかのなかや何ものかに対してあるわけではない。それは対象に依存しているわけでも、主体に属しているわけでもないのだ。[25]

こういった内在性の理解は、スピノザの自然、卓越性、属性、原因といった概念に多くを拠っている。卓越性にもとづく議論は神を擬人化し、その特殊性を救おうとするゆえに多義的で類比的にしてしまうが、それに対してすべての〈属性〉が一義的であるとし、神（実体）においても、個々の様態においても、〈存在〉そのもの（〈ある〉と述語されるかぎりのもの）は絶対的にひとつであることを保持しながら、その二つをその本質においても現実の存在においても根本的に区別するのがスピノザの理解である。[26]

更にドゥルーズがニーチェを通じて内在性それ自体をひとつの生であると述べるとき、〈意識〉を形成する弁証法自身が問いに晒されている。

「弁証法とは、疎外された特性＝所有を回収するようわれわれに勧める技法のことである。すべてのものは、弁証法の原動力であり、その産物として〈精神〉へと回帰する。あるいは自己の意識へと、また類的な存在としての人間へと回帰する。しかしもしわれわれの諸特性＝所有がそれ自体において節減された生を表わし、そのように生を損なう思想を表しているのだとすれば、それらを回収することは、あるいはそれらの真の主体となることはいったい何の役に立つであろうか」[27]。

ニーチェは人間の生について、人間の意識や理念から引き離し、あるがままに見ようとして、人間の肉体、動物、植物、無機物の微粒子までさかのぼり、そこに神の意思や配慮とは無関係な人間の生と自然をつらぬく「合目的性」にほかならぬ「力への意思」を見出すのだが[28]、それはマルクスが目指した物質的生産としての現実性を帯びた生の生産を見出す過程とは全く異なった理解であり、弁証法そのものを廃棄してしまおうとすることとなのであろうか。

いや、むしろマルクス自身は、私的所有における生のあり様に警鐘をうながし、唯物論の可能性を拡げる方向を見出していたように思う。マルクスにおける主体とは、バリバールが述べる如く「主体は実践以外のなにものでもなく」[29]、人間的で共同体的なプロレタリアートのなかに現存する秩序を解体して世界を変えることによって自己自身を変えるという実践が予期されていたと分かる。

エドワード・サイードが〈起源〉の思考に対して〈始まり〉の形式を見出す過程において、マルクスに関して言及するには、人間とその活動との間に新しい融合を可能にし、精神のなかでそれが再考されるために、共通の革命的出発点において彼自身の解釈的活動と人間の一般的活動を結びつけたとする[30]。始まりという行為そのものは、人間をその終わり（目的）と結び付けており、形式的に精神は始まりを画する時間・空間上の一地点を想定したいとするだろうが、統一を求める想像的、情緒的必要性によって始まりが終わりを暗示することがあるという[31]。ここにおいて、マルクスにおける〈実践〉がその内部に多くの矛盾を抱えつつ先へと想像する主体であったことが窺われる。その矛盾とは、雲散霧消してしまう情況を察知し、超越論的なある一地点においてあらゆる連続的、道徳的で論理的な効果ある秩序を見込んだ主体を想定しようとするとたんに、始まりと終わり（目的）が一致してしまうということだと云えるだろう。

4　始まりと生の律動

言語、思想の存在論とも謂うべきであろう、人間が近代において諸々の諸形態のなかの割れ目に、主体でも、客観物でも、一貫性を持ったコギトでもなく、〈構造体〉として在る、[32]ということがフーコーによって明らかになりつつあることは、生そのものがクローズアップされてくる予兆でもあっただろう。

サイードがフーコーに関して述べるところによると、「歴史は多くの言述の中のひとつでしかないのであって、互いに異なる言述の数によって、それらの言述の相互関係を特定化するという問題が、ある言述が他のすべての言述を支配するところの、絶対的により大きな、さもなければより小さな力を持っているかどうかといった問題よりも緊急の問題にされるわけだから、〈矛盾もなく、弁証法もなく、否定もない〉一種の肯定的な思想を開発する必要がある」[33]、という。言述は思想を表現するものでも、比喩を具現するものでもなく、異なる形態で別の言述が繰り返されるにすぎない、ということは、言語は〈存在〉が輝き出る一種の副次的透明体としてもはや考えられなくなったということで、過去は指示された語の集積的反復だけになってしまい、このような過去は、その過去を可能にする要因が価値を持つ限りにおいてのみ存在する。[34]

さらにサイードがフーコーに見出す言語それ自体の表れが何かによって価値付けや否定がなされるので

はない、言語表現の構造体を、〈ダイヤグラム〉として見るドゥルーズが、どのように生の思想へと橋渡しをするか、ということは〈労働〉自体の変化を予想する主体の有り様を説明することにもなるだろう。「主体は文に関わり、弁証法的であり、言説を開始させる一人称の性格を持っている」、その一方、「言表は主体を三人称でだけ、そして、派生的な機能としてだけ保存する無名の根本的な機能なのだ」[35]、とするそのすべてにわたり、ドゥルーズが鑑みるフーコーには、拓かれていて時代によって変わる多様体を見る視線が貫かれている。

後期フーコーにおける古代ギリシアの概念に基づく〈自省する主体〉に着目するバトラーは、主体がア・プリオリな理性の単純な影響や機能としてあるのではなく、客体化する過程においてそれ自体で何かを失うということに注目する。[36]権力やセクシュアリティ、身体や欲望の付置から、「真実を語る」という実践行為自体が常に既に問題であるという理解になり、語る行為がすでに「権力行為」であるとする。自省とは他者に引用されることにあり、ひと一人の言説は他の人間を自省へと誘い込む。フーコーにおいて説得というものは他者の言語に屈服することなしには成り立たないとし、ここから〈受動性（passivity）〉[37]への問いを開くという。[38]

ある主体が説明可能となるには、他者の言語や他者の欲求に自己を明け渡すしかなく、言い換えれば、自己に根拠を与えるなかで語るということは、語りが既に行為そのものであり、倫理の実践であり、生き方であり、さらには社会的交換である、ということである。[39]ゆえに、フーコーにおける古代ギリシアの概念を思考した自己配慮（self-care）の主体は、精神分析と類似するが袂を分かち、唯物論的であり、最終的な形式を持たず、持続する開かれたものとなる。

「あなたの生活、生そのもの（bios）に根拠を与える、ということは、また生活に起こりえた歴史的出来事の語りを与えるのではなく、むしろあなたが使うことができる理性（logos）という合理的言説と、あなたの生き方そのものとのあいだの関係を表現することができるかどうか、という証明なのである[40]」。

フーコーは主体を発見するのではなく、派生物として、つまり言表から派生した機能として定義した、とするドゥルーズは、知でも権力でもない新しい次元としての〈自己との関係〉を、やはり後期フーコーにおいて見出す。つまり、権力と知から派生するが、それらに依存することはない主体性の次元として、力を力として保存しながら折りたたみ、力を自己にひきもどすことを思想として提示しているのだと[41]。

主体化とは、自己意識の組織化のひとつの可能性にすぎないが、主体性の構成にいたる過程のことであり、それ自体が仮のものである道程の合理化としての経験であるという[42]。フーコーがサルトルの実存主義との違いに関して述べるには、自己への関係とは、多数、多様な形式にしたがって記述されるべきものであり、サルトルの持つ真正性の道徳とは自己自身の適合性によって規定されるような主体の存在様態であり、こうした「真正性」はそのあり得る様態のひとつなのだということだった[43]。

このように、フーコーが示してきたことは、自身の言葉で「思考の歴史」というべきものであり、経験の諸形態の形成、発展、変容がそれぞれ可能となるような領域を明るみに出すことであったという。

「『思考』という言葉によって私が考えているのは、まず、その可能なさまざまの形態において真と偽の戯れを創始し、その結果人間存在を認識の主体としてつくり上げるようなもののことであり、最後に、自分自身そして他者に対する関係を打ち立て、人間存在を倫理的主体としてつくり上げるもののことである」(44)。

フーコーは、未だ真偽が不自由であり、私たちの存在を決めることには程遠い認識可能性の境界において、生き抜ける熱情の生の変容の種を蒔いていてくれているのである(45)。

「欲望を解放せねばならない、と言います(46)。違うのです。新しい快楽を創造せねばならないのです。そうすれば、欲望はそれについてくるでしょう」。

フーコーが快楽と呼ぶ、知でも権力でもない自己の自己による情動は、外を折り畳むという思想とつながりを持つ。内は外と共通の広がりを持つ、という思想が、長い持続であり、〈生〉であり、そこにおいて時間は主体となる(47)。意識が主体となるのではなく、時間が主体となるのだと。

5　労働の彼岸

ではフーコーが〈思考〉という言葉で言い表す、人間自体から一見して遠ざかるような、非人間論とも云えるべき議論は、マルクスの労働哲学をどのように理解することができるのであろうか。

バリバールが「弁別特性」と呼ぶマルクスにおいて相対的に自律した審級の構造は、あらゆる社会関係の共通の担い手としての人間たちの理論と、人間たちの個性の問題を消滅させるという。(48)「すなわち、社会的構造の相対的に自律したそれぞれの実践はその固有の弁別特性に応じて分析されなくてはならないし、構造が結合する諸要素の識別はその弁別特性に依存すると。ところが、このように種別的に規定される諸要素が、社会的編成の小規模の局所的再生産として現れるごとき具体的諸個人の統一のなかで一致する理由はいささかもない。このような共通の担い手を想定することは、逆に、線形的時間が歴史的イデオロギーの産物であるのとまったく同じように、心理学的イデオロギーの産物である」(49)。

バリバールが踏まえているのは、アルチュセールの青年期のマルクスにおける人間学的問いへの議論であり、社会関係が相互主観性の諸形式を表現するのではなく、人間にも物にも必然的な機能を割り当てる関係であるかぎりで、すべての古典哲学と、なかでもヘーゲルと断絶している、ということを前提にしている。(50)

いわば、あらゆる国民経済学がうちに含む分業と交換の経済システムにおける所有が、「経済的」意味での領有と、法的所有との一致によることとへの対峙であり、土台と上部構造とのズレの可能性に関わることとである。

マルクスと政治経済学との出会いによって生まれたとされる『一八四四年の草稿』に、実際の森林盗伐問題に関する土地の封建的所有や出版の自由と検閲から産業の現実を発見する、といった状況経済政策の結果や、社会的闘争のいくつかの経済的状況からの必然があった、と読めることは同時に、政治経済学への批判と同時にその基礎をたどる厳しい探求であったことを示唆する。(51)こうしたマルクスの探求の一途を、一八四五年時におけるそれ以前との切断かそうでないか、という是非に収斂することよりも、むしろ土台と上部構造とのズレ、人間の意識からの飛躍という観点からの議論の拡がりを見てみたい。

ヘーゲルの法哲学批判から端を発し、政治経済学、なかでも国民経済学、古典経済学への批評的視座を持ち得るマルクスの過程のなかで、今一度問い直してみたいのは、「ヘーゲルにとっては人間的本質、人間は自己意識に等しいとみなされる」[52]というマルクスの展開である。

それ以前に描かれた、ギリシア自然哲学への論考では、感覚に現れる世界と原子の関係がどのように規定されるか、をめぐって、主観的な仮象か、客観的な現われか、といった議論が展開されている[53]。ここでは、必然性と偶然性、原子の直線から逸れる動きの想定、原理と要素、時間概念、天体・気象論と広がりを持つが、やはり自然学のなかで〈人間の意識〉が焦点化されている。

ヘーゲルにおける「自然や人間の外部に存在する固定観念が、ひとつひとつ否定として、すなわち人間的思考の外化として捉えられ、次に否定の否定として、すなわちこの外化の止揚として、人間的思考の現実的な発現として捉えられる」[54]、という点に楔を打ち、「神的な弁証法のなかでの思考の働きの純粋な産物として、無から、純粋の抽象から、創造したと思いこんでいる、もろもろの実体が、実は自然のもろもろの特徴から抽出したものにほかならないのだ」[55]、とマルクスはする。〈止揚されねばならない外在性〉において自然の本質である感性は、常に理念の他在の形式[56]であり、欠陥存在としてしか認められないという。

ここには、マルクスが込めた感性的すなわち受動的でありながら自然との関わりにおいて両義的存在としての人間の在り様が想定されており、壮大な唯物論へとひそかに敷かれた鉱脈と云うことが出来るであろう。

この両義性は、労働においてこそもっとも見受けられる。

「私の労働は自由な生命の発現であり、それゆえに、それは生命の享受であろう。私的所有の前提のもとでは、私の労働は生命の疎外化である。というのも、私が労働するのは、生きるためなのであり、生命の手段を得るためなのだから。私の労働は生命ではないのである。

第二に、この想定のもとでは、労働において私の個性的な生命は肯定されるのだから、私の個性の独自性も肯定されるであろう。したがって、労働は真実で活動的な所有であろう。私的所有の前提のもとでは、この活動が私にはいとわしく、苦痛であり、むしろ活動しているという仮象にすぎず、それゆえに、ただ強制された活動にすぎず、しかも内的で必然的な必要さによってではなくて、ただ外的で偶然的な必要さによって、私に課せられた活動であるほどに、ここでは私の個性は疎外化されてしまっている」[57]。

ここでは、労働が構成しているものと、それが私的所有を前提とする時との違いから、その表現において否定的過程を経ている情況が露呈されている。ハンナ・アレントがマルクスを引用しながら、交換市場において出会った人びとは、もはや製作者自身（人格）ではなしに商品と交換価値の所有者として出会う[58]、と述べることに端的に現れているように、〈労働する動物〉である人間の頭脳力とそれが生みだす強制的な論理過程は、世界を樹立する能力を持たず、世界を欠いている[59]、とすることはリアリティがある。

そこにアレントは、物の人工的世界が機能主義や有用性を超えて存続すること、また言論と活動の網の[60]

目（ウェブ）において物語が生き残る、という意味において世界が死すべき人間の住家となることを喚起する。

マルクスが自由な生命発現としての労働に込めていた暗示が、私的所有を前提とする議論における労働の命名に掠め取られる場面は幾度とあったであろう。常に、彼岸があるとしか述べられない網の目（ウェブ）において、世界を取り戻すことは、唯物論の巣（ウェブ）のなかにマルクスをもう一度取り戻すことに他ならない。

6　おわりに――路地裏と水の記憶

例えばアジアのどこかの中華街の目抜き通りを横道に逸れて、路地裏に迷い込んだと想像してみたい。曲線にうねっているせいで、突き当たりが見えない。洗濯物がかかり、台所と思える水場が見え、なかでテレビかラジオが鳴り響いている。ところどころに、周囲に生活する人が買いに来るだろう雑貨屋や食べ物店がある。どこまで行ってもこの細い一本道は続いていく。いつになったらこの道から十字路へ抜け出ることができるだろうかと不安になりながら、生温かい空気と食べ物の臭いにしばし酔う。

マルクスは貨幣を一切の事物の普遍的な混同と置換とし、転倒した世界を呼び起こすものだとする。(61) まるで路地裏にある身体が、そのまままくつろぎつつ、別の記憶へと誘われるように。

それは、羊水のなかに胚胎している記憶とでも言えるだろうか、自己との関係を突き詰めていった上でのある意味における絶対的な記憶である。私たちの存在を規定する、外に位置づけられた（ec-static）しくみのなかで、人間としての生存可能性を生み出し、維持するために必要な、ある記憶である。

バトラーは、セクシュアリティとはただ単なる性質やパターン化された一連の傾向の配置といった類のものではなく、他者に晒された幻想の存在様式だとし、そのなかにおいて性的であることとは、他者の世界や必要への被傷性、暴力や裏切り、強制、幻想といった私たちが欲望を投影し、投影されて保つものに依存することだという[62]。

マルクスが貨幣に愛を比類させたことは、どこかこの水の記憶に通じるところがある。社会的交換／交感関係は暗に規範や規律によって占められているが、同時に水の記憶をも抱えもち、それこそが生そのものとも言うことが出来るだろう。

アレントやベンヤミンが徹底的なまでの機械／器械装置の影響を考えていたと同時に、そこから浮かび上がる生の領域は、路地裏の身体とも呼べるべきものだろう。最初に述べた、ウェブ上のやりとりやフェアトレードにおける展開は、細分化された統治権力よりも、むしろくつろぎや気散じのなかにおける、路地裏の身体の持続のようにも思うのである。

◉注

（1）ルイ・アルチュセール、河野健二、田村俶、西川長夫訳、一九九四『マルクスのために』平凡社、pp.46-56.

（2）廣松渉、一九九一『ヘーゲルそしてマルクス』青土社。

（3）ハンナ・アレント、志水速雄訳、一九九四『人間の条件』ちくま学芸文庫、pp.294-304.

（4）エティエンヌ・バリバール、杉山吉弘訳、一九九五『マルクスの哲学』法政大学出版局、p.71.

（5）『マルクスパリ手稿―経済学・哲学・社会主義』山中隆次訳、一九九六、御茶の水書房、pp.78-84.

(6)『マルクスパリ手稿—経済学・哲学・社会主義』p.81.

(7) ミシェル・アンリ、杉山吉弘／水野浩二訳、一九九一『マルクス—人間的現実の哲学』法政大学出版局、pp.246-247.

(8) ゲイル・ルービン、長原豊訳、二〇〇〇（＝一九七五）「女たちによる交通」『現代思想 Vol.28-2』青土社。マルクス主義との格闘によるルービンの思考構成を辿るためにジュディス・バトラーとの対談である「性の交易」（河口和也＋キース・ヴィンセント訳、一九九七＝一九九四『現代思想 Vol.25-13』青土社）を同時に参照。

(9)『マルクスパリ手稿—経済学・哲学・社会主義』p.83.

(10) グザヴィエル・ゴーチエ、三好郁朗訳、二〇〇五『シュルレアリスムと性』平凡社を参照。

(11) John Hutnyk 2004 ***"BAD MARXISM-Capitalism and Cultural Studies"*** PLUTO PRESS, pp.170-182.

(12) ***"Women Surrealists in Mexico"***,『フリーダ・カーロとその時代展』カタログ、二〇〇三（東京新聞発行）を参照。

(13) Un Film de Tony Gatlif ***"EXILS"***『愛より強い旅』パンフレット（二〇〇五年）日活株式会社を参照。また北アフリカ、マグレブ全域に残るライ、グナワ、スーフィーなどの伝統音楽／女性歌唱とエレクトリックなクラブサウンドを融合したシェビー・サバー『ラ・ケヘナ』（2005Six Degrees Records, Ltd.）は、ワールド・ミュージックというジャンルを越えて、宗教儀式での歌と踊りの現代的な音響生産というべきものであり、映画 ***"EXILS"*** における背景を知るにあたり最適な音源であろう。

(14) Judith Butler 2005 ***"Giving an Account of Oneself"*** Fordham University Press, pp.27-28.

(15) バトラーは多くラカン派の象徴秩序との理論的格闘を通じて議論を進めてきている。「象徴界は、その語彙のなかに生きながら閉じ込められているものを、完全に消し去りはせずに埋葬する、ある種の墓だと理解することもできよう」。（ジュディス・バトラー、竹村和子訳、二〇〇二『アンティゴネーの主張—問い直される親族関係』青土社 p.91）。

(16) アンドレ・ブルトン、巌谷國士訳、一九九二『シュルレアリスム宣言』岩波文庫、p.46.
(17) ヴァルター・ベンヤミン、浅井健二郎編訳、一九九五『ベンヤミン・コレクション①近代の意味』ちくま学芸文庫、p.517.
(18) エティエンヌ・バリバール、一九九五、前掲書、p.31.
(19) 『マルクスパリ手稿―経済学・哲学・社会主義』pp.180-181.
(20) 『マルクスパリ手稿―経済学・哲学・社会主義』pp.181-182.
(21) ミシェル・アンリ、一九九一、前掲書、p.310.
(22) Gilles Deleuze, trans. Ann Boyman2002 "Pure Immanence-Essays on A Life" Zone Books, p.26.
(23) ジル・ドゥルーズ、鈴木雅大訳、一九九四『スピノザ―実践の哲学』平凡社、pp.28-35.
(24) Gilles Deleuze 2002 Ibid., p.27.
(25) Gilles Deleuze 2002 Ibid., p.26.
(26) ジル・ドゥルーズ、一九九四『スピノザ』pp.102-104、pp.108-110、pp.131-133、pp.135-137.
(27) ジル・ドゥルーズ、湯浅博雄訳、一九九八『ニーチェ』ちくま学芸文庫、p.39.
(28) 宇野那、一二〇〇五『〈単なる生〉の哲学―生の思想のゆくえ』平凡社、p.40.
(29) エティエンヌ・バリバール、一九九五、前掲書、p.41.
(30) エドワード・サイード、山形和美／小林昌夫訳、一九九二『始まりの現象―意図と方法』法政大学出版局、pp.53-54.
(31) エドワード・サイード、前掲書、p.54.
(32) エドワード・サイード、前掲書、p.418.
(33) エドワード・サイード、前掲書、p.442.
(34) エドワード・サイード、前掲書、pp.442-443.

（35）ジル・ドゥルーズ、宇野那一訳、一九九九『フーコー』河出書房新社、p.28.

（36）Judith Butler 2005, Ibid., p.120.

（37）バトラーは既にフロイトとフーコーの間の議論を進めてきており、主体形成のうえでのマゾヒズムについて、精神分析における欲望に対する法の外部性の仮定を吟味している。フーコーにおいて精神分析における霊魂／精神（psyche）の位置づけの代わりにある身体（body）は、正常化（規律化）という昇華（純化）の過程において、主体が形成されるときに同時に起こるある破壊が保存されている、つまりその昇華に対する過剰や抵抗が同時になされている、と見るのである。法の禁止は、欲望を廃止する法をよりエロス化し、エロスの強制によってしか機能しない、という逆説を生み出す。ここにおいてバトラーは、主体形成の被傷性へと問いを開いていく。（Judith Butler 1997 “The psychic life of power-Theories of subjection” Stanford University Press, pp.83-105）.

（38）Judith Butler 2005, Ibid., p.125.

（39）Judith Butler 2005, Ibid., p.126.

（40）Michel Foucault, Ed. Joseph Pearson,2001“Fearless Speech” Semiotext(e) p.97.

（41）ジル・ドゥルーズ、一九九九『フーコー』pp.138-139.

（42）ミシェル・フーコー、二〇〇二「道徳の回帰」増田一夫訳、『ミシェル・フーコー思考集成Ⅹ一九八四―一九八八倫理、道徳、啓蒙』筑摩書房p.212.

（43）ミシェル・フーコー、二〇〇二「倫理の系譜学について―進行中の作業の概要」守中高明訳、前掲書p.82.

（44）ミシェル・フーコー、二〇〇二「『性の歴史』への序文」慎改康之訳、前掲書p.28.

（45）Judith Butler 2004 “Bodies and Power Revised” Ed.Dianna Taylor and Karen Vintges “*FEMINISM AND THE FINAL FOUCAULT*” University of Illinois Press, p.193.

（46）ミシェル・フーコー二〇〇二「ミシェル・フーコー、インタビュー―性・権力・同一性の政治」西兼志訳、前掲書、p.259.

(47) ジル・ドゥルーズ、一九九九『フーコー』p.170.

(48) バリバールはここでスピノザが〈属性〉と呼ぶものに類比させ、イデオロギーの人間＝主体、意識の中心化ではなく、中心の根源的不在を述べる。（エチエンヌ・バリバール、一九九七「史的唯物論の根本概念について」、『資本論を読む、下』今村仁司訳、ちくま学芸文庫、pp.125-126）。

(49) エチエンヌ・バリバール、一九九七、前掲書、p.124.

(50) エチエンヌ・バリバール、一九九七、前掲書、p.75.

(51) ルイ・アルチュセール、一九九四、前掲書、pp.273-274.

(52) 『マルクス　パリ手稿—経済学・哲学・社会主義』p.173.

(53) 「デモクリトスの自然哲学とエピクロスの自然哲学の差異」中山元訳、二〇〇五『マルクス・コレクションI』筑摩書房、pp.28-33.

(54) 『マルクス　パリ手稿—経済学・哲学・社会主義』p.188.

(55) 『マルクス　パリ手稿—経済学・哲学・社会主義』p.189.

(56) 『マルクス　パリ手稿—経済学・哲学・社会主義』pp.176-177.

(57) 『マルクス　パリ手稿—経済学・哲学・社会主義』pp.113-114.

(58) ハンナ・アレント『人間の条件』p.257.

(59) ハンナ・アレント『人間の条件』pp.270-271.

(60) 人間の主観的欲求のみによって判断されるのではなく、物の内部の眼によって眺められたイメージが、この〝人工的〟にはある。（ハンナ・アレント『人間の条件』pp.272-273）。

(61) 『マルクスパリ手稿—経済学・哲学・社会主義』pp.201-208.

(62) Judith Butler 2004 "Undoing Gender" Routledge, p.33.

第四章　コミュニケーション的理性とメディア

——媒介された主体性を巡って——

清家竜介

はじめに　「コミュニケーション論的転回」の際に見落とされたもの

フランクフルト学派第一世代のホルクハイマーとアドルノは、その徹底した「道具的理性批判」によって、古代ギリシアにまで遡行し、文明史的観点から西欧の合理化過程を捉えなおした。そして、彼らは、古代ギリシアに端を発する啓蒙理性が道具的理性に基づいた目的合理的な近代化というプロジェクトの中で神話的野蛮へと転落するという「啓蒙の弁証法」を展開し、アウシュヴィッツという暴力的支配のリミットを出現させたことを断罪した。

ホルクハイマーとアドルノの道具的理性批判に抗して「コミュニケーション論的転回」を唱えるハーバマスは、社会理論の基礎を意識哲学モデルからコミュニケーション論モデルへと転回するとともに、システムと生活世界という二層の社会領域を峻別し、道具的理性に基づいた目的合理的行為による近代化を

「システム（System）」という物質的再生産の領域へと押し込み、他方で記号体系が再生産される領域である「生活世界（Lebenswelt）」が了解を志向するコミュニケーション的行為によって民主的な合理化過程にあるとするもう一つの「近代の啓蒙のプロジェクト」を対置することで、第一世代の批判理論の枠組みから抜け出し、失墜した啓蒙理性を救済した。

ハーバマスは、目的合理的なシステムと了解志向的な生活世界との関係を「システムによる生活世界の植民地化」と簡潔に表現し、肥大化したシステムが生活世界を道具化することで、生活世界の記号体系の再生産過程を侵害し、意味喪失や自由喪失などの病理現象を生じさせると主張した（TH2:470-488/下307-327）。

この「植民地化」という関係は「コミュニケーション論的転回」以降一貫しており、後期の主著と目される『事実性と妥当性』の中でも、ハーバマスは、システムと生活世界の区分を自明視したまま二つの領域を繋ぎ止める蝶番である法に着目し、生活世界のコミュニケーション的行為の流れと法形成の過程を「公共圏（Öffentlichkeit）」を媒介にして結びつけることで、「コミュニケーション的自由」から生成する「コミュニケーション的権力」によって法を産出しシステムによる侵害を制御することを主張した[1]。

「コミュニケーション論的転回」以降のハーバマスの試みは、コミュニケーション的理性の在り処を探り当て、その理性的契機を基礎に据えた社会理論を構築することで、第一世代の道具的理性批判や「大きな物語の終焉」を告知したポストモダン的言説によって失墜した「近代の啓蒙のプロジェクト」を解放的で民主的なプロジェクトとして再生するものであったと言えよう。

ところで、このようなハーバマスの目論見の中で、「システム」と「生活世界」という区分は、もはや問題にされることがなく、その論理の前提となってしまった観がある。しかし、たとえ形式的に論じようとも、システムと生活世界は、容易に分離させて論じうるものではない。ハーバマスは、自身が意識哲学モデルとして一括したルカーチやアドルノなどの西欧マルクス主義の伝統から逃れるために、コミュニケーション的行為によって再生産される生活世界の領域における合理化過程の基礎づけに躍起になるとともに、パーソンズのシステム論を導入することで目的合理的行為によって再生産される自律的な論理を持ったサブシステムの領域をきっぱりと生活世界から「切断」してしまった。「システムによる生活世界の植民地化」というテーゼは、この「切断」の後に二つの領域を再結合したものである。

本論考は、この「切断」を問題にする。というのもコミュニケーション的理性の働きは、言語メディアのコミュニケーション的使用によってのみ、その「解放をめざす潜在力」を開花させるわけではなく、貨幣という「制御メディア（Steuerungsmedien）」に吊り支えられることで、その効力を発揮すると考えられるからである。

貨幣メディアの使用による「解放的で民主的な効果」に対して、ハーバマスが盲目になったのは、彼が生活世界の合理化論を導き出す際にデュルケムの「宗教論」と「社会統合論」に依拠したことと、パーソンズの「システム論」を導入することによって決定的になったと考えられる。貨幣のあからさまな効果を見落としたのは、ノルベルト・ボルツの声を借りるなら、言語以外のメディア、特に貨幣と権力というメディアの働きを予め「悪」と見なすとともに、「理性のコミュニケーションを特権化」していたからだと言えよう。(2)

しかし、貨幣メディアの使用から生じる解放的で民主的な効果の「痕跡」は、言語メディアのコミュニケーション的使用において「妥当性（Geltung）」を要求するとされるコミュニケーション的理性の志向の内に刻印されてさえいる。コミュニケーション的理性は、単にシステムによって道具化されるのではなく、貨幣というメディアによってその能力を発揮する基盤を与えられると考えられる。

本稿は、まずハーバマスが「コミュニケーション論的転回」へと到る経緯を確認するとともに、その経緯において、いかにして「理論的な盲点」が生じることになったのかを問題にした後、貨幣メディアとコミュニケーション的理性との密接な関係を、ゲオルク・ジンメルとアルフレート・ゾーン＝レーテルを中心に、ニクラス・ルーマン、ヨッヘン・ヘーリッシュ、ノルベルト・ボルツ等のメディア論を援用しつつ解明することを試みる。[3] この試みは、言語的コミュニケーションの領域である生活世界のうちに自閉した「コミュニケーション的理性のナルシシズム」を回避し、「コミュニケーション論的転回」を言語メディアのコミュニケーション的使用以外のメディアの作用によって展開される歴史的・社会的領域へと反転させることを目論むものである。この目論見は、カントの「コペルニクス的転回」によって超越論的主観性の内に閉じこもった「主観的理性のナルシシズム」を歴史的・社会的なものへと旋回させようとしたアドルノの「第二のコペルニクス的転回（zweite Kopernikanische Wendung）」の試みに倣うものでもある。[4]

1　コミュニケーション論的転回への道程

ハーバマスは、旧来の意識哲学モデルを基礎にした目的合理的行為を基礎にした社会理論と決別すべく、「コミュニケーション論的転回」を果たすわけだが、その試みは、幾つかの哲学的転回によって徐々に整えられていく。この転回の過程で、本論考が述べるところの「コミュニケーション論的転回の盲点」が生じてくるのだが、まず、それらの理論的転回の筋道を追ってみよう。

ハーバマスは、「労働と相互行為」という論文の中で、初期ヘーゲルの「イエナ精神哲学」を解釈し、合理化のプロセスが、単一の過程ではなく、「労働（Arbeit）」と「相互行為（Interaktion）」の二つの領域で行われる二重の過程であると捉えた。(5) それは、労働過程の合理化による「飢餓と労苦」からの解放と、相互行為過程の合理化による「隷属と屈従」からの解放を分けて考えるということであった。

この「二重の合理化論」は、古典的なマルクス主義者達の唱える社会主義革命によって階級闘争が終焉し「飢餓と労苦」から解放されたとしても、必ずしも「隷属と屈従」からの解放が達成されるわけではないということを指し示している。そのことは、理論的には既にヴェーバーが指摘していたことでもあるが、実際にソヴィエトを中心とした社会主義国家が、巨大な官僚制を成立させ、官僚による支配体制を確立し、それを実証したことからも明らかである。ハーバマスは、「隷属と屈従」からの解放が階級闘争とは別のルートで果たされると考えたのである。

その後のハーバマスの理論的な歩みは「相互行為」の領域を如何にして理論的に捉えていくかということを中心に展開されてゆくことになるが、ハーバマスは、後に批判の対象とする意識哲学モデルを基礎にして理論活動を行っていたため、その立場から容易に抜けだすことはできなかった。その意識哲学モデルとは、「主観―客観」図式を基礎にした労働・生産パラダイムに依拠したものであり、ヘーゲルの「絶対精神」、マルクスの「類的本質」、ルカーチの「プロレタリアートの階級意識」等の主観の反省形式を物象化したものであるマクロ的主体が、支配や操作の対象として客体に働きかけ「単線的・必然的・間断なき・上昇発展」として自己展開するというものであった。(6) 意識哲学という理論モデルを基礎にしたままでは、ハーバマスは、第一世代の思想の圏域から脱することはできず、その後の理論的転回を果たすことはできなかったであろう。

ハーバマスは、意識哲学という理論モデルから離脱すべく、「言語論的転回」という哲学的潮流に参入し、ガダマーとの解釈学論争やウィトゲンシュタインやオースティン等の日常言語学派の仕事を接収することによって、「相互主観的転回」を果たすことになり、コミュニケーション論を確立するための理論的基礎を整えてゆく(7)。

ところで、この「相互主観性（Intersubjektivität）」という概念は、フッサールの現象学に由来するものであるが、この概念についてフッサールとハーバマスの間には決定的な差異が存在する。というのもフッサールの「間主観性（Intersubjektivität）」は、モナド的意識における還元の手続きによって抽出された超越論的自我の志向的意識の作用によって構成された自我意識の変様体である「他我」との間に成立する「われわれ」という信憑にすぎない(8)。モノローグ的な意識哲学の理論モデルに依拠したフッサールの「間主観性」の概念は、決定的に他者性を欠いたものになっているため、ハーバマスにとって社会理論の基礎たりえない。その概念は、前出した他者性を欠いた意識哲学モデルの枠組みを一歩たりとも超えでるものではないのである（SGS:35-59/42-81）。

ハーバマスにおける「相互主観的転回」は、現象学ではなく「言語論的転回」という哲学的潮流に参入することで果たされるのであるが、それは、ソシュールの記号学を基礎にした構造主義的な潮流ではなく、日常的な言語使用の問題を取り扱う「語用論（Pragmatik）」を基礎にしたものであり、「語用論的転回（Pragmatische Wende）」と呼ぶべきものである(9)。

その転回の際、ハーバマスは、社会的なコミュニケーション論の概念枠組みを整える指導原理を後期ウィトゲンシュタインの「言語ゲーム論」に見出し、それを梃子にしてモノローグ的な意識哲学モデルに囚われた「相互主観性」の概念を語用論的に転回することになる（SGS:59-126/84-192）。

ウィトゲンシュタインによれば、「規則にしたがっていると信じることは、〈実際に〉規則にしたがっているということではない。だから、人は〈私的に〉従うことはできない。さもなければ、規則にしたがっていると思うことが、規則にしたがうことと同じになってしまうからである」（SGS:65/92-93）。つまり、少なくとも「規則（Regel）」と言いうるものは、その規則に従うものが、その規則に対する逸脱や誤差を生む状況にあることと、他者からその規則についての逸脱や誤差を指摘され批判される可能性を条件にしているのである。この規則にしたがった語用論の要点は、「自分が自分の行動を他者の批判にさらし、この行動に関して、ひとつの同意（*Konsens*）を得ることのできる状況が存在しないとしたら、自己が規則に従っているかどうかを、自己ひとりでは確信することはできない」ということであり、「他者が批判できるということは、この他者が自己と同一の規則能力を十分に利用できる」ということが前提となっているということである（SGS:65/92-93）。つまり、内省的な認識論や超越論的還元の手続きによって切り詰められたモノローグ的意識の構成作用によって「規則」という現象を十分に捉えることはできないのである。「規則」は、常に規則からの逸脱の可能性と他者からの批判可能性に晒されている。それ故、規則の共有とその批判可能性を巡って、モノローグ的な志向的意識の構成作用には還元することのできない他者の他者性を帯びた相互主観性が露呈するとともに、それと同時に「合意」の次元が浮かび上がってくる。すなわち、規範に対する逸脱等がなされる問題状況において、「合意」を志向する「討議（Diskurs）」へと到る契機が露になるのである。

この規則を共有し批判可能性に晒された言語ゲームを遂行する「語りかつ行為する複数の主体」を導き出すことで、社会理論の基礎を、「反省」や「還元」の手続きによって自閉したモノローグ的な意識哲学のパラダイムから複数の主体の「発話」によって遂行されるディアローグ的な語用論のパラダイムへの移行が果たされることになる。

しかしながら、複数の主体の織り成す言語ゲームは、ウィトゲンシュタインの言語ゲーム論のままでは、異質な言語ゲーム間の調整の問題が解消されず、盲目的に遂行される多様な言語ゲームのアナーキーへと導き、せいぜい家族的類似性に基づいた特殊な言語共同体を指し示し、多文化主義的な帰結に到ってしまう。それは、「語用論的転回」を基礎にした「相互主観的転回」を果たしただけでは、「近代の未完のプロジェクト」を救済しえないということを意味する。

ホルクハイマーとアドルノによって糾弾された道具的理性へと還元された理性を救済し「近代―未完のプロジェクト」を続行しようとするハーバマスは、ウィトゲンシュタインを超えて、語用論の次元におけるそれ以上遡ることのできない言語使用の内的連関を批判的に解明することでコミュニケーション的理性を救済しようとする。

同時にその解明は、G・H・ミードの行為論によって先鞭をつけられた「理想的なコミュニケーション的共同体」というユートピア的契機を、形式語用論的に基礎づけるものである（TH2:9/中182）。この「形式語用論（Formale Pragmatik）」がハーバマスの「コミュニケーション論的転回」の核となり、コミュニケーション的理性という、道具的理性の作用に還元することのできない生活世界の合理化過程の核心が見出されることになる。

ウィトゲンシュタイン的な言語ゲームのカオスを超え、理性的契機を救済しようとするハーバマスの試みは、ヒュームが『人性論』の中で見出した知覚のアナーキーが支配する慣習的な世界を超え、普遍的な理性的契機を救済しようとしたカントの超越論的な批判哲学の試みを、語用論的に切り下げたかたちで反復するものである。

2　形式語用論によるコミュニケーション的理性の救済

『コミュニケイション的行為の理論』以降のハーバマスの仕事の核には、この主著の中で叙述された「形式語用論（もしくは普遍語用論）」があり、ハーバマスが思想家ハーバマスたる由縁もまた、この形式語用論の解明にあると言える。

ハーバマスの形式語用論は、言語ゲームを可能にする語用論的に切り下げられた準超越論的な形式的条件（一般的な構造）を導きだすことで、言語的行為における理性的契機を導き出そうとするものである。その際に参照されるのが、オースティンの言語行為論である（TH1:388-397/中25-34）。

オースティンは、文の発話が単なる発話以上の効果を持つ社会的行為であることに着目し、それが「発語行為」「発語内行為」「発語媒介行為」という三つの契機を含んでいることを明らかにした。

まず「発語行為」は、語りにおける言明文の内容である。次の「発語内行為」は、語りによって行為を遂行し、他者との関係を生じさせる働き、例えば、主張・約束・命令・告白などであり、これは他者とのコミュニケーション的行為の連関を生み出すものである。三つめの「発語媒介行為」は、何かを語ることにおいて行為することを通じて何かを結果とし生じさせるものであり、目的論的な行為連関を生み出す効果がある。

ハーバマスは、その中でも「発語内行為」に着目する。というのもこの発話行為に、発話内的拘束効果である三つの妥当性要求という理性的契機を含んでいると見たからだ。ハーバマスは、そこから了解を志向するコミュニケーション的行為において、どうしても認めねばならない反事実的な「共通の想定(gemeinsame Unterstellungen)」もしくは理想的な「一般条件(allgemeine Bedingungen)」である合理的な内部構造を再構成する(TH1:416/中52)。この反事実的な想定は、ミードが社会進化という合理化過程の核心に見出した「理想的なコミュニケーション的共同体」というユートピア的契機を形式語用論的に展開したものである(TH2:141-147/中324-330)。

その一般条件は、了解を志向するコミュニケーション的行為の際に、その行為状況において語られる内容の背景をなす「文化的に伝承され言語的に組織化された解釈範型のストック」(TH2:189/下25)である生活世界という地平をともなった三つの世界とともに出現する、コンテクストに左右されることのない三つの形式的な妥当性要求である。この三つの世界と妥当性要求は、発話能力と行為能力を持ったコミュニケーションに参加する参加者の視座において現れてくるものとされる。

その三つの妥当性要求とは、(1)一つの客観的世界における客観的な事物に対する語用論的関係から要求される「真理性(Wahrheit)」(2)ある集団の社会的世界の中で義務として承認されている規範的なものとの語用論的関係から要求される「正当性(Richtigkeit)」(3)話し手が特権的に近づきうる主観的な体験の世界との語用論的関係から要求される「誠実性(Wahrhaftigkeit)」である(TH1:439/中73)。

これらの反事実的な共通の想定は、日常的なコミュニケーションにおいて潜在的なかたちで機能している。というのも了解志向的なコミュニケーション的行為が、スムーズに行われる場合、その了解を可能にする状況において、そのコンテクストを織り成す生活世界というコミュニケーション的行為の地平において「暗黙の合意」が予め調達されているからである。

しかし、コミュニケーションにおける不一致や障害が生じた際に、三つの妥当要求は、「強制のない合意」を可能にする討議を規制する仮想的条件として明確なかたちであらわれてくる。とはいっても、その「強制のない合意」を促すコミュニケーション的理性の相互主観的な力は、形式的なものにすぎず、必然的な合意の内容を露にするのではない。

ハーバマスによれば、ポスト伝統的な近代社会におけるコミュニケーションでは真理性や正当性は批判を許さない伝統的な「規範的合意」の頸木から解放されており、コミュニケーション的行為による「討議」の調整によって確保される「合意」を超えた超越的・超越論的な理性のようなメタ・レベルの権威をもった審級は存在しないのである。

伝統的で宗教的な規範的合意の頸木から解放された相互主観的な力であるコミュニケーション的理性の妥当性要求に応える当事者達の努力が、その効果によって事後的にディスコミュニケーションを調整し、「合意」を調達することで、客観的世界に関しては文化的知識を再生産し、社会的世界に関しては規範的秩序を再生産し、主観的世界に関しては発話能力と行為能力をもった社会化された責任主体を再生産することになる（TH2:208-209/下-44）。それは、ヘーゲルの絶対精神のように、必然的な合意の内容を指し示す決定論的なプロセスではなく「偶有性」と「差異」に開かれたものなのである。

ハーバマスは、この言語メディアのコミュニケーション的使用によってあらわになる「コミュニケーション的理性」によって調整され確保される「強制のない合意」にこそ、道具的理性に基づいた「主観―客観」図式に囚われた目的合理的な意識哲学パラダイムに則った社会理論が見失った「支配なき宥和」へと到る契機を発見し、「近代の啓蒙のプロジェクト」を救済しうる拠点を見出したのである。この試みは、ホルクハイマー、アドルノ、ベンヤミン等が希望を託した「ミメーシス（Mimesis）」衝動が希求する「支配なき宥和」の契機を、芸術や宗教の領域ではなく、言語をメディアにしたコミュニケーションの領域に確保したとも言える（TH1:522-523/中159-160）。

ところで、ハーバマスによれば、形式語用論によって見出された反事実的な「理想化的前提」は、習得され習慣化された規則に導かれた行動のシステムであり、「その背後に遡って解き明かすことのできない」ものであるという。[10] これは、カントの『純粋理性批判』における「統覚（Apperzeption）」の同一性の説明と同じように、それ以上背後に究明が及ばないという意味で最後のものとされている。また、ハーバマス自身が、カントの超越論的哲学と自身の形式語用論の親近性を述べており、自ら純粋理性の諸概念を形式語用論の言葉に置き換える試みをなしている。[11]

「その背後に遡って解き明かすことのできない」ということが、カントの採用した超越論的な意識哲学という立場に制約された帰結であったのと同じく、ハーバマスが断行した「コミュニケーション論的転回」によって見出された形式語用論という理論的立場に制約された帰結でしかない可能性を指し示している。というのもカントが統覚の同一性を条件づける根拠を見出せなかったことの要因を超越論的意識の外部である歴史的・社会的次元に見出した人物達の批判が、ハーバマスの形式語用論によって見出されたコミュニケーション的理性にも「妥当（Geltung）」すると言えるからだ。

その批判者達は、「理性のナルシシズム」を傷つける「アカデミックな哲学の専門業界に対して斜に構えた理論家たち」ジンメル、ゾーン＝レーテル、アドルノ等である。(12) ハーバマスは、彼らの理論を意識哲学のパラダイムに囚われたものだとするが、彼らのメディア論的な理性批判は、未だにハーバマスにも妥当する側面が存在する。

ハーバマスは、『コミュニケイション的行為の理論』で、ルカーチを論じる際に「ジンメル」（TH1:479/中117）と「ゾーン＝レーテル」（TH1:506/中146）にわずかばかり触れ、それぞれ詳細に論じることもなく、すみやかにホルクハイマーとアドルノの批判へと向かうが、ことはそれほど単純ではない。「貨幣」と「コミュニケーション的理性」の密接な結びつきを論じる前に、次節では「コミュニケーション論的転回」によるパラダイムチェンジによって変容したハーバマスの社会理論の問題点を浮き彫りにしておこう。

3　「聖なるものの言語化」と「システム論の導入」による生活世界の純粋化

ハーバマスの社会理論はメディア論として読解可能な側面をもつが、これまでに論じてきたのは、ハーバマスが民主的な解放的契機を一身に背負わせた「言語メディアの使用」の問題であった。ハーバマスの形式語用論は、すでに伝統の支配から解放されたコミュニケーションの在りようから再構成したものであるが、そもそも言語のコミュニケーション的使用から発する「解放をめざす潜在力」が、近代以前の社会において発揮されることがなかったのは何故だろうか。

この系統発生的な問いに答えるべくハーバマスは、伝統から「コミュニケーション的理性」の潜在力が顕在化する場面を、デュルケムの「宗教論」と機械的連帯から有機的連帯へという「社会統合の形態変化」の理論を批判的に再構成し、「聖なるものの言語化（Versprachlichung des Sakralen）」として論じている（TH2:69-169/中248-356）。

ハーバマスは、デュルケムの宗教論をコミュニケーション論的に読み替えるわけだが、その読み替えの中核となるのはデュルケムの「聖なるもの」と「集合意識」の概念である。デュルケムの社会理論は、「集合意識」の概念によって、社会を人格化した大きな主体モデルへと物象化してしまっている。しかし、コミュニケーション論的に読み替えれば、「聖なるもの」は、集合的意識の核となる「規則に従って現実化される規範的合意の表現」であり、「集合意識」の概念は、規範的合意によって形成される「集団の同一性の構造」に関係するもの、いわば規範的合意が堆積した記号体系として把握される（TH2:84-85/中262-263）。

近代的なコミュニケーションの場合、コミュニケーション的理性が三つの妥当性を要求し、了解過程が前面に出てくることで、「合意」が「討議」という批判的プロセスに媒介され「生活世界」の記号システムが民主的なかたちで再生産されてゆくが、未開社会の場合、サンクションに守られ批判を許容することのない「儀礼」や「祭儀」という実践的行為によって「集合意識」という記号体系が再生産されることになる。「儀礼」や「祭儀」は、批判的な討議のプロセスに解放されているのではなく、聖と俗へと分かたれた宗教的なシンボリズムによって規定され、「サンクション」によって固守されているために、コミュニケーション的理性の「解放の潜勢力」が潜在的なままに留まったのである。つまり、ハーバマスは、伝統社会において確固とした「聖なる基礎」が存在しているために批判を許容しないかたちで堅守された

「規範的合意」が、言語に内在した「テロス（Telos）」（TH1:387/中24）である解放へと向かう「了解（Verständigung）」の過程を露呈させることがなかったと言うのである。

サンクションによって堅持されることで硬直した「規範的合意」は、集団のアイデンティティを固定するとともに、諸個人のアイデンティティをその硬直した枠組みの中に押し込んでしまう（TH2:85/中263）。このような社会統合の形態が「機械的連帯」である。

デュルケムは、こうした未開社会に見られる「機械的連帯」が、社会進化のプロセスの中で次第に解体し、分業によって結びつく「有機的連帯」へと移行していくとしたが、ハーバマスは、この「機械的連帯の解体」の契機をコミュニケーション的理性の潜勢力が次第に解放されることで生じてきたと主張する。ハーバマスは、あくまでも「解放をめざす潜在力」を言語行為のなかに見出そうとするのだ。(13)

ハーバマスによれば、この「聖なる基礎」を解体へと至らしめる「機械的連帯」を崩壊せしめる端緒は、「宗教的世界像」にあるという（TH2:88-90/中266-268）。支配を正統化する機能をもつ「宗教的世界像」は、集団のアイデンティティと制度を結びつける項であり、宗教的な規範的合意のとりつけを可能にし、社会制度に道徳的な権威を与えるとハーバマスは言う。しかしながら宗教的世界像は、コミュニケーション的行為に直結しており、日常的なコミュニケーションの状況解釈のコンテクストを形成することで、文化的知識という形に転化してゆく。

さらに「聖なるもの」は、変化にさらされた現象を超えるものとして表象され、「ものごとが妥当するということについてのすべての考え方」すなわち、「真理（Wahrheit）」という理念のモデルになるとハーバマスは言う（TH2:110/中289）。そして、この「真理」の概念が、次第に記述的言明を相互主観的な「妥当性要求」へと結びつけ、命題と事実の対応という観念を「合意」の概念に結びつけていったと言うのである。この過程が進行し、「聖なるもの」の権威とサンクションによって遵守された「規範的合意」が、了解志向的なコミュニケーション的行為によって「合理的に動機づけられた合意」に取って代わられていくことになる。

ハーバマスの言うところの「聖なるものの言語化」とは、「聖なるもの」を基礎にすることで硬直した「文化の再生産、社会統合、社会化」の過程が、了解を志向し批判をも許容するコミュニケーション的行為を基礎にしたものへと「スイッチ」が切り替わることにある（TH2:163-164/中346）。このスイッチがONになることで、規範的な「合意」は、ポスト伝統的な「討議倫理」というコミュニケーション的理性の解放をめざす力が浸透した回路を経由することになる。

さて「聖なるものの言語化」が浸透するとともに、聖なるものを結節点とした「機会的連帯」は解体し、社会統合の形態が「有機的連帯」へと移行するわけであるが、有機的連帯の核は分業のシステムにある。この分業のシステムは、もちろんハーバマスにとって「機能主義的理性」によって目的合理的に作用するシステムの世界である。

ところでハーバマスは、「システム」の論理を基本的にパーソンズのシステム論に依拠して記述しているが、自らのコミュニケーション論に取り入れる際に、パーソンズの社会システム論をコミュニケーション論的に転回させている（TH2:295-444/下130-275）。

その転回の作業は、機能主義的・道具的理性が支配するシステムの領域から、「解放の潜在力」を秘めた生活世界を救出するという理論的作業であると言ってよい。というのもパーソンズは、その言語理論において「語用論的転回」を経ていないヤコブソンやハレの構造主義的な人類学的言語論に依拠しており、さらに個人が主体化する際の社会化のモデルがフロイトの精神分析に依拠した「規範の内面化」モデルに倣っているために、ハーバマスの観点から見れば、相互主観的なコミュニケーションの領域を記述することに失敗しているからである。

ハーバマスは、システムの領域を貨幣と権力という「制御メディア」を媒介した「戦略的―成果志向的」な目的合理的行為によって営まれる物質的再生産を領域に還元することで、「了解志向的」なコミュニケーション行為によって再生産される生活世界の領域を純化したかたちで取り出すことになる（TH2:384-351/下218-258）。このシステム論の導入による「生活世界の純粋化」という手続きによって、物質的再生産を司る道具主義的・機能主義的理性の支配するシステムではなく、生活世界のみを「支配と隷属」からの解放への潜勢力を秘めた相互主観的なコミュニケーション的理性の契機を孕むものとして純化したかたちで取り出すことが可能になったのである。

ハーバマスは、システム論を導入することで制御メディアの作用を生活世界から分離するとともに、生活世界をシステム論の枠組みから救済することによって了解過程からシステムの作用を切り離す。この生活世界とシステムの「切断」という手続きは、労働力と労働所得の関係、財・サーヴィスと需要の関係という交換関係として再結合され、「システムによる生活世界の植民地化」という侵害をもたらすとされるが、その関係は、この「切断」と「再結合」という手続きを経たものであるがゆえに、限定的なものにとどまっている（TH2:471-477/下308-313）。

ハーバマスのコミュニケーション論は、生活世界の合理化を論じる上でデュルケムに依拠し、システムの論理についての叙述をパーソンズのシステム論に委ねてしまったが故に、両者の理論的欠点をそのまま抱え込むことになってしまった。

その最大の欠点は「貨幣の働き」を看過したことにある。例えば、ルーマンは、「機械的連帯」から「有機的連帯」の移行を論じるに当たってデュルケムが硬直した規範的結合を解体する「貨幣」の果たした役割を過少評価したことに驚いている。[14]この驚きは、近代化の民主的な解放過程に関して、もっぱら言語メディアのコミュニケーション的使用にのみ言及し、「貨幣の働き」が及ぼした肯定的契機に触れることのないハーバマスにも妥当すると言わねばならない。

また、ドットが指摘するようにパーソンズとハーバマスは、貨幣メディアをもっぱら「効用のメディア」として捉えてしまっているため、その貨幣論が極めて貧困なものになっている。[15]

ハーバマスの貨幣論の貧困は、あらかじめ言語メディアのコミュニケーション的使用を特権化したことと、自身のコミュニケーション論に整合的なデュルケムやパーソンズの理論に依拠して「コミュニケーション論的転回」を断行してしまったことの帰結である。

ハーバマスは、近代的理性や主体化の論理を交換や貨幣メディアの使用と結び付けたゾーン=レーテルやアドルノの交換理論というフランクフルト学派の知的遺産を軽視し、その文化的伝統を継承することなく黙殺した。それに加えて、ハーバマスは、「コミュニケーション論的転回」においてデュルケムやパーソンズに依拠することで、彼らによるジンメル黙殺をその叙述において反復してしまうのである。[16]

「コミュニケーション論的転回」において参照されることになったヴェーバーやデュルケムと異なり、ジンメルは、貨幣の解放的な作用と主体化との関わりを論じたクラシックな社会学者の代表者であり、

『貨幣の哲学』という書物を中心に、マルクスの『資本論』に抗して近代の解放的な民主化過程における貨幣の果たした重要な働きを主題化した人物なのである。[17]

ハーバマスの「コミュニケーション論的転回」の際に生じた「コミュニケーション的理性と貨幣メディアの密接な結びつき」という盲点を照らし出す上で、ゲオルク・ジンメルという人物の業績以上のものは、そうそう見当たるものではない。

4　「信頼」と「正義」のメディアとしての貨幣

ハーバマスは、その基本的志向において予めコミュニケーション的行為を特権視する傾向にあるため、ボルツが指摘するように「メディア」こそが、ハーバマスのコミュニケーション論の「目配りの届かぬ盲点」を作り出している。[18]言語メディア以外の他のメディアの作用やその二次的な効果についての分析、その中でも特に「貨幣」というメディアについての分析が貧弱であり、コミュニケーション論のアキレス腱になっている。[19]というのも、この言語メディアの特権化によって生じた盲点にジンメルの「貨幣論」やゾーン＝レーテルやアドルノの「交換理論」が取り扱ったメディア論的な知的領野が広がっているのである。[20]まず以下にジンメルに則って、貨幣の働きについて述べていこう。

パーソンズやハーバマスと異なりジンメルにとって、貨幣はたんなる「効用のメディア」に還元し得るものではない。というのも貨幣は、「効用」という動機づけに促されるだけでは決して機能するものではないからである。なぜなら貨幣が機能するには、「信頼（Glaube）」という次元が不可欠なのである（PG:214-218/170-173）。

ジンメルは、その「信頼」の次元を論じる際に、その具体的で典型的な現れを中世のマルタ島の鋳貨に刻印された「銅でなく信頼（non aes sed fides）」という刻銘を引き合いに出している。はからずもこの鋳貨に刻まれたこの文字に、貨幣が機能する上で、もっとも重要な次元が浮かび上がっている（PG:215/170）。

つまり、この銅貨に浮かび上がった文字は、貨幣が人々のあいだで相互主観的に「妥当（Geltung）」し流通するためには、銅という金属の実質的な使用価値よりも、「信頼」の次元こそが不可欠なことを表現しているのだ。勿論ジンメルは、貨幣が「効用のメディア」であることを否定はしないが、それが機能する上で不可欠なものとしての「信頼」の次元に着目したのである。

さて、ジンメルによれば、貨幣が流通するためには、「二重の信頼（der doppelte Glaube）」が不可欠である（PG:215/170）。それは、まず第一に「貨幣が同様の交換価値量を持った商品の対価として受け入れられること」、次に「その支払われた貨幣が再び支出される」という二つの信頼である。それは、貨幣の通用する経済圏への信頼なのである。このことは「貨幣」が実質的な価値を欠いており、貨幣の「妥当性」が、まさに「二重の信頼」による「支払」という日常的な実践の連鎖によって吊り支えられていることを指し示している。

ジンメルの指摘した実体的な使用価値を欠いた貨幣への「二重の信頼」は、コミュニケーション・メディアである貨幣が、「価格」という情報に基づいた「支払」の連鎖を継起させるのは、「貨幣価値の安定性と多様な使用のチャンスの持続性」に対する信頼であることを表現するルーマンの「システム信頼」の概念とほぼ同じ次元を指し示している。(21)

さらに、ジンメルは、貨幣に対する社会学的な「信頼」が、神に対する論理を超えたな宗教的な「信仰（Glaube）」と同じ次元を有していることを指摘している。この指摘は、ハーバマスの議論と結びつける上で極めて重要である（PG:216/171）。

ジンメルによれば、「信仰」というものは、人間の「宗教心（Religiosität）」が作り出すものであるが、他者や集団に対する社会学的な「信頼」と連続性がある。[22] 例えば、子供の親に対する信頼、部下の上司に対する信頼、友人の友人に対する信頼のようなかたちで、ごく普通の社会生活においてもその効力を発揮している。[23] そうした信頼は、ジンメルによれば、他者に対してだけでなく、部族や民族などの集団の統一に対する信頼へと到る。例えば古代の神々に対する「信仰」は、特殊な共同体の統一性に対する信頼の表現なのである。そうした集団への信頼が、より抽象的で普遍的なものに昇華し、存在を統一する理念へと転ずるや、立証や反駁を超えた絶対者としての神に対する「信仰」へと結晶する。[24]

ヨッヘン・ヘーリッシュの『パンと葡萄酒』を参照して考えてみるならば、キリスト教という信仰共同体は、存在を統一する三位一体の神に対する「信仰」を基礎にし、「パン（聖餅）」と「葡萄酒」を、キリストの「身体」と「血」を象徴するメディアにして、「正餐式」という儀礼を執り行うことで、キリストの死と復活を追体験し、伝統的な信仰共同体の記号体系を維持してきた。[25]

ハーバマスの術語で表現するならば、三位一体の神は、キリスト教という信仰共同体に対する「規範的合意」を象徴的に表現し、「正餐」という儀礼の実践において、信仰共同体の「規範的合意」を更新し、伝承されてきた文化的知識である「宗教的世界像」を再生産してきたということになろう。そうした儀礼の実践は、信仰共同体に対する日常的な「信頼」と存在を統一する三位一体の神に対する「信仰」によって可能となるのである。

ところで「パン」と「葡萄酒」を中世的なキリスト教の信仰共同体の結節点をなす指標的メディアと見たヘーリッシュは、ハーバマスと異なり、近代の指標的なメディアを「言語」ではなく「貨幣」に見ているがそれはジンメルと相通じる。

先ほど述べたように、貨幣に対する「二重の信頼」は、慣れ親しんだ特定の他者に対する「信頼」と異なるし、同じように抽象的ではあるが存在を統一する神に対する「信仰」とも異なっている。それは、抽象的ではあるものの、より限定された貨幣が流通する社会圏への「信頼」であり、同時に貨幣使用の能力のある「匿名的な他者」に対する「信頼」を表現するものにほかならない。

ところで、功利的で訴訟を好む近代人が抽象的な「匿名的な他者」に対する「二重の信頼」によって近代の指標的メディアである貨幣を不断に流通させているかを理解するためには、この貨幣というメディアが「交換の正義」を司る「公正（Gleichheit）」のメディアであることを理解しなければならない。

財の交換とは一つの難事であり、その際に「公正」が成立することは実は極めて稀なことである。というのもそこには、「欲望の二重の一致」という難関が待ち構えているからである。この「欲望の二重の一致」とは、所有物を交換する際に、その当事者が欲するものが、相互に一致することが稀であることを表現している。

この財の交換における「欲望の二重の一致」という難題を、貨幣はこともなげに解決してしまう。ジンメルは、貨幣を媒介にした交換が、「所有変更を公正と結び付ける第一の手段、しかも、その単純さにおいてまことに驚くべき手段」であることを指摘している（PG:387/310-311）。なぜなら貨幣を媒介した財の交換関係は、「等価交換」として成立するからである。とはいっても、等価交換とは、特殊な使用価値をもった財の交換価値が「価格」として表現され、その価格どおりの「貨幣量」が支払われるということに過ぎない。

ジンメルによれば、等価交換は、「無制限の利用可能性（unbeschränkte Verwertbarkeit）」と「分割可能性（Teilbarkeit）」という貨幣の二つの性質によって可能となる（PG:388/311）。まず、「無制限の利用可能性」であるが、貨幣は、その量を度外視すれば、その支払によって、市場に売りにだされた交換価値の浸透したあらゆる価格をもった商品を購入可能にする。そのため市場に参入する購買者は、常に貨幣を必要とする。また、商品所有者が市場に参入するのは、特定の使用価値を持った商品に対する価格に見合った「支払」を受けるためにほかならない。商品所有者は、市場においてあらゆる瞬間に必要となる貨幣を欲しているのである。つまり、貨幣を介在させることによって、交換の当事者達の利害が容易に一致することになり、双方の満足の水準もまた、交換の成立によってただちに上昇することが可能になるのである（PG:388/312）。

また、貨幣の「分割可能性」という機能は、交換価値を計量可能なものにし、その計量可能な支払の効果によって、交換の当事者たちの間に相互に承認しうる「客観的等価」という現象を成立させるのである。貨幣を媒介にした交換は、「等価交換」として成立し、等価は「公正」であるが故にやすやすと交換の当事者達のあいだで相互主観的に「妥当（Geltung）」する。

ジンメルは、このような貨幣を媒介にした交換が、「所有変更の一方的な利益をこえて上昇する大きな文化問題の解決のための、これまでのもっとも完全な形式」であると断言する（GA:388/312）。

5 聖なるものの貨幣化

市場システムに深く依存した近代人である我々の共通感覚は、あまりにも貨幣に慣れ親しんでいるため、もはや「等価交換」という現象に何の驚きも覚えはしない。しかし、ジンメルがことさら驚いてみせたように、我々もこの現象に一度くらい驚いてみるべきである。

というのも貨幣を媒介する以前、「欲望の二重の一致」という困難は、「贈与の霊」に媒介された贈与という実践によって乗り越えられ、現代の経済システムとは異なった非功利的な互酬システムを形成していたからである。例えば、未開社会のクラやポトラッチに代表される互酬システムでは、「与え・受け・返す」という三つの義務を課す、ハウやマナと呼ばれる不可視の「贈与の霊」によって促され、「負い目」と「威信」の連鎖によって、人々の間における財の移動を促していた。[26] この「贈与の霊」は、まさに「聖なるもの」が顕現したものであり、ハーバマスの言うところの言語共同体における「規範的合意」の次元を含んでいる。

つまり、クラで使用される「腕輪」や「首飾り」、あるいはポトラッチで使用される「銅版」は、ヘーリッシュが論じたキリスト教の信仰共同体における「パン」と「葡萄酒」と同じように、特殊な信仰共同体の結節点をなす象徴的メディアなのである。それら「贈与の霊」が浸透した事物は、強制的な「三つの義務」を人々に課すことによって、前近代的な互酬システムを駆動させていた中心的なメディアとして、折々の儀礼や日々の贈与行為を促し、生活世界の記号体系を再生産してきたのである。

ところが、ルーマンも指摘するように、経済過程に貨幣を媒介にした等価交換が入り込むと、互酬システムを稼動させていた「感謝の義務」が解消してしまう。そして経済過程が互酬の期待から分化しきったところで経済が自立的となり、自己調整的になる。[27] つまり、財の交換関係という観点から見た場合、前近代的な互酬システムを解体し、近代的な自己調整的な市場システムを立ち上げたのは貨幣というメディアの使用にあるということになる。

こうやってみると、財の交換関係における「規範的合意」の象徴的表現が、前近代的な指標メディアである「贈与の霊」から、近代的な指標メディアである「貨幣」へと移行していることがわかる。すなわち、「聖なるものの言語化」ならぬ「聖なるものの貨幣化」へとスイッチが切り替わったというわけだ。

ということは、ハーバマスが言うように儀礼とサンクションによって維持され硬直化した前近代的な「規範的合意」から離脱した「合理的に動機づけられた合意」によって基礎づけられた行為領域は、なにも言語メディアのコミュニケーション的使用の中にのみ生成するのではないということがわかる。というのも、ジンメルが指摘した貨幣に表現されている「匿名的な他者」に対する「二重の信頼」へと切り詰められた「合理的に動機づけられた規範的合意」こそが、「欲望の二重の一致」という困難を解消することで成立する分業のシステムを核にした「有機的連帯」という社会統合を確保しているからである。つまり、言語メディアのコミュニケーション的使用以上に、貨幣メディアの使用すなわち「支払」の連鎖が、前近代的な「機械的連帯」を解体させ、近代的な「有機的連体」へと移行させる巨大な推進力だったのである。

貨幣は、脱規範的なコミュニケーションの典型として把握されるが、「匿名の他者」に対する「二重の信頼」という最小限の規範は要求している。とはいっても世俗の神である貨幣は、世俗外に君臨した口うるさい神々のように饒舌ではないので、ハーバマスやルーマンのように脱規範的な社会統合のモデルとして把握することも可能である。しかしながら、ここでは、貨幣というメディアに浸透した最小限の内容にして広範に及ぶ形式的な「規範的合意」の次元をここでは強調しておかねばならない。

ところで、「欲望の二重の一致」という困難を一挙に解決する貨幣は、「有機的連帯」の核を成す分業のシステムを発達させてゆく中心的なメディアでもある。というのも分業のシステムが拡大し細分化していけばいくほど、生活に必要なものは、貨幣の支払によって入手可能になっていく。それ故、分業のシステムが成熟していけばいくほど、生産者達が特殊な商品の生産に専心する条件が整い、貨幣の「妥当性」が高まってゆくのである。そうなると人々は、貨幣に対する「二重の信頼」ゆえに、積極的に分業のシステムに適応し、その職能を多様化させ、システムを加速度的に高度化させてゆく条件が整ってくる。

ジンメルはこの「分業」という現象に近代における個性化の基盤を見出した。貨幣の媒介によって伝統的な生活共同体が解体するとともに、様々な社会圏が生じる。ジンメルは、それらの圏の交点に位置する個人が、貨幣によって拡大した「選択の自由」を基礎にして諸々の社会圏を個性的に交差させ、社会圏に由来する規定性を受け取ることが、社会学的に見た場合の個性化であると捉えた[28]。その中でも、神の「召命（Beruf）」から解放され、多様に花開いた「職業（Beruf）」こそが、個性化の台座になるとジンメルは考えた[29]。またロラン・バルトやボードリヤールによって論じられた消費社会論から見れば、生産活動だけでなく、流行に演出されて脱コンテクスト化し細分化してゆく記号体系に位置づけられた商品群もまた、個性化を促す手軽なメディアであることも明白である。

ハーバマスは個性化の過程の基盤を言語構造に見出したが、貨幣もまた個性化を促す主要なメディアであるということだ（TH2:138-139/中-321）。個性化の進展を、「欲望の二重の一致」という困難を解消し、規範的合意によって統合された生活世界に巨大な遇有性と多様性を引きずり込んでくる貨幣の働きなしに考えることは非現実的な想定であると言わねばならない。

多様性と遇有性をもたらす貨幣の「支払」のリズムとその連鎖から生じる推進力は、「近代の未完のプロジェクト」の基盤をなしており、聖なるものによって象徴される規範的合意によって守られ原初の黄金時代を理想化し円環的時間のなかに釘づけにされていた硬直的な記号体系を押し流し、その頸木から解放された人々を個人的な生活史の主体とし、過去から未来へと一方向に流れさる直線的な歴史時間を実現させてきたのである。(30)

さてこれまで述べてきたことから、ハーバマスが「聖なるもの」を起源とする変化にさらされた現象を超えるものであり「ものごとが妥当するということのことについてのすべての考え方」の規範的なモデルであると述べた「真理」というコミュニケーション・メディアに劣らず、「貨幣」というメディアも「聖なるもの」の性質を十二分に分かち持ち、「ものごとが妥当するということについてのすべての考え方」のモデル足りうることがわかるだろう。

しかも、実際には喧々諤々な議論を生じさせつづけてきた「真理」というコミュニケーション・メディア以上に遥かにやすやすと、ごく日常的な「支払」という実践的な行為において相互主観的に「妥当(Geltung)」し、神の垂直的な正義ではなく、相互主観的な水平的な正義の感覚をその使用者達に与え続けてきたのである。(31) しかも「真理」を巡って合い争う哲学という言語ゲームが古代ギリシアで発生する以前からである。

また、貨幣が機能する上で不可欠な「匿名的な他者」に対する「二重の信頼」という次元は、最小限に切り詰められた「合理的に動機づけられた規範的合意」を表現するとともに、その「合意」は、日々の支払という実践によって不断に更新される。

さらに、貨幣による「支払」は、価格どおりの支払という等価交換として成立するわけだから、贋金を支払うことなしに我々は「誠実」たらざるをえない。

そして、貨幣メディアの使用は、等価交換という義務を果たす支払能力のある責任主体として人々を不断に社会化すると同時に、その支払が招き入れる多様性と「選択の自由」によって「個性化」を促すメディアでもあった。

つまり、ここでは、相互主観的なコミュニケーション的理性が要求する三つの妥当性要求が潜在的な形で達成されていることがわかる。驚くべきことに言語メディアを了解志向的に使用することなしに、貨幣メディアの使用、つまり「支払」という実践的行為において、三つの妥当性要求が達成されているということになる。これは一体どういうことなのであろうか。

ここにおいて、ジジェクがゾーン＝レーテルを引き合いに出して論じたカントの「超越論的主観性」を襲ったスキャンダルを、脱超越論化した相互主観的な「コミュニケーション的理性」もまた免れるものではない可能性を指し示している。[32] ハーバマスは、フランクフルト学派の人々が残した業績を決して乗り越えてはいないのである。

6　貨幣メディアの使用によるポスト伝統的な相互主観性の産出

ジジェクによれば、フランクフルト学派のシンパであるゾーン＝レーテルは、マルクスの商品形態の普遍的な射程を押し広げた代表者である。[33] この人物は、アドルノやベンヤミンに知的なショックを与え、フランクフルト学派の知的水脈の一つの流れを作り出した人物でもある。[34]

ゾーン＝レーテルの基本的なテーゼは、貨幣メディアの使用による相互排他的な「独我論的自我」の生成と、カントの超越論的主観性の「思考形式」とマルクスが価値形態論で論じた「商品形式」との形態的類比関係である。[35] まず、貨幣使用による「独我論的自我」の生成について述べておこう。

ジンメルと同じように、ゾーン＝レーテルも「等価交換」という現象に着目する。貨幣というメディアを紐帯にして交流する経済主体は、信仰・言語共同体の臣民として交流するのではなく、相互排他的な私的所有権の主体として交流する。

私的所有権の主体は、経済学的に言えば効用と利潤を最大化しようと目論むホモ・エコノミクスであり、政治的に見れば市民的主体であり、観念論的に言えば自律的な理性能力を誇りとする啓蒙の主体である。このような近代的主体が、一般に合理的な経済活動を営んでいると考えられてきた。このような考え方の中では、貨幣は近代的主体が合理的な経済活動を行うために使用する都合のよい手段ということになる。しかし、ゾーン＝レーテルは、このような考え方をメディア論的に反転させる。

ゾーン＝レーテルにとって、貨幣を単なる手段とする見方は、物象化した意識による錯視でしかない。ゾーン＝レーテルによれば、貨幣というメディアの使用は、その効果によって交換の当事者達を相互排他的な「独我論的自我」へと分離する（GA:64-68/81-85）。

「等価交換」という場面では、商品所有者と貨幣所有者は、相互排他的対抗という原理に従って相対している。ゾーン＝レーテルは、その原理を「私のもの—だから君のものではない、君のもの—だから私のものではない」という「等価交換の原理」として表現する（GA:64/81）。

それは、ジンメルが指摘した貨幣の「分割可能性」によって生じる「量的な等価」の効果によって発生する原理である。貨幣はその分割可能性によって得られる価値尺度機能によって、価値の計量を可能とし「客観的な等価」を可能にするのである。

貨幣を媒介にして可能となる相互排他的対抗という原理に従う等価交換は、その効果によって、明確に「私のもの（mein）」と「君のもの（dein）」を分離する。ここでは、贈与行為によって営まれた互酬システムでは、個人の所有物の境界に容易に生じることのなかった相互排他的な分断線が成立している。この等価交換によって成立する所有物の明確な境界線が、交換の当事者達をして、彼ら自身を相互排他的な自我としての感覚を与えることになる。これが貨幣メディアを使用する際に発生する論理感覚の一つである。

ゾーン＝レーテルのメディア論から見ると、貨幣を媒介にした等価交換という実践的行為をなす度に、商品所有者と貨幣所有者は、事後的に自己と他者を相互排他的な私的所有者として相互定立しているということになる。その結果、相互排他的な所有物の保有者である個人を基点にして、明確な境界を持つ相互排他的な所有概念が成立する根拠が与えられる。つまり、確固とした相互排他的な私的所有の圏域が予め存在するのではなく、貨幣メディアの使用の効果によって、確固とした近代的な私的所有の圏域を定めることが可能になるのである。いわば、貨幣使用の効果によって、相互排他的な私的所有を基礎にして富を巡って相争う相互排他的な言語ゲームを遂行する複数の主体が産出されるのだ(36)。

さらに、私的所有権の主体の社会的起源を指し示したゾーン＝レーテルは、カントの超越論的主観性もまた、貨幣というメディアの使用の効果によって生じる事後的な現象であることを論じていく。

カントの超越論的反省は、超越論的主観性の同一性を保証する「私の全ての表象に随伴する我思う」という超越論的統覚の同一性を可能にする条件を見出すことができなかった。というのも、カントの超越論的反省という手法からすれば、「背後に遡って見出すことのできないもの」として「最後のもの」とするしかなかったのである。(37)

しかし、ゾーン＝レーテルは、あらゆる表象の同一性を保証する「私の全ての表象に随伴する我思う」という統覚の同一性が、超越論的主観性の外部である現象世界で作用する「私のもの―だから君のものではない、君のもの―だから私のものではない」という交換の当事者達を「独我論的自我」へと分離する等価交換の原理によって吊り支えられているというのである。

このゾーン＝レーテルの「実践的独我論（praktischer Solipsismus）」から見れば、カントの超越論的主観性は、貨幣の効果によって生じる相互排他的な「独我論的自我」を観念論的に転倒したものであることが了解できるだろう。

またゾーン＝レーテルは、貨幣の本体を成す物質が、現象世界の只中で実際に流通する実体を欠いた「抽象的なモノ」という「自己内パラドックス」であると言う（PA:73/90）。貨幣の本体をなす物質は、マルクスの言うように「一分子の自然素材も入っていない」奇妙な神学的・形而上学的モノなのである。(38)それは、ジジェクの言葉を借りるなら物理的な実体が崩壊した後でも破壊されることのない「崇高な物質（sublime material）」ということになる。(39)

この貨幣という「抽象的なモノ」は、近代自然科学を可能にする純粋な「抽象的量」という概念に先んじて、金や銀などの貴金属に憑依し、現象世界の只中で「抽象的量」という抽象的無限を通用させていたのだ[40]。この「抽象的量」というカテゴリーは、カントの超越論的主観性の純粋悟性のカテゴリーにほかならず、現象世界の変化に作用されない「本質」や「遇有性」などのカテゴリーの性質をも貨幣が帯びているとゾーン＝レーテルは述べ、さらに他の純粋悟性のカテゴリーと貨幣との形態的類比関係を指摘し、貨幣が超越論的主観性の諸カテゴリーの社会的土台であることを論じていくが、その点は、本稿の主題ではないのでここまでにしておこう。

さて、貨幣の本体である不死の身体である「崇高な物質」は、交換という社会的相互行為の「真空」から事後的に生成してきた、自然の物質的代謝過程から切り離された、色も匂いも形もない超感覚的な抽象物である。ゾーン＝レーテルは、そのような貨幣の超感覚的な価値対象性を、「思考抽象（Denkabstraktion）」から区別し、「実在抽象（Realabstraktion）」と呼ぶ（PA:38/54）。この実在抽象である貨幣は、それが何ものであるかが一切把握されることもなしに「社会的総合（gesellschaftliche Synthesis）」の働きをなしているとゾーン＝レーテルは言う（PA:14-28/29-44）。

この「社会的総合」とは、ゾーン＝レーテルが、カントの超越論的主観性による「先験的総合（transzendentale Synthesis）」に対置した概念である。この概念は、「思考」ではなく、諸個人による実践的行為が、事後的に社会的連関を統一された全体へと総合するということを意味している。ゾーン＝レーテルは、この「社会的総合」の形態が発展し変化すると考えているが、貨幣を媒介にした商品交換が「社会的総合」の要となる場合、その支払の過程に巻き込まれた自然や労働力は、身体的制約を越えた超感性的で抽象的な連絡基盤を経由することで、商品世界の価値体系に参入し位置づけられ、売買の対象となり消費されていくことになる。

このような観点から見ると幾何学的で純粋な抽象的運動という概念が自然科学によって確立される遥か以前に、いわば思考作用のあずかり知らぬ社会的実践から生成した価値形態の中で純粋な「抽象的量」という抽象的無限が現象し、幾何学的な抽象的運動を実現していたということになる。

つまり、ゾーン＝レーテルは、哲学的に表現された「超越論的主観性の閉じた抽象的回路」を、それと相等性を持った社会現象の中で展開されていた「商品形式の抽象的回路」に対置することで両者をショートさせ、前者の社会的起源が後者にあることを示し、その関係を逆転してみせたのである。(41) これがジジェクの言うところのゾーン＝レーテルが暴露した超越論的主観性のスキャンダルである。このスキャンダルの張本人である「実在抽象」とは、ジジェクの言葉で言えば、「超越論的主体の無意識であり、客観的・普遍的な科学的認識の社会的土台」であるということになる。(42)

このように論じたゾーン＝レーテルとジジェクの発想に倣うならば、先ほどジンメルに即して明らかにした、三つの妥当性要求を満たす「合意」を暗黙の内に調達していた「貨幣の働き」は、「コミュニケーション的理性の無意識であり、その普遍性の社会的土台」であると言えるだろう。

さて、ここでアルチュセールが、パスカルの言葉を引用し、イデオロギー諸装置が主体に接続してゆく有り様を論じた場面を思い出してみよう。その言葉は、「ひざまずき、唇を動かして、祈りの言葉を唱えなさい、そうすればあなたは神を信じるだろう」というものであった。(43) アルチュセールは、この言葉を借りて、記号体系に対する儀礼的実践の論理的な先行を説くとともに、この儀礼こそがイデオロギー装置の一端をなし、その実践によって人々が神の「主体＝臣民」となり、そうした儀礼的実践の反復がその記号体系を再生産することを論じた。これは、ハーバマスの指摘した聖なる記号体系に対する「強制的な規範的合意」よりも「儀礼的実践」の方がより根源的であり、儀礼の実践が記号体系を再生産しているという指摘に相通じる（TH2:84/中262）。

であるならば「支払」という実践は、宗教的記号体系とは異なった、貨幣を紐帯にして編成される記号体系への入り口であり、その使用者を記号体系の「主体＝臣民」へと主体化させていることになる。つまり「財布に手を伸ばし、お金を取り出して、価格どおりの金額を支払いなさい、そうすればあなたはお金を信頼するだろう」というわけだ。その支払の連鎖の推進力によって、貨幣空間の上で遊動する記号体系が不断に再編成されるとともに再生産されてゆく。(44)

ところで、先にジンメルを参照し、貨幣が「二重の信頼」によって機能していることを論じ、社会学的な「信頼」が神に対する「信仰」と連続性を持つことを確認しておいた。その連続性から見ると、「祈り」などの儀礼の実践から「信仰」が事後的に生成してくるのであれば、財の所有者達が、互いの財を対置し移転する交換という社会的実践のなかから生じてきた「貨幣」という抽象的無限もまた、その社会的実践から事後的に生成してきた「信頼＝信仰」の結晶であることがわかる。

こうやってみると貨幣の「支払」もまた、「世俗の神」を事後的に生成せしめる「宗教儀礼」の相貌を帯びてくる。であるならば、かつてベンヤミンが指摘したように、自己増殖する貨幣を紐帯にした資本主義という経済社会現象も、その核心に宗教的な核を有する宗教現象の趣きを持っていることが理解されるだろう。(45)

もちろんこの「宗教としての資本主義」に入信するための最も重要かつ単純な通過儀礼は、「支払」である。貨幣の支払の効果によって、神々や民族という超越的なものを信仰する特殊な信仰・言語共同体の

「主体＝臣民」は、硬直した規範的秩序から抜け出し、貨幣という世俗の神を崇拝する「主体＝臣民」へと転形され、相互排他的な私的所有の圏域に住まいつつ崇拝のゲームに興じるとともに、討議という言語ゲームを好み「合理的に動機づけられた合意」以上の権威を批判するポスト伝統的な相互主観的なコミュニケーション的理性の主体として事後的に産出されるのである。

争いを好む騒々しい神々と異なり、世俗の神たる貨幣の本体は、アリストテレスの「不動の動者」のように、不可視の場所でじっと沈黙を守っている。しかしながら、寡黙な貨幣は、その「支払の効果」によって、ポスト伝統的な複数の主体を事後的に産出し、その宗教世界に巨大な遇有性を導入することで、その臣民達に大幅な「選択の自由」を与えはする。しかし、貨幣の不可視の本体は、劣化することのない「不死の身体」を有しているがために、富の無限の蓄積可能性を押し開き、人々の欲望の的となる。その結果、ポスト伝統的なモダンとポストモダンの「モノ語り」が紡ぎだされていくわけであるが、その点については、本稿で論じるまでもないだろう。

むすび　コミュニケーション的理性の盲点

もはや本稿の主張は、明白であろう。ゾーン＝レーテルが主張したように、貨幣使用による等価交換の効果によって、カントの超越論的主観性がその自己同一性と理性を保っていたのと同様に、ハーバマスのコミュニケーション的理性の一般構造とその働きもまた、決して「その背後に遡って解き明かすことのできない」という意味で「最後のもの」ではない。

それが「最後のもの」とされるのは、本稿の立場から見るならば、コミュニケーション論的転回によって生じた「盲点」ゆえであった。その盲点は、ハーバマスが、第一世代の批判理論の遺産に早々に見切りをつけてしまい「コミュニケーション論的転回」を断行したことと、ハーバマスのコミュニケーション論の記述に即して言えば、言語メディアを予め特権視し、生活世界の合理化を論じるに当ってデュルケムの「宗教論」と「社会統合論」に依拠したことと、目的合理的行為の領域の論理をパーソンズの「システム論」に委ねてしまったことから生じたのである。そこで見落とされたのは、「貨幣というメディアの働きとその効果」であった。

形式語用論によって見出された相互主観的なコミュニケーション的理性が要求する三つの妥当性要求は、習得され規則に導かれた行動のシステムであるが、この作用は貨幣の働きが無ければ十全なものとして解放されることはなかったし、言語的コミュニケーションに内在する「解放の潜在力」のみでは生活世界の再生産過程は解放へ向かって容易に進展することはなかったであろう。それだけでなく、貨幣メディアの使用は、言語的な了解を志向することなく、暗黙の内に三つの妥当性要求を満たしてさえいた。この貨幣使用の効果とコミュニケーション的理性の妥当性要求との相等性には不気味なものがあった。

その不気味さをゾーン＝レーテルのカント批判の試みに倣って解消するならば、コミュニケーション的理性の「理想化前提」のうちには、貨幣メディアの使用の効果が、刻印されているということになる。

つまり、カントの「超越論的統覚の同一性」や「超越論的主観性の構造」が、その社会的無意識である貨幣の作用によって規定されていたように、ハーバマスの「コミュニケーション的理性の一般構造」もまた、生活世界から分離したはずの脱コンテクスト的な貨幣という制御メディアの使用の効果によって無意識的に規定されていたということになる。いわば、マルタ島の銅貨に浮かび上がった文字とはさかさまに、不可視のコミュニケーション的理性の一般構造に、貨幣メディアの使用の効果が刻印されているのである。

本稿の立場から見るならばハーバマスのように貨幣を単なる制御メディアとして扱うのは明白な誤りであり、言語ではなく貨幣こそが、近代を条件づける中心的なメディアということになる。とはいっても貨幣それ自体が、相互主観的な「解放の潜在力」を秘めているわけではない。というのも貨幣は、「信仰」の力が失われれば消失する神々と同じように、「二重の信頼」が失われれば消失する社会的諸関係のなかで事後的に生成してきた実体を欠いた「想像的なモノ」に過ぎないからだ。とはいっても、その「不死の身体」から湧きたつ抗い難い魅力ゆえ、やすやすと貨幣は資本へと転化し、解放のリズムを刻むのでなく、人々の欲望や構想力をメディアにして別の狂騒を奏ではじめる。だが、資本へ転じようとも貨幣は、コミュニケーション的理性を背後から支える社会的無意識として、いくばくかの「正義」を手放すことはない。

◎注

以下の著作に関しては、原則として本文中に略記し、最初に原著の頁数を、その後に（／の後に）巻の表記・訳書の頁数を記す。

SGS: Jürgen Habermas, "Sprachtheoretische Grundlegung der Soziologiein:" *Vorstudien und Ergänzungen zur Theorie des kommunikativen Handelns*, Suhrkamp, 1984.

（邦訳、森元孝・千川剛史訳『意識論から言語論へ　社会学の言語的基礎に関する講義（一九七〇／一九七一）』マルジュ社、一九九〇年。）

TH1: Jürgen Habermas, *Theorie des kommunikativen Handelns I*. Suhrkamp, 1981.
TH2: Jürgen Habermas, *Theorie des kommunikativen Handelns II*. Suhrkamp, 1981.
（邦訳、岩倉正博・藤沢賢一郎・徳永恂・平野嘉彦・山口節郎訳『コミュニケーション的行為の理論（中）』未来社、一九八六年。丸山高司・丸山徳次・厚東洋輔・森田数実・馬場孚瑳江・脇圭平訳『コミュニケーション的行為の理論（下）』未来社、一九八七年。）
PG: Georg Simmel, *Philosophie des Geldes*, Simmel Gesamtausgabe, Bd. 6. Suhrkamp, 1907 (1989).
（邦訳、居安正訳『貨幣の哲学』一九九九年、白水社。）
GA: Alfred Sohn-Rethel, *Geistige und körperliche Arbeit*. Suhrkamp. 1970.
（邦訳、寺田光雄・水田洋訳『精神労働と肉体労働』合同出版、一九七五年。）

（1）Jürgen Habermas, ***Faktizität und Geltung. Beiträge zur Diskurstheorie des Rechts und des demokratischen Rechtsstaats***, Suhrkamp, 1992.
（2）Norbert Bolz, ***Am Ende der Gutenberg-Galaxis. Die neuen Kommunikationsverhältnisse***, Wilhelm Fink Verlag, 1993, S.59-79. 足立典子訳『グーテンベルク銀河系の終焉』法政大学出版局、一九九九年、五九～八〇頁。
（3）本稿は、仲正が指摘したハーバマスの「パラダイム・シフト（言語論的転回）に際して、見落とされた課題」を筆者なりに検討したものである。仲正昌樹「〈同一性〉の起源を巡って、—アドルノの認識論とゾーンレーテルの〈貨幣＝存在〉論」『情況』一九九八年五月号、一〇〇頁。なお本稿の試みは、仲正の指摘した課題だけでなく、仲正の『貨幣空間』という書物との出会いに多くを負っている。仲正昌樹『貨幣空間』情況出版、二〇〇〇年。
（4）Adorno, T. W. ***Stichworte, Kritische Modelle 2***, Suhrkamp, 1969, S.155. 大久保建治訳『批判的モデル集Ⅱ』法政大学出版局、二〇七頁。

（5）Jürgen Habermas, *Technik und Wissenschaft als>Ideologie<*, Suhrkamp, 1969, S. 9-47. 長谷川宏訳『イデオロギーとしての技術と科学』平凡社ライブラリー、二〇〇〇年、九～五一頁。

（6）Jürgen Habermas, *Zur Rekonstruktion des Historischen Materialismus*, Suhrkamp. 1976, S.152-157. 清水多吉監訳『史的唯物論の再構成』法政大学出版局、二〇〇〇年、一七八～一八三頁。

（7）ホネットによれば、「ハーバマスの理論的発展は、まず、既に五〇年代や六〇年代の彼の著作を特徴づける相互主体理論的転回」があり、「その転回が、後に言語哲学的転回によって先鋭化されると同時に狭められ、人間の世界関係の言語的構造の分析へと狭められるに到った」ものである。日暮雅夫訳「批判理論の承認論的転回―アクセル・ホネットへのインタヴュー」永井彰・日暮雅夫編著『批判的社会理論の現在』晃洋書房、二〇〇三年、二〇二頁。

（8）Edmund Husserl, *Cartesianische Meditationen. Eine Einleitung in die Phänomenologie*, Edmund Husserl Gesammelte Schriften Bd. 8. Felix Meiner, 1992, S.91-155. 浜渦辰二訳『デカルト的省察』岩波文庫、二〇〇一年、一六一～二六九頁。

（9）Jürgen Habermas, *Nachmetaphysisches Denken. Philosophische Aufsätze*, Suhrkamp, 1988, S.61. 藤澤賢一郎・忽那敬三訳『ポスト形而上学の思想』未來社、一九九〇年、七五頁。

（10）ハーバマス、木前利秋・三島憲一訳「コミュニケーション的行為と理性の脱超越論化（上）」『思想』岩波書店、二〇〇三年、九月号、九頁。

（11）同書、一〇頁～二八頁。

（12）Jochen Hörisch, "Der verruchte Tausch von Äquivalenten"-Adornos Kritik der unreinen Vernunft. 仲正昌樹訳「邪悪なる等価交換」『フランクフルト学派の今を読む』情況出版、一九九九年、六七頁。

（13）橋本も指摘するように、ハーバマスの理論は、その核心で、言語に内在する理性に対する「信頼」によって支えられている。しかし、橋本は、ポスト構造主義の理論や現代芸術における「言語に内在する理性に対する懐疑」を対置し、この「信頼」と「懐疑」の間で議論が決着していないと述べている。橋本直人「生活世界と合理化―ハーバマスはウェーバーの悲観論を超えたか―」『ハーバマスを読む』大月書店、一九九五年、一一四～一一五頁。

(14) このルーマンの指摘した、デュルケムの社会分業論における貨幣の「構造的効果」（道徳をニュートラル化する効果）の看過という理論的欠陥が、そのままデュルケムの社会分業論における「社会統合論」を基礎にしたハーバマスの生活世界の合理化論における欠陥に繋がっている。なおルーマンによるデュルケムの社会分業論の欠陥に関する指摘については三上の論考を参考にした。三上剛史『道徳回帰とモダニティ』二〇〇三年、恒星社厚生閣、一五八～一五九頁。

(15) Nigel Dodd, *The Sociology of Money*, Blackwell, 1994, pp.59-81.

(16) デュルケムは、『社会学年報』第五巻（一九〇二）にジンメルの『貨幣の哲学』についての書評を書き、批判的なコメントを残している。この点については、阿閉を参照されたい。阿閉吉男『ジンメルとウェーバー（新装版）』御茶の水書房、一九九四年、三四六～三五〇頁。また、パーソンズのジンメルについては、油井と高木に詳しいので参照されたい。油井清光「パーソンズの〝失われたジンメル論〟―或る未刊草稿を巡って―」『文化学年報』第一七号、一九九九年、一～一三頁。高城和義「パーソンズのジンメル論」『思想』九一七号、二〇〇〇年、三〇～五五頁。

(17) ヘーリッリュによれば、貨幣についての考察こそが、哲学の体系における盲点となっている。この盲点を突いた先駆者として、ノヴァーリス、ゴットフリート・ケラー、マルクス、ニーチェ、ジンメル、ルカーチ、ゾーン＝レーテル等を挙げている。Jochen Hörisch, *Kopf oder Zahl, Die Poesie des Geldes*, Suhrkamp, 1998, S. 215-240.

(18) Bolz, *op. cit.*, S.79. 同書、八〇頁。

(19) ハーバマスが、もう一つの制御メディアに名指しした「権力」の問題と、それと深く関わる「国家」の問題については、本稿の論考の強調点からずれるので敢えて論じなかった。それらは、実際のところ深く貨幣と絡んでいるが、この問題を論ずるのは別の機会にしたい。

（20）社会学的な「交換」概念を功利的な次元に解消しえないものとみる理論は、富永によっても試みられている。貨幣価値に容易に還元しえない交換の領域を、ホーマンズやコールマンを参照しつつ、「社会的交換」の概念によって拡張し、その内実を解明しようと試みている点で、貨幣の作用の非功利的な次元を見出したジンメルの志向に通じるものがある。富永健一『経済と組織の社会学理論』東京大学出版会、一九九七年。

（21）Niklas Luhmann, *Vertrauen*. Ferdinand Enke, 1973, S.52-55. 大庭健ほか訳『信頼』勁草書房、一九九〇年、九〇～九五頁。

（22）Georg Simmel, *Die Religion*, Simmel Gesamtausgabe, Bd. 10. Suhrkamp, 1912(1995), S.68-69. 居安正訳『宗教の社会学』世界思想社、一九八一年、五七～五八頁。

（23）*Ibid.*, S.70. 同書、六〇頁。

（24）*Ibid.*, S.104-105. 同書、一二五～一二七頁。

（25）Jochen Hörisch, *Brot und Wein*, Suhrkamp, 1992.

（26）この点に関しては、拙稿で詳解したので参照されたい。清家竜介「贈与と等価交換―人格形成の形式社会学的・社会哲学的考察」『ソシオサイエンス』第十一号、二〇〇四年、三二～四八頁。

（27）Niklas Luhmann, *Die Wirtschaft der Gesellschaft*, Suhrkamp, 1988, S.45-51. 春日淳一訳『社会の経済』文眞堂、一九八九年、四一～四六頁。

（28）Georg Simmel, *Soziologie, Untersuchungen über die Formen der Vergesellschaftung*, Simmel Gesamtausgabe, Bd. 11. Suhrkamp, 1908(1992), S.456-511.

（29）この点に関しては、廳の論考を参照されたい。廳茂『ジンメルにおける人間の科学』木鐸社、一九九五年、二七九～三二三頁。

（30）貨幣の「支払」と「時間」との関係については、春日を参照されたい。春日淳一『貨幣論のルーマン〈社会の経済〉講義』勁草書房、二〇〇三年、五三～六一頁。
（31）ゾーン＝レーテルの盟友であるジョージ・トムソンは、古代ギリシア社会における貨幣経済の進展と哲学の発生を結びつけた議論を展開しており、再検討されるに値する。George Thomson, *The First Philosophers*, *Lawrence&Wishrt*, 1995. またカール・ポランニーも、哲学を生んだ古代ギリシアこそが、貨幣が導入されることで市場化するとともに、科学的・全体的計画化によって営まれた経済体制の原型であることを指摘し、鉄の精製にともなう技術革新と貨幣の流入によってもたらされた社会変動によって、部族の互酬性が解体していったことを論じている。ポランニーによれば、この社会変動に唯一匹敵しうるのは、近代の産業革命のみである。Karl Polanyi, *The Livelihood of Man*, Academic Press, 1977.
（32）Slavoj Žižek, *The Sublime Object of Ideology*, Verso, 1989, p.17. 鈴木晶訳『イデオロギーの崇高な対象』河出書房新社、二〇〇〇年、三〇頁。
（33）*Ibid*., p.16. 同書、二八～二九頁。
（34）この点に関しては、仲正の『貨幣空間』にその経緯と思想的な影響関係が述べられているので参照のこと。仲正昌樹「ゾーン＝レーテルの社会的存在論：貨幣と〈認識〉の条件」前掲書、一〇三～一六四頁。
（35）T・イーグルトンは、ルカーチ、アドルノ、ジョージ・トムソンとその盟友であるゾーン＝レーテルを引き合いにだしながら「商品フェティシズムと思考形態」の結びつきは、「示唆に富む問題を孕んだ探求領域」であるが、大いに無視されていると述べている。その後、この領域を探求した人物として、ゾーン＝レーテル復権の中心人物であるヨッヘン・ヘーリッシュとその弟子にあたる仲正昌樹、そしてS・ジジェクなどがいる。本稿は彼らの助けを借りて、その領域を探求するものである。Terry Eagleton, *Against the Grain, Essays 1975-1985*, Velso & New Left Books, 1986, p.124. 大橋洋一・鈴木聡・黒瀬恭子・道家英穂・岩崎徹訳『批評の政治学マルクス主義とポストモダン』平凡社、一九八九年、二一六頁。

(36) フランクフルト学派の中で、ゾーン＝レーテルと影響関係にあり、交換による主体の産出を強調したのはアドルノである。アドルノもまた「社会の標準的構造は交換形式であり、交換形式の合理性が人間を定立するのである」と述べている。Adrno, *op.* cit. S.18. 同書、二〇七頁。また、アドルノの交換理論については、仲正の以下の文献を参照されたい。仲正「貨幣に潜む超越論的主観性：否定弁証法への道」前掲書、一三三～一六四頁。仲正「ミニマ・モラリアにおける脱・所有化と愛」『ポスト・モダンの左旋回』情況出版、二〇〇二年、一四三～一四六頁。

(37) ハイデガーは、カントが統覚の同一性の根拠を見出しえなかった理由を「超越論的構想力」の奥に潜む自己触発する「不可知なもの」に、カントが慄いたからだとした見方は、カントの超越論的主観性のあからさまな神学化であり、「第一哲学」の廃棄を狙ったゾーン＝レーテルやアドルノの試みとは正反対の方向に向かっている。Martin Heidegger, *Kant und das Problem der Metaphysik*, Fridrich Cohen, 1929, S.152-163. 門脇卓爾ほか訳『カントと形而上学の問題』ハイデガー全集三、創文社、二〇〇三年、一五九～一六九頁。

(38) Karl Marx. *Das Kapital, Kritik der politischen Ökonomie*. Karl Marx, Friedrich Engels Werke, Dietz Verlag, 1867(1979), S.62. 向坂逸郎訳『資本論（1）』岩波文庫、一九六九年、八九頁。

(39) Žižek, *op. cit.*, p18. 同書、三二頁。

(40) 現象世界の只中に現れた抽象的無限である貨幣は、仲正が指摘するように「人間が、自己の身体的な制約を越えて、〈生活＝現存在〉を拡張していくプロセスにおける主導的メディア」であり、このメディアに接続することで「ファウスト的衝動」が生じ、「無限なるもの＝神が創造したのとは別の〈存在〉の領域を構築する」ことになる。仲正昌樹「ゲーテと近代の錬金術」『貨幣空間』情況出版、二〇〇〇年、一一～三九頁。その衝動は、中沢も指摘するように「数学的無限に向かって、貨幣の増大をおこなっていこうという欲望」である。また、中沢によれば、この貨幣の生み出す「数学的無限」の概念が、一と多が一体である「神の実無限」とは異なり、神学的な問題を孕んでいることを指摘している。中沢新一『緑の資本論』集英社、二〇〇二年、八二～八五頁。

（41）Žižek, *op. cit.*, p.17. 同書、三〇頁。ちなみに、二重の身体を有する貨幣というスキャンダラスな存在は、キリスト教的思考にとっても一大事である。というのもマーク・シェルが言うように、貨幣は、「その価値が普遍的に等価で、また、神人イエスがそうであるように、観念的なものと現実的なモノを同時に顕現させるからである。貨幣は、こうして、権威と実体、精神と物質、魂と肉体の顕現として理解される」ことになり、そして「困ったことに、こうした特徴から、貨幣はキリスト教に接近し、競合する原理となる」からである。Marc Shell, *Art & Money*, The University of Chicago Press, 1995. 小澤博訳『芸術と貨幣』みすず書房、二〇〇四年、六頁。

（42）Žižek, *op. cit.*, p.18. 同書、三一～三二頁。

（43）Louis Althusser, *Sur la reproduction*, Presses Universitaires de France, 1995, p.221. 西川長夫・伊吹浩一・大中一彌・今野晃・山家歩訳『再生産について—イデオロギーと国家のイデオロギー諸装置』平凡社、二〇〇五年、二五九頁。

（44）実際に紙幣がただの紙切れであることは誰だって知っている。とはいっても、それがあたかも価値があるように扱い、支払わないわけにはいかない。というのもジジェクに言わせれば、近代人は、「理論上ではなく、実践的な物神崇拝者」なのであり、考える以前に実践的な物神崇拝に巻き込まれているのである。思考の力だけでは、この崇拝ゲームから降りることはできない。Žižek, *op. cit.*, p. 31. 同書、五〇頁。

（45）ヴァルター・ベンヤミン、三島憲一訳「宗教としての資本主義」『現代思想』第三二巻　第四号、二〇〇四年、一七〇～一七五頁。

第五章　リチャード・ローティにおける「公的／私的」区分

――ローティから見たフーコー――

権　安理

はじめに

ローティから見たフーコー。これが本稿のテーマである。その理由は、ローティのスタンスの独自性とジレンマが、そこに同時に示されていることにある。

ポストモダン・ブルジョア・リベラリズム（Postmodernist Bourgeois Liberalism）――ローティは自らのスタンスを、端的にこう表現する。ポストモダンでありながら、ブルジョア・リベラリズム、すなわちある種のモダニストである、と。一見「矛盾する」立場を並列しているようにも見えるが、ローティのスタンスは、実はシンプルな発想によるものである（cf.PPV1:199）。

まず、ポストモダンであること。これは、「メタ理論」や「メタ物語」を拒否して、いっさいを言語ゲームに回収することを意味する（PPV1:198-199, PPV2:174）。言語ゲームは、実在を「映す鏡」ではない

（cf. PMN）。そこでは「真／偽」ではなく、（言語行為論の区分で言えば）「適切＝幸（happy）／不適切＝不幸（unhappy）」が問題となる。例えば、野球でキックをすれば、それは「偽」ではなく「unhappy」な行為である、というように。[1] そして、北大西洋で現在、〝われわれ〟がすでに行っている野球――ローティは、これをブルジョア・リベラリズムと言っているのである。[2] ブルジョア・リベラリズムは、「制度や慣行が特定の歴史的、とりわけ経済的状況のもとで可能となると同時に正当化されることを強調する」ための呼称であり、「非歴史的なバックアップ」を必要とする「哲学的リベラリズム」と対置される（PPV1:198-199）。では、この言語ゲーム、すなわちポストモダン・ブルジョア・リベラリズムにおいて、理論や思想はどのように位置づけられるのか。

　結論から言えば、ローティは、それらを文字通り〝位置づける〟のである。〝われわれ〟が、もうすでにブルジョア・リベラリズムという言語ゲームをしている以上、重要なのは「happy/unhappy」という区分である。「啓蒙のヴォキャブラリー」や「基礎づけ主義」に依拠した、理論や思想の「真／偽」は問題ではない。むしろ、ローティは執拗に、理論・思想（家たち）に「happy/unhappy」――ローティの言葉で正確に言えば「公的（public）／私的（private）」区分――という基準を適用する。「新ぼかし主義者（new fuzziness）」（PPV1:38）を自称するローティが唯一、曖昧にしないのがこの基準である。[3] バーンスタインが指摘するように、リベラルの内実を詳細には語らないローティは、むしろ、理論・思想（家）の「公的／私的」区分をすることで、ブルジョア・リベラルな社会の外壁をその内側から形づくっていると言える。理論・思想（家）のポジションが、その社会の方向を指し示すのである。例えばローティが、脱構築を「私的」と位置づけることは、〝われわれ〟がそのような戦略を必要としない社会にいることを意

味する、というように。(4)

このような意味で、ローティは、理論・思想（家）の位置づけ作業を、自らの社会理論・思想の中心としていると言える。したがってローティは、もちろんフーコーも他の思想家と同様に「公的／私的」区分に位置づけている。だが私見では、ローティはフーコーを明確に位置づけ切れていない。なぜだろうか。このような問題意識のもと、〝ローティのフーコー〟を見ながら、ポストモダン・ブルジョア・リベラリズムという思想・時代状況の一端を示すことが、本稿の課題である。

1　権力と社会批判

ローティは言っている。「フーコー的な用法では、『権力』というタームは、われわれの言語にある全てのコトバと、われわれの社会のあらゆる制度に、消し去ることのできないシミを残してきた作用を意味する」（AOC:94）。確かにフーコーが登場して以来、権力論もしくは権力批判が社会理論や思想、哲学の主流（の一つ）になった。もし権力が、ある特定の中心——人間なり集団——に帰属することが問題であるのなら、社会理論は必要ないだろう。そこでは、その人物なり集団が権力を独占的に保持していること、すなわち一方的な抑圧構造を暴き、その転覆を目指すことが求められるからである。一般的に前者（暴露）が理論の、後者（転覆）が実践の役割とされているが、ここで理論・思想は〝社会〟を批判することよりも、権力を独占的に保持しているような権力者——それが個人であれ集団であれ——を名指す役割を担うことが期待される。つまり権力は、「主体と客体」というシェーマにおいて発動するものとみなされているので、理論・思想の役割は主体を名指し、それを客体に知らしめるということになる。ここでは、社会を問いの対象とする余地はないし、社会が理論・思想の中心的なテーマとなる必要もない。

他方で、もし権力が保有の対象ではなく、したがって「主体と客体」というシェーマにおいて発動せずに、そこから逸脱して拡散するとすれば、脱人格化・中心化された権力が発動する場、すなわち社会こそが批判の対象となるだろう。だが、このように言うと、権力が人や集団から社会（という場所）へと移動したにすぎないという印象を与えかねない。そうではなく、むしろ権力が脱人格化・中心化されたときに初めて（つまりは、それと同時に）社会なるものが理論の対象として見出されると言うべきだろう。したがって、「国王の身体刑から規律社会へ」という流れは、単に権力が可視的で中心のあるマクロなものから、不可視的で脱中心化したミクロなものへと変容したことのみを意味するわけではない。パノプティコンの原理が兵舎、工場、学校、病院……においても発動することを詳細に描き出すことこそが、それらが（監獄を象徴的な中心としながら）空間的に配置されつつ規律訓練のネットワークが形成されるような場、すなわち（規律）社会を批判の対象として浮かび上がらせるのである。

だがしかし、このような権力と社会の関係は、奇妙な事態をも生じさせる。「主体―客体」関係を想定しない以上、権力はつねにすでに発動する。ローティ曰く、フーコー的な権力は「つねにすでにあり、出入りを特定できない」。つまり、「権力は外部的であると同時に内部的である」（AOC:94）ので、（規律）社会には純粋な意味での外部というものが存在しない。もしくは、そこに外部が存在し得ないようなかたちで権力の発動する場が（規律）社会なのである。国王が権力の中心であれば、国王の気まぐれは圧倒的な暴力を意味する一方で、その不在は（一時的な）権力からの解放を意味する。だが、監視の視線の内面化と同時に主体が生成するのであれば（あるいは、「先験的／経験的」二重体として「人間」が誕生するのであれば）、脱‐権力的な時間も空間も存在し得ないことになるだろう。(5) 主体が生成するときにはいつでも従属化も起きている――subject――からである。

このような意味で、（規律）社会は、理論・思想によって「つねにすでに」批判の対象として見出されるが、そこに出口は「つねにすでに」ないものとなる。つまり、（フーコー的な）権力は社会の必要条件となっており、ローティが言うように「外部的であると同時に内部的」なのである。

したがって、フーコーを批判するものは、ここに（その理論・思想の）保守性を見出す、つまりは（大雑把かつ簡単に言えば）非‐建設的であることを非難する。例えばローティは、「ニーチェから……フーコーに引き継がれた遺産」に、モダンの「解放の企てへの拒絶」を見るハーバーマスに言及している。「ハーバーマスは、このような（ニーチェ、ハイデガー、アドルノ、デリダ、そしてフーコーといった）思想家たち――自分自身のアイロニーにのまれてしまっている理論家――が、(6) 主観性の哲学によって、ある種の帰謬法をつくりだしていると考えている」（CIS:62）［（　）内は引用者］。ローティは、ハーバーマスに半ば同意する。だが他方で、〝うがった〟見方をすれば、ハーバーマスはフーコーの権力論を誤解してもいる。ローティは次のように言っている。

ハーバーマスは、ヘーゲルからフーコーやデリダへといたるアイロニストの系譜を社会的な希望を破壊するものだとみなすが、むしろ私は、この系譜は公共生活や政治問題にはほとんど関係がないとみなしている。ヘーゲル、ニーチェ、デリダ、フーコーのようなアイロニストの理論家は、私たちが私的な自己イメージを形成するうえでは非常に価値があるが、政治に話が及ぶと、ほとんど無用であるように思われる（CIS:83）。

結論から言えば、ローティは、ハーバーマスとフーコーの間には何の関係もないと言っているのである。ローティからすれば、フーコーは「社会的」なことや「政治」には「無用」の理論家である。フーコーの理論・思想は、そもそも「社会的」なことには関係がない。また逆に、ハーバーマスはそこで「有用」かつhappy——つまりは「公的」——な理論家である。したがって、ハーバーマスはフーコーを批判する必要はない、というわけである。

2 「公的／私的」区分への位置づけ

このようなローティの視座は、先に見たような、ローティのスタンス——ポストモダン・ブルジョア・リベラリズム——と密接に関係している。そこでは、いっさいが言語ゲームに回収されるゆえ、ブルジョア・リベラルな社会には外部も出口もない。外部も出口もないということ——これはまた、〝われわれ〟が外部へと脱出できないような社会‐内‐存在であることを意味するゆえ、社会内での改良主義的なアプローチ、すなわち社会の転覆ではなく、量的改良をよしとする立場を肯定することになる。ポストモダンでブルジョア・リベラルな社会で批判的機能をもつのは、ラディカルでジャーゴンに満ちた「哲学」ではなく、量的改良に貢献するような「〈ダス・マン〉の言語」であり「平凡な日常の言語」である（cf.TTP:28）。つまり、そこでは、「哲学」は「無用」というわけである。

だが注意すべきなのは、ローティが「無用」であることを、価値がないとみなしているわけではないことである。つまり、「哲学」は「偽」で無価値なのではなく、ブルジョア・リベラルな社会においては、単にunhappyであるゆえに「私的」なものなのである（cf.CIS:62）。ローティは自らの「哲学」についてさえ、こう言っている。「形而上学と、その現象と実在の根本的区分に対する私の疑念は、政治的に言えばどうでもいいことである」（D&P:46）。「哲学」は、ただ「哲学」として価値があり、しばしば個人の（「私的」な）自己実現や自己創造に生かされるとされている（CIS:2-3）。ローティは、「哲学」を外部に放逐しない。ブルジョア・リベラルな社会において、「無用」であるが価値はある――「私的」な――ものとして回収する。すなわち「内部化された外部」として、それに相応しい位置を与えて社会の内に取り込むのである。[7]このような意味で、「公的／私的」区分は、ポストモダニストとして外部を認めず、かつブルジョア・リベラルな社会を肯定するローティ自身のスタンスに起因するし、逆に言えば、それを可能にする条件ともなっているのである。

ここでフーコーの権力論に戻ろう。ローティはそれを「社会的」なことや「政治」、つまりはローティが言う意味での「公的」なこととは無関係なものとみなしていた。だが先に見たように、フーコーは権力と社会が同時発生的であることを描きながら、外部なき社会が成立するロジックを提出している。またフーコーは、（読み書き能力などを獲得して）主体的・積極的に労働に従事する「従順な身体」、すなわち社会適合的な限りで自由に振舞うような「主体（化）／従属（化）」生成のメカニズムを詳細に記述することで、ブルジョア（社会）の成立条件を示した。このような意味では、フーコーとローティの関心は重複してもいるだろう。社会を扱うフーコーのスタンスは、例えば、ハイデガーやフッサールと対峙して形而上学を脱構築するデリダのそれとは異なる。[8]

では、なぜフーコーは「私的」な思想家なのだろうか。結論から言えば、ローティにとって、「改良」は社会内における「残酷さ」や「苦痛」の量的軽減を意味するが、(ローティに言わせれば) フーコーは (ブルジョア・リベラルな) 社会 (内) に存在することそれ自体を、「残酷」で「苦痛」なこととみなしているからである (CIS:63)。つまり、社会〝において〟批判するローティと相違して、フーコーは社会〝について〟批判するのであり、この点にこそ、ローティがフーコーを「私的」と位置づける理由がある。ローティは次のように言っている。

フーコーの著作の大部分――私の意見では、最も価値がある部分――は、以下のようなことを示している。リベラルな社会に特徴的な文化変容のパターンは、そのメンバーに抑圧を強いてきたが、それは、プレモダンの社会が夢にも思わなかったものである。だがしかしフーコーは、こうした抑圧が苦痛の軽減によって償われるとみなそうとはしない。ニーチェが、「奴隷道徳」のルサンチマンが苦痛の軽減によって償われるとはみなさないように。……〔原文改行〕……私がフーコーと違うのは、結局のところ、実際には苦痛の軽減こそがこのような抑圧を償うのだ、という主張にある (CIS:63)。

ローティは、ハーバーマスをその「基礎づけ主義」的性格において批判はするが、他方で、ブルジョア・リベラルな社会の量的改良を目指している点では評価もする。ローティとハーバーマスには、「単なる哲学的な差異」があるにすぎない (CIS:67)。つまり、ともに社会〝において〟批判するのである。これとは反対に、フーコーは社会それ自体を総体として、「つねにすでに」批判すべき対象として見出す。

「苦痛の軽減」は、フーコーには本質的な問題ではない。先に見たように、「抑圧」の要因である権力は「外部的であると同時に内部的」であり、したがってそれは「消し去ることのできないシミを残してきた作用」だからである。この点で、フーコーは極めてニーチェ的であるが、ローティは次のように言ってフーコーを批判している。「われわれリベラルな改良主義者たちはこう考える。フーコーの著作は、軽蔑的な意味合いを含むタームとしての権力と、中立的で記述的なタームとしての権力の間の壊滅的な曖昧さに満ちている」(PPV2:195)。

もし権力がいたる所に偏在しており、したがって社会の成立と不可分なのであれば、それはニーチェの「力への意志」と同じく曖昧で、批判の対象とはならないはずである。すなわち、それは「中立的なもの」である。にもかかわらず、フーコーは権力を批判の対象として見出す。つまり、権力は「軽蔑的な意味合いを含むターム」へと変換されるのである。だがローティに言わせれば、ここには飛躍がある。ローティ曰く、これは、(規律社会の)権力によってマイノリティたることを強いられてきた同性愛者という(フーコーの)「個人的アイデンティティ」を「道徳的」に拡大解釈した結果であり、このような「個人的アイデンティティ」の肥大化は、ニーチェとその末裔たちに顕著な傾向である。フーコーは「ニーチェのように、自身の自律への探求を公的空間に投企する」(PPV2:194)。したがって、ローティは当然にも一応、フーコーをポストモダンでブルジョア・リベラルな社会には unhappy なもの、すなわち「私的」であると位置づけているのである。

3　「公的／私的」区分と固有名

ローティは、フーコーに限らず様々な「哲学」者や理論・思想家たち――ニーチェ、ハイデガー、ヘーゲル、デリダ……を「公的」な有用性はないものの、「哲学」の領域、すなわち「私的」な領域における自己実現や自己創造という観点からは読むべきものがあるとしている。彼らは無価値で「偽」なのではなく、むしろ先に引いたように「私たちが私的な自己イメージを形成するうえでは非常に価値があるが、政治に話が及ぶと、ほとんど無用」なのである。政治に話が及びさえしなければ全く問題はない。つまりローティは、彼ら（フーコーたち）を社会の外部に放逐することなく、内面化された外部として位置づけ、そうすることで社会内に回収しているのだ。――ポストモダンでブルジョア・リベラルな社会では、フーコー（たち）を「私事化（privatize）」せよ。「本物であることと純粋であることを目指すニーチェ、サルトル、フーコー的な企てを私事化せよ。残酷さの回避より重要な社会的目標があるなどと考えてしまう政治的態度に転化することがないように」（CIS:65）。だが、ローティに特徴的なこの「公的／私的」区分は、そうであるがゆえに多くの批判にもさらされることになる。[9] 例えばバーンスタインは、次のように言っている。

ローティがニーチェやハイデガーやデリダやフロイトを読むときの読み方は、ただ「強い（＝強引だ）」というだけではない。その読み方は、無慈悲に暴力的である。それと言うのも、彼は、彼らの作品のなかから、われわれの公的生活に関係をもつすべての文章を削除したいと思っているからである。たとえば、彼は、われわれは今やゲシュテル——技術の本質——の時代に生きていると述べている文章を、ハイデガーのなかからすべて破棄したいと思っている。[10]

バーンスタインが言っていることは極めてシンプルである。例えばハイデガーには「公的」で社会的・政治的な部分と、そうでない部分の双方があるので、ローティのようにあっさりと、彼らを総じて「私的」、つまりはブルジョア・リベラルな社会には unhappy な思想家とみなすことを批判しているのである。バーンスタインによれば、ハイデガーに限らず、「デリダは、まるで取り憑かれたように、倫理的および政治的な責任に関心を寄せているのに」、ローティはそれにには興味を示さない。[11] ローティの「公的／私的」区分は「強引」であり、ハイデガーやデリダなど多くの思想家たちの「公的」な要素を排除することで可能となっているに過ぎない。どの思想家にも「公的」な要素も「私的」な要素もあるはずだ、という極めて真っ当で素朴な批判をしているのである。[12]

またクリッチリーも、別の角度からバーンスタインと同様のローティ批判をして、かりに「公的と私的、リベラリズムとアイロニーを区分するようなローティ自身による基準」を受け入れたとしても（もっともクリッチリーはそうしたくはないのだが……）、デリダはむしろ「公的」である——脱構築は正義である！——と言っている（D&P:36)。

バーンスタインの素朴な批判の是非を問わず、またローティに肩入れして、あらゆる二項対立を文字通り脱構築する〝脱構築派〟のジャーゴンを不問にしたとしても、彼らの批判をコンスタティヴにではなくパフォーマティヴに受けとると極めて興味深い。なぜなら、ここでローティを批判してデリダらを擁護するバーンスタインとクリッチリーは（恐らく意図せずに）、ローティの「公的／私的」区分のモチーフが、固有名をいかに割り振るのかという点にあることを示唆しているからである。そうでなければ、バーンスタインが考えるように、単に例えばデリダの「公的」部分と「私的」部分を分ければいいし、それで批判は回避されることだろう。

だが、ローティは固有名にこだわる。ローティは、「マルクス、ミル、デューイ、ハーバーマス、そしてロールズのような作者」を「公的」、つまりは happy なものとして位置づける。彼らは「範例というよりも、市民仲間である」。他方で「キルケゴール、ニーチェ、ボードレール、プルースト、ハイデガー、そしてナボコフといった作者」は「私的」、つまりは unhappy なものとして位置づけられる（CIS:xiv）。ローティにとって、〈固有名＝作者〉には必ず、「公的／私的」区分にしかるべき位置があるし、〈固有名＝作者〉の区分それ自体が「公的／私的」、すなわちブルジョア・リベラルにとっての「happy／unhappy」を決定するのである。「バザール」では「ロールズ」を、「クラブ」では「プルースト」を。「ウィークデイ」には「ミル」を、「ウィークエンド」には「ニーチェ」を。〈固有名＝作者〉の位置づけが時空を区分する。つまりは、〈固有名＝作者〉の位置どりが、ポストモダンでブルジョア・リベラルな社会における、〝われわれ〟の〝社会的〟な営みが何であるのか（あるいは、何でないのか）を指し示すのである。

ただし興味深いのは、ローティ自ら、この区分（という規則）に例外を設けていることである。その例外は、他ならぬフーコーに適用される。ローティは、バーンスタインやクリッチリー的な批判を先取りするかのように、フーコーを区分する。つまり、フーコーという〈固有名＝作者〉それ自体が分けられるのである。ローティはデコンブによりつつ、フーコーを次のように二区分している。一つは、「純粋に人間的なタームで自律を定義しようとする」ような「アメリカのフーコー」。もう一つは、「自律のプロジェクトのために、非人間的思考を要請し、われわれ市民仲間と信条を共有しようと苦心することが全くない」ような「完全にニーチェ的」な「フランスのフーコー」である（PPV2:193）[13]。

このようなローティの〝フーコー区分〟は、当然のことをしているようにも見えるが、バーンスタインやクリッチリーのローティ批判を見た後では、いささか違う印象を与えるだろう。バーンスタインが言うように、「強引」な読みでデリダを〈固有名＝作者〉として分割せぬまま位置づけたのと相違して、フーコーの名は分割される。つまり、ローティはフーコーにだけは、〝普通〟の対応をしているのである。そして、このことは逆にローティがフーコーをもて余していること、すなわちフーコーの名はローティ的区分に位置づけられ切れず、このような意味でフーコーには、ポストモダンでブルジョア・リベラルな社会の内部にも内面化された外部（としての内部）にも居場所がないことを示しているのではなかろうか。フーコーは、「公的／私的」区分の、さらにはポストモダン・ブルジョア・リベラリズムの例外なのである。だからこそ、フーコーという〈固有名＝作者〉は分割され得るし、実際にそうされている。ローティは、フーコーに「強引」ではなく〝普通〟の対応をして、「公的／私的」区分に回収しようとするのである。

だが他方で、ローティはデリダたちに対するのとは違った意味での「強引」な態度をフーコーには見せ、追い討ちをかけてもいる。以下でこのことを、詳細に見ていこう。

4 「公的／私的」区分と「顔」

まず伏線として、ローティによるニーチェとデリダの位置づけを（再度）確認しよう。脱構築派の後押しがあり、自ら「脱構築は正義である」と言うデリダ。そして、「フランスのフーコー」の特色を示すときに真っ先に名を挙げられたニーチェ。だがローティは、脱構築や超人ですら、あっさりと「公的／私的」区分に回収する。確かにニーチェは、ブルジョアでリベラルな社会を総体として批判するが、その語り口（ヴォキャブラリー）ゆえに「文学」のレッテルを貼り、「私的」な領域に位置づけることが比較的容易に可能であるとローティには思われるのだろう。ニーチェは「非人間的」でありすぎるゆえに、かえってローティに回収される。他方で、デリダにいたっては「希望に満ちている」（D&P:13）ともされ、その点でローティは大いに共感してさえいる。

だがしかし、フーコーは違う。ローティは言っている。「フーコーとデリダには大きな違いがある。デリダが感覚的で希望に満ちていて、ロマンティックなほど理想主義的な書き手であるのに対して、フーコーは社会の希望や人間的な感情を抱くことがないように努めているように見える。デリダが『顔をもたないように』書くことは想像できないが、ニーチェについてもそう言える」（D&P:13）。つまりローティは、フーコーには、デリダ、ニーチェにすらある「顔」がないと言っているのである。フーコーには「顔」がない。このことは何を意味するのだろうか。ローティは次のようにも言っている。

フーコーは、現代社会の諸問題から何光年も離れた視点から書くようなふりをする。フーコー自身の社会改革への努力（例えば刑務所に関する）は、フーコーが刑罰の改革への「人道的」アプローチが近代国家のニーズと結合している様式を示したこととは何の関係もないように見える。フーコーを、現在の社会秩序に関心をもった批判者というよりも、禁欲的で冷静な観察者として読むには、心の目で一瞥すればよい。……フーコーの著作の極端な無味乾燥性は……、いかなる社会的文脈にも、いかなるコミュニケーションにも同一化しないことに起因する。かつてフーコーは、「顔をもたないように」書きたいと言った。……フーコーの書き物には「われわれ」という言葉が見出せない。多くのフランスの同時代人の書き物と同様に（PPV2:173-174）。

ローティはここで、「われわれ」という言葉の有無を「社会的文脈」に帰属することのメルクマールとしており、したがって、「われわれ」（という言葉）のないフーコーを「無味乾燥」と評しているのである。これには、実はフーコー自身が返答している。「……『われわれ』は問いに先行すべきではない。それは、定式化された新しいタームにおいて提起された問いの――必然的に一時的であるような――結果としてのみ可能である」[14]。バーンスタインもフーコーを援護し、ローティが「われわれ」を実体的に措定している（部分が多々ある）として、ローティを批判している。「ローティは……彼自身が、われわれの共有された信念や歴史的遺産といったものを援用するときには、彼は、まるで少なくとも歴史的な事態というものがあるかのように語ってしまっている」[15]。

だが私見では、ここでのローティとフーコー／バーンスタインの議論は噛み合っていない。ローティの言う「われわれ」は、いかにそう見える部分があったとしても（実際そう見える部分が多々あるのも事実ではあるが……）、ローティが表象図式（＝「視覚的メタファー」）を退けている以上（cf. PMN）、コンスタティヴに「映す」＝記述されたものではなく、言語ゲームにおいてパフォーマティヴに示されるものと考えるべきであろう。このことは、フーコーの返答に対するローティのコメントに端的に示されている。「新たな『われわれ』を構築することは、実際のところ、正しい問いをすることで可能となるという点で、私はフーコーに同意する」（CIS:64）。むしろ、実体的な「われわれ」を批判することにおいては、ローティも「多くのフランスの同時代人」も共通するのである。

したがって重要なのは、「社会的な文脈……に同一化」した「書き手」としての「われわれ」か、それとも「われわれ」を使わない「無味乾燥」な「書き手」としての「観察者」なのか、という問題設定とは違う次元でのフーコーの特異性なのではなかろうか。あるいは、フーコーに「顔」がないことや、「現代社会の諸問題から何光年も離れた視点」をとっているように見える要因を、一人称複数記述ではなく客観記述することのみに還元して良いのだろうか。〝われわれ〟は、まさにローティをパフォーマティヴに読む必要があるだろう。ローティは次のように言っている。

> 「書物」はテクストにとって代わられるだろうという予言はしたが、デリダは注釈を加えるテクストの背後にいる偉大な作者に敬服する。つまり、デリダ自身と彼らが作者であることには何の疑いももっていない。……〔原文改行〕……フーコーが超然であろうと努めるのと反対に、デリダは対象としているテクストの力に身を任せる。シニカルな孤立という言葉でフーコーの物語を余すことなく伝えることはできないが、それはフーコーの物語の代替不可能な部分ではある（D&P:13-14）。〔強調は引用者〕

ここでローティは、フーコーの「代替不可能な部分」、すなわちその独自性に触れているが、その内実について多くをポジティヴに語ってはいない。だがしかし、これまでの本稿の考察から、そしてこの引用から、ローティを戸惑わせるようなフーコーの独自性を読みとることができるのではなかろうか。

まず、この引用部分。明らかに『グラマトロジーについて』を意識したこの部分で、ローティは、「書物」「テクスト」「作者」といった「フランスの同時代人」的なタームを配置する。『書物』はテクストにとって代わられるだろうという予言はしたが、デリダは注釈を加えるテクストの背後にいる偉大な作者に敬服する」[16]。ローティもまた同様であろう。ただしローティの「敬服」は、「書物」「テクスト」「作者」「書き手」を直線的に結合させることで可能となっている。

ローティは先に見たように、〈固有名＝作者〉にこだわり、それを「公的／私的」に「強引」に位置づけていた。このことは、ローティが「作者」の固有性をテクストの集合＝集積とみなしていることを意味し、逆に言えば、〈固有名＝作者〉はテクストの集合に余すことなく還元されることを示していよう。例えば、「ハーバーマス」という固有名は、ブルジョア・リベラルな社会に happy なテクストの集合であり、それ以上ではない。あるいは、「デリダ」は「より専門性の高い初期の仕事と、著述がよりエキセントリックで私的かつ独創的である後期の仕事」（CIS:123）に区分でき、「後期の仕事」の方が（「私的なジョーク」として）わかりやすいと評価はされるが（CIS:125）、いずれにしても「公的」なものではない。つまり、「デリダ」は「私的」なテクストの集合体であり、それ以上ではない。だが他方で、このことこそが「偉大な作者への敬服」を可能ともする。固有名はテクストとストレートに結びつき、それゆえテクストの背後には、「敬服」すべき「作者」が存在することになるのである。

だがしかし、フーコーは違う。フーコー（という名）は分割される。ローティにとって、フーコーはテクストの集合としての〈固有名＝作者〉となり得ない〝何ものか〟なのである。フーコーという名には、テクストの集合には還元できない余剰が含まれている。それゆえにローティは、他の〈固有名＝作者〉と相違してフーコーを区分することができるし、他方で、フーコーには（「作者」としての）「顔」がないことを批判するのではなかろうか。

ここで先の引用に戻ろう。ローティは次のように言っていた。「フーコー自身の社会改革への努力（例えば刑務所に関する）は、刑罰の改革への『人道的』アプローチが近代国家のニーズと結合している様式を示したこととは何の関係もないように見える」。

ローティが言っていることは明快である。要するに、フーコーにおいては、〈書いていること＝理論・思想〉と〈やっていること＝行為（action）〉が一致しない、つまりは乖離している（とローティには思われる）と言っているのである。[17] ローティにとって、例えば「初期デリダ」と「後期デリダ」の乖離は本質的ではない。どちらもテクストであり、その背後には「敬服」すべき「作者」がいる。その前提のもとで、ローティは「後期」に共感するのである。だが、『監獄の誕生』と、フーコーの行為《アクション》の乖離は、ローティにとって本質的――おそらくより正確には存在論的――なのだろう。テクストの集合＝集積に還元されないフーコーの行為《アクション》。ローティ自身が書いているように、フーコーは「社会改革への努力」をしているにも関わらず、いかなる「社会的文脈」にも属していない「書き手」、すなわち「作者」としてローティに批判されるのである〔強調は引用者〕。このことはまさに、ローティにおいては、「作者」という立場のみが「公的／私的」区分に位置づけられる、逆に言えば、「公的／私的」区分されるのはテクストとその背後の「作者」、すなわちテクストの集合としての〈固有名＝作者〉であることを意味するだろう。つまり、ローティにおいて問題となるのは、テクストの社会性なのである。

だが、行為《アクション》をするフーコーはテクストの集合ではない。したがってそれは、テクストの背後の「敬服」されるべき「作者」でもない。だからフーコーは、ローティにもて〝余される〟。つまり、フーコーの名がテクストの集合以上の余剰を示してしまうので、「公的／私的」区分およびそれと連動するポストモダンでブルジョア・リベラルな社会においては、フーコー（という名）は常軌を逸しているのである。――ローティがもて〝余す〟フーコー。ポストモダン・ブルジョア・リベラリズムの余剰としてのフーコー。結局のところ、これは以下のようなことを示すのではなかろうか。

ポストモダンでブルジョア・リベラルな社会は、テクストの集合＝集積で成立する社会であり、したがって、ポストモダンでブルジョア・リベラルな社会は、行為《アクション》をもて〝余す〟。つまり逆に言えば、行為《アクション》があり得ない社会を、〝われわれ〟はポストモダンでブルジョア・リベラルな社会と呼ぶのである。ローティは、フーコーが「われわれ」と書かず、したがって「社会的文脈」に属さないことを批判したが、このことはまた、ローティの「公的／私的」区分が、社会をテクスト化していることを意味するだろう。つまり、「十八世紀の曲がり角で古典主義時代的思考の地盤がくつがえされる」[18]ことで誕生した「人間」の末裔は行為《アクション》ができないし、できなくても良いということを、〝ローティから見たフーコー〟は示して（しまって）いるのである。このような意味で、ローティ（の理論・思想）とフーコー（の理論・思想）は、ポストモダンでブルジョア・リベラルな社会――〝われわれ〟の社会――における、決して向き合うことがないような二つの「顔」なのであろう。

◉引用略号一覧

以下の著作に関しては、略号を用いて略記（略号：原書頁数）した。

PMN: Richard Rorty, *Philosophy and the Mirror of Nature*, Princeton University Press, 1979. 野家啓一監訳『哲学と自然の鏡』産業図書、一九九三年。

――, *Contingency, Irony, and Solidarity*, Cambridge University Press, 1989. 齋藤純一ほか訳『偶然性・アイロニー・連帯――リベラル・ユートピアの可能性――』岩波書店、二〇〇〇年。

PPV1: ――, *Objectivity, Relativism, and Truth: Philosophical Papers vol.1*, Cambridge University Press, 1991.

PPV2: ――, *Essays on Heidegger and Others: Philosophical Papers vol.2*, Cambridge University Press, 1991.

TPP: ――, *Truth, Politics and 'Post-Modernism'*, Van Gorcum, 1997.

AOC: ――, *Achieving Our Country: Leftist Thought in Twentieth-Century America*, Harvard University Press, 1998. 小澤照彦訳『アメリカ　未完のプロジェクト』晃洋書房、二〇〇〇年。

D&P: Chantal Mouffe(ed.), *Deconstruction and Pragmatism: Simon Critchley, Jacques Derrida, Ernesto Laclau and Richard Rorty*, 1996. 青木隆嘉訳『脱構築とプラグマティズム』法政大学出版局、二〇〇二年。

◉注

（1）これはオースティン言語行為論における「パフォーマティヴな言明」で問題となる基準であり、ローティ自身が「適切＝幸（happy）／不適切＝不幸（unhappy）」という区分を用いているわけではない。だがこの基準は、「真／偽」から「有用／無用」へと転換するローティ（あるいはプラグマティズム）の立場を表現するのに有効であると思われる。J・L・オースティン、坂本百大訳『言語と行為』大修館書店、一九七八年。

（2）岡本裕一朗は、「現代のポストモダンを理解するには、リベラリズムが最適なのだろうか」と問いかけたうえで、七〇年代のリベラリズムが「ポストモダンなリベラリズム」に、リバタリアニズムが「ポストモダンなネオリベラリズム」に変化したことを指摘している。岡本祐一朗『ポストモダンの思想的根拠　9・11と管理社会』ナカニシヤ出版、二〇〇五年、第三章。

（3）Richard J. Bernstein, *The New Constellation*, Polity Press, 1991, p.238. 谷徹、谷優訳『手すりなき思考』産業図書、一九九七年、三七二頁。ローティ自身はリベラルに関して次のように言っている。「残酷さこそが、われわれがなし得る最悪な事態であるとみなす人々がリベラルである」（CIS: xv）。なお、ローティの「残酷さの回避」と解釈学的アプローチの関係については、以下で論じた。権安理「日常性と声——ローティからの展開——」『ソシオ　サイエンス』vol.10、早稲田大学大学院社会科学研究科、二〇〇四年。

（4）ローティは、デリダ自身というよりも、アメリカの脱構築派——「アメリカのデリダ・ファン」——に対しては辛辣である（cf. D&P: 19ff.）。

（5）現在では、ドゥルーズの「管理社会論」の影響下で、日本でも、規律訓練とは相違する権力の形態（例えば「環境管理型権力」や「テーマパーク型権力」など）が、（フーコーの言う）「生・権力」との関連で検討されている。ただし、その相違は、権力が「主体」を介して発動するのか、そうでないのかという点にあり、権力に外部はないという点では違いはないと思われる。「環境管理型権力」と「テーマパーク型権力」については、それぞれ以下を参照。東浩紀・大澤真幸『自由を考える——9・11以降の現代思想』ＮＨＫブックス、二〇〇三年。稲葉振一郎『モダンのクールダウン』ＮＴＴ出版、二〇〇六年。

（6）より詳細に引用しよう。この点に関連して、ハーバーマスは次のように言っている。「つまり、ニーチェの後継者たちは、カントに始まった哲学的近代論〔モデルネの哲学的ディスクルス〕に当初から内在している反哲学的なディスクルスが、近代の原理としての主観性に対して決算を行っていることを目に留めていない。意識哲学の根本概念にあるアポリアに対して、フーコーは『言葉と物』の最終章で慧星な診断を下しているが、このアポリアこそ、じつはシラーやフィヒテ、シェリング、そしてヘーゲルによってすでに同じような分析が加えられていたところである。……だが、権力理論もこのアポリアを抱えた状況からの脱出の道を示しえないことが明らかとなった現在、モデルネの哲学的ディスクルスがたどった経緯をその出発点まで遡ることが望ましいことだと思われる」。J・ハーバーマス、三島憲一ほか訳『近代の哲学的ディスクルスⅡ』岩波書店、一九九九年、五二二頁。

（7）「内部化された外部」という表現は北田暁大による。北田は、ローティのプラグマティズムについて「外部をつねに内部化された外部へと翻訳する関数を思想体系に組み込んでいる」と指摘している。北田暁大「『徴候』としてのリチャード・ローティ」『理戦』74、実践社、二〇〇三年、一〇四頁。

（8）したがって例えばハーバーマスは、フーコーよりもデリダに対して手厳しい。ハーバーマス、前掲書。

（9）ローティの「公的／私的」区分に関しては、「個人的なことは政治的なことである」と言うフェミニズムや、脱構築派など様々な立場から批判されているが、それに関する議論については、以下を参照。極めて詳細に整理されている。渡辺幹雄『リチャード・ローティ――ポスト・モダンの魔術師――』春秋社、一九九九年、二三九頁以下。

（10）Bernstein, *op. cit.*, p.286. 訳書、四四八頁。

（11）*Ibid.*

（12）この点に関して、三島憲一は極めて辛辣であり、「……哲学は文学として私的に使用すべきで、公的政治の場に持ち出さないで欲しい、という棲み分けの提案も、実際にはそれができないからこそ彼が本を書いているわけで、こんな退屈で単純な思考のミスに富んだ本は滅多にない」と『偶然性・アイロニー・連帯』を評している。三島憲一「終極の言語のメタファー化と戦闘的リベラリズム――ローティの二つの本をめぐって――」『思想』No.929、岩波書店、二〇〇一年、五四頁。

（13）ただし「フランスのフーコー」が大部分を占めるとされてはいる（PPV: 193）。

（14）Michel Foucault, "Polemics, Politics, and Problematizations: An Interview with Michel Foucault" in Paul Rabinow(ed.), *The Foucault Reader*, Pantheon, 1984, p.385.

（15）Bernstein, *op. cit.*, p.247. 訳書、三八五頁。

（16）これはまた、フーコーと相違して「哲学史」において語るデリダの特徴でもあるだろう。ローティは次のように言っている。「デリダはハイデガーに熱心に取り組む、ハイデガーがニーチェに取り組んだのと同様に。いずれも、尊敬すべき先駆者の最も理解ある読者であると同時に、痛烈な批判者でもある。ここで先駆者とは、多くを学び、乗り越えなければならない人物である」（CIS: 122）。同様にローティも、西洋哲学史に「取り組み」（cf. PMN）、デューイの後継者であることを自称する（cf. AOC）。

（17）ここで「行為（action）」という言葉は、もちろんアーレントを意識している。アーレントは近代を「社会的なるもの」（the social）が勃興した時代としたが、それには大きく二つの特徴がある。一つは、それが経済的な問題が中心を占める領域であること、もう一つは、それが全面化していることであり、この二つは密接にリンクしている。アーレントが範とする古代ギリシアには、（もちろんローティの区分とは無関係な）「公的／私的」区分が存在した。私的領域は家族や家計、すなわちオイコスの領域であり、公共的領域は政治の領域、すなわちポリスというように。だが近代になって、家計が私的領域から解放されて公共の関心事となったとき、「公的／私的」は崩壊し、国民国家大の家計、すなわち「社会」が勃興する。「社会」の問題はつねにすでに「胃袋」、つまりは経済的なものであり、したがって「社会」は、アーレントにおいては画一化した経済社会として見出される（Hannah Arendt, ***The Human Condition***, 2nd ed., University of Chicago Press, 1998[1958], p.38ff. 志水速雄訳『人間の条件』ちくま学芸文庫、一九九四年、五九頁以下）。そして、その「社会」において、人々は予測不可能な「行為（action）」ではなく、「行動（behavior）」をする。「以前には家族が排除していた行為の可能性を、今度は社会が排除しているというのは決定的である。行為の可能性を排除しているかわり、社会は、それぞれの成員にある種の行動を期待し、無数の多様な規則を押しつける。これらの規則はすべてその成員を『正常化』し、彼らを行動させ、自発的な行為や優れた成果を排除する傾向をもつ」（*Ibid.*, p.40. 訳書、六四頁、訳語一部変更）。このような意味で、アーレントの描く「社会」はブルジョア・リベラル的であるが、それに対する評価はフーコーに近い。ローティが（ブルジョア・リベラルな）社会にむしろ多様性を見て評価するのに対して、アーレントは画一性を見て、そこでの営為を「行動」と呼んでいるのである。言葉遊びのようではあるが、このことは例えば、ローティが『哲学と自然の鏡』で「認識論的行動主義（Epistemological Behaviorism）」を「このタームが少しばかり重荷にならなければ、端的に『プラグマティズム』と呼ぶこともできよう」と言っていることを鑑みると興味深い（PMN: 176）。問題なのは、「行為（action）」と「行動（behavior）」の違いなのである。なお、フーコーとアーレントの共通点と相違点に関しては以下を参照。齋藤純一『公共性』岩波書店、二〇〇〇年、五二頁以下。

（18）M・フーコー、渡辺一民・佐々木明訳『言葉と物——人文科学の考古学——』新潮社、一九七四年、四〇九頁。

第六章　現代における自由と複数性への可能性

合田香奈子

はじめに

現代社会において「自由である」とは、どのような状況をさすのか。福祉国家という枠の内部で生活し、また高度な技術や医療の恩恵を受ける中で、われわれは現在、少なくとも外的な権威によって自由が脅かされているわけではない。けれども、多様なライフスタイルが許容される状況にあるからといって、必ずしも自由を享受しているとは言い切れない。というのも、実際に何かを選択するのは、固有の文脈に位置づけられた個人であるため、そこには様々な物質性をともなった制約が存在するからである。

つまり、自己決定をなす自律的な主体にとって「多様な選択肢」とそれへの「選択の自由」が開かれているとしても、固有の文脈の中で生活する人々にとって、実際の自由の行使はなんらかのかたちで制約されたものとなっているのである。であるならば、外的な抑圧から免れていることを「自由である」と捉えてしまうと、実際に何かを「選択し決定する」という場面で不自由を感じたとしても、それを考慮することができなくなってしまう。その結果、たとえ選択の幅が個人によって異なるとしても、それは個人の能力や努力不足という「自己責任」に帰せられてしまうことになる。

さて、近年の技術の進歩とその展開は、ますます人々の生活の内部へと入り込んでおり、もはやそれなしでは、生命活動も含めた日常生活は成り立たなくなっている。技術によって日常生活が支えられているということだけでなく、生殖技術や臨床医療の高度な発達は、自己の生や身体に関する新たな選択を強いるものであるといえる。

こうした事態は、人々の「自己決定」を二つの意味で困難にしてきている。ひとつは、U・ベックが指摘するように、人が技術に依存すればするほど、そのリスクの不確定性は増大し、結果として自己決定における主権性を喪失するという事態があるという意味である。[1] もうひとつは、技術が身体や親密圏に深く入り込んでくることで、これまで選択や自己決定の対象とされてこなかった事柄について自己決定を迫られるという意味である。これは、生殖技術や臨床医療などの普及により、身体やアイデンティティなどの人格に関わることに対して、自己決定を迫られるということを意味する。

つまり人々は、一見、さまざまな選択肢を享受しているように見えて、それが自己の根幹に関わることにまで及ぶことで、かえって自己決定の過剰や困難に直面しているといえる。さらにそこから明らかになってくるのは、これまで個人的になされていると考えられてきた自己決定が、実は他者との関係の中で行なわれる社会的なものでもあったということである。こうした問題は、自由に自己決定を下す自律的主体を前提としてしまうと説明することができないが、かといって、他者との関係性に自己決定そのものを

委ねてしまうと「自己」の自由がなくなってしまうという矛盾をはらんでいるといえる。(2)

したがって、自己決定の際には、他者との関係性において自己の享受すべきものが判断されなければならない一方で、その他者との関係性そのものが、現在の自己を相対化する余地のあるものとして捉えられなければならない。そうでなければ、どのような自己でありたいかという自己像に関わる選択肢は、現在の関係性に完全に支配されることになり、まったく存在しないことになってしまう。そこで小論では、自己を自己たらしめている関係性や、そうした関係性の中における自己決定と不自由について考察していきたい。

まず、第一節では、現代における自由の問題について概説する。それを受けて、第二節では、従来のリベラリズムの自由観とその展開について、I・バーリンの自由観とC・テイラーによるそれへの批判に依拠して検討する。それによって現代の自由の問題は、外的抑圧から免れていることを前提にしては説明できないことを明らかにする。そしてそれをふまえ第三節では、自己決定を共同体の伝統に委ねるテイラーの議論の問題点を指摘するJ・ハーバマスのコミュニケーション的自由による自由観について見ていく。さらに以下の節では関係性における自由について焦点をあて、ハーバマスの合意モデルでは問うことができない、共通世界の創出という点について検討していきたい。そこで第四節では、H・アーレントの自由観についてみていき、他者との関係性において生じる自己の複数性について考察する。それをうけて、第五節では、自己の複数性について、新たな意味を呼び込む契機を崇高なものの内にみる、J＝L・ナンシーについて検討する。

1　現代における自由の問題

ここではまず、齋藤純一の定義に従いながら、自由をめぐる問題を整理し、この自己決定の際に直面する不自由がどのような位置づけにあるのかを明らかにしたい。齋藤は自由を次のように定義する。

自由とは、人々が、自己／他者／社会の資源を用いて、達成・享受するに値すると自ら判断する事柄を達成・享受することができる、ということを意味する（ただし、他者の同様の自由と両立するかぎりでその自由は擁護される）。[3]

そして、ここから四つの規範的含意を導き出す。まず、（一）「資源」とは、財やサーヴィスなど、他に移転することのできる外的な資源だけでなく、個人の心身の能力という、他に移転することのできない資源も含まれているということ。そして、（二）自由は、人が自ら望む価値を「達成・享受することができる」ということを意味し、それが（内的／外的／制度的）資源の欠如から達成・享受できない場合、自由であるとはいえない。つまり、ここには人々が、自ら望む価値が、自らによって能動的に達成されるということのみならず、自ら望む状態を享受しうるという受動的な側面も含意される（たとえば「飢えからの自由」や「検閲からの自由」など）。さらに、（三）この「達成・享受することができる」自由とは、積極的な意味だけでなく、「他者および国家からの干渉を排して」という消極的な意味をも含んでいる。また、（四）「達成・享受に値すると自ら判断する」ということは、人の判断・選択が可能となる条件として複数の選択肢に開かれていることを意味する。[4]

では資源と選択肢があれば、自由は実現されるのか。現代において浮上してきている不自由とは、むしろあらゆる事柄が選択可能なものへと置き換えられてしまったがために、自己の身体やアイデンティティという個人性の領域に関わることにまで選択を強いられるという点にある。それは自己を自己たらしめている事柄について選択を迫られる状況だと考えるならば、「自己決定」する「自己」は、すでに固定的なもの、決定されたものと見なしてよいのかという問いも出てくる。なぜなら、身体やアイデンティティに関わる人々の独自性は、具体的な他者との関係において差異として現れてくるものであるため、それについて「主体的」に「自己決定」することは、大きな矛盾を抱え込むことになるからである。

次節ではこの問題について、リベラリズムにおける自由観とその展開に依拠しながら考察していきたい。その際、I・バーリンの自由観と、C・テイラーによるそれへの批判について検討していく。

2　リベラリズムにおける自由と主権性

従来リベラリズムにおいて、自由は多様な選択肢に開かれている状態を指すと考えられてきた。ここではまず、この自由をめぐる議論に枠組みを与えているI・バーリンの自由観をもとに、従来の自由観と現代における自由の問題の関係について明らかにし、さらに、バーリンの立場を、自由の問題を簡略化したものであると批判するC・テイラーの立場についてみていきたい。

まずバーリンは、自由の本質を次のように述べている。

「積極的」ならびに「消極的」な意味における自由の観念の本質は、あるもの、あるいはあるひと——わたくしの領域に足を踏み入れてきたり、わたくしのうえにかれらの権威を主張したりするほかのひとびと、あるいは強迫観念とか恐怖心とか神経症とか、さまざまな種類の侵入者や専制君主——を寄せ付けないでおくというところにある。(5)

消極的自由とは「干渉の不在」(non-interference)としての自由であり、積極的自由とは「自己支配」(self-mastery)としての自由である。消極的自由は、公的権力を免れて個人が多様な目的を追求する自由を意味し、積極的自由は、理想的な「真の自我」という目的を掲げて、他者支配へと「魔術的転換」(W・ジェームズ)をするというように、両者は対立する概念へと展開されていく。

バーリンは、他者支配へと向かう可能性のある、主権性の源泉としての積極的自由を批判し、人びとの生活から不可欠なものを奪ったりしないという点から、消極的自由を擁護する。彼は、全体主義の契機が、一つの目的を掲げそれに同一化することで自由が実現されると考える積極的自由観にあるとし、個人が多数の目的の中で、選択の自由を享受すべきだと考えるのである。

この消極的自由観は、価値の多元性にその究極的根拠をおいており、人間の基本的な要求は多様であって、それを調和的に満たしうるような単一の公共的選択や秩序は存在しえないというリベラリズムの基本的な立場を表しているといえる。(6) そしてこの多数の選択肢から自己の目的を選ぶことができるためには、干渉を免れた個人的自由の領域が不可欠だとするのである。(7)

だが、バーリンの自由観は、価値の多元性さえ許される状況にあれば、自由は達成されるものとするため、選択の際に直面する不自由について問題にすることができない。[8]

こうしたバーリンの立場を、C・テイラーは批判する。[9] テイラーは、消極的自由と積極的自由を、それぞれ「機会概念」（opportunity-concept）と「行使概念」（exercise-concept）として定義し直す。機会概念は、行為主体の欲求や目的を問題とせず、行為者がどのような選択肢に開かれているかを問題とする。一方、行使概念は、自分自身と自分の生に対して決定する能力を問題とする。この場合、主体が本当に望ましい選択をしうる場合にのみ、自由であるといえるのである。だが、そもそもこの二つの概念は、対立するものとして捉えられるべきではなく、主体の自己実現、すなわち「自己本来性」（authenticity）の価値を考慮するならば、機会概念も行使概念に依拠せざるをえないのだとテイラーは主張する。

つまり、自己実現という動機を考慮するなら、「自己の動機や欲求を理解すること」や「自己を統制する能力」などの内的次元の問題を無視することはできない。たとえ行為者が、どれほど多くの選択肢に開かれていようとも、それが本人にとって望むべきものでなければ、何の意味もない。翻って、自由とは、行為者にとって、望ましい選択肢に開かれており、それを選択および行使する能力をもっている場合にのみ実現されるということとなる。

バーリンは、主体形成のレベルを制度化することは、「あるべき主体」を想定する主権性につながるとして、個人的自由の領域の確保の制度化にとどまるべきと考える。だが、個人的自由の領域が確保されるならば自由に自己決定することができると前提している点で、暗黙のうちに、すでに「固有の意図をもった主体」を想定していると指摘される。[10] したがって、消極的自由もある種の自律性を前提としているといえる。積極的自由のそれが道徳性であるとすれば、消極的自由のそれは合理性であり、この合理性を形式的に保持すべきか否かが問題になっている。[11] いずれにしろ、現代的な状況のなかで自由について考えるならば、どのような主体を前提としているかという問いに直面せざるをえないのだと言えよう。

内的障害によって選択を誤る可能性があるならば、自分が自由かどうかという問題について、全面的に自分に依拠することはできない。正しく判断するためには、「第三者的推測」（second-guessing）の可能性は否定されるべきではない、とテイラーは考える。

このテイラーの立場への賛否は置いておくとしても、以下の二つの点をテイラーの指摘から読み解くことができる。まず第一に、少なくとも、個人的自由の領域を確保し選択の自由が享受されることを自由と見なすだけでは不十分であるということ、次に、自らの身体やアイデンティティが、具体的な他者との関係の中で意味をもつということの二つである。これらを考慮しなければ、自己決定の際に直面する不自由について考察することができないと指摘できよう。[12]

ところで、個人的な差異が共同体における集団的アイデンティティの中で形成されるものであり、人が何を自由と考えるかはこの集団的アイデンティティに関わってくると考えるテイラーは、自身の構想を以下のように述べている。

集団的アイデンティティの保護と、個人的自由の平等な権利とは競争関係にあり、両者が対立する場合は、どちらが優先されるべきか決定が下されなければならない。そしてこのことを踏まえるならば、平等な権利の原理は、文化的差異を考慮する政治と個人的権利を普遍化する政治という相互に対立する政治によって実現されるという。それは、差異の政治によって、個人的権利を普遍化する政治が強いる犠牲を埋め合わせようとするものである。

このようにテイラーは、後者が前提とする、法の倫理的中立性と正義の善に対する優位というものに対して異議を呈する。(13) テイラーの解釈は、個人に対する平等な尊重という原理が、個人的自由の国家による保証のみを意味するため、それによってこぼれ落ちる差異は別の政治によって補完されるべきだ、というものである。

J・ハーバマスは、このようなテイラーの主張が、リベラリズムの核心に関わる諸原理や近代的な自由概念を切り崩しかねないものであると指摘する。というのも、ハーバマスからすれば、こうした二つの政治の対立という見解は誤りであって、権利の体系がどのように生成されているかを十分理解していないために生じたものだという。それは、「各人が自分の生の計画を実現するために使うことのできる法的に保護された自律性という形式においてのみ有効」なのであり、テイラーの解釈はこの自律性の半分を無視していると指摘する。(14) つまり、人々は法の名宛人であると同時に、自らが私的な法的人格として従っている法の起草者でもあると解釈するならば、この対立は解消され、カントのいう意味での自律性を獲得することができるという。この際、公的自律は、外部から私的自律を補完するものと捉えるのではなく、内的に概念的必然性をもつものとして理解されなければならない。

そもそも「何が自由か」が問われる社会状況にあって、ハーバマスは形式的な普遍主義的立場から権利の体系を解釈する。どのような場合において平等なものが平等に扱われ、不平等なものが不平等に扱われるのか、このことについて理解するためには、そこで問題となる利益や基準が正当化される過程において、市民としての自律性を共同で行使することが求められているのだという。そうでなければ平等な個人的自由さえ享受できないはずだという。たとえ権利が実定化されていても、それが侵害されたことを訴え出なければ保護されない場面が多々あることを考慮すれば、裁判における判決のたびにその権利は問い直されているとも考えられる。ハーバマスは、そこに法における開放性を見ているといえる。[15] 次節では、このハーバマスによる諸権利の体系の解釈について詳しく検討する。

3　コミュニケーション的自由による主権性

ここでは、ハーバマスの討議理論的アプローチによる権利の再構成について見ていく。現代においては、外的な障害から免れることだけでは自由は実現されず、内的次元を考慮する必要がある。そしてそれは、行為者が内的次元における抑圧を「主体的に」判断することは可能か、という問いを生じさせる。けれども、「当人にとって何が自由か」という判断が第三者によって行なわれるならば、そこには自己決定における自己の自由は存在しなくなってしまう。そのため、差異を強調しつつも、集団的アイデンティティに差異の根拠を求めるテイラーの主張は、個人の主観的自由を抑圧する恐れがあるという点で、両義的な意味をもっているといえる。

この点をふまえつつハーバマスは、人々の関係性における公的介入の要請と自由な領域の確保は、法の制定過程を討議理論的に捉え直すことで可能となると考えている。そのような場合、法は、新たな意味体系を生成するものとしても機能するのだという。

法の実定性が意味するのは、意識的に制定された規範構造体によって、人為的に産出された社会的現実が成立する、ということである。こうした現実は、その構成要素のいちいちが変更されたり無効とされうるのであり、それゆえ取り消されない限りで実在するにすぎない。実定法の妥当性とは、変更可能性という点から見れば、無効になる可能性がつねに存在しているにもかかわらず、特定の規範を有効であり続けさせる意志の、純粋な表現であるように見える。(FuG57=57)[16]

では、その法制定過程を討議理論的に解釈し直すこととはどのようなことを意味するのか。ハーバマスは、集団的アイデンティティに判断を委ねるのではなく、内的抑圧を公的に議論していく手続き的プロセスを明らかにする。そしてそれは、討議理論的なアプローチによって、主体間の相互行為を通じて生じてくる権利の体系として構想される。以下ハーバマスの構想する自由について、その核となる権利の体系を説明しながら明らかにしていきたい。

市民の私的自律は政治的自律に優越してはならないし従属してもならないのだから、こうした権利の体系は、人権の道徳的解釈にも国民主権の倫理的解釈にも還元されない。平等な主観的自由への権利が、道徳的権利として主権的立法者に対する外的制約として課されてもいけないし、そうした立法者の目的の機能的手段として道具化されてもいけない、ということを前提する場合にはじめて、人権と国民主権とに結びつけられるべき規範的直観は、権利の体系において完全なかたちで作用する。権利の名宛人と作成者が同一であるとする自己立法という理論装置を討議理論によって解釈する場合にはじめて、私的自律と公的自律が同じ起源に発することが明確になる。この場合、人権の実質は、…討議による意見形成・意思形成の法的制度化のための形式的条件を呈示する点にあるのであり、またそうした法的制度化

において、国民主権は法的形態を与えられるのである。(FuG135=132)

ハーバマスは、市民の私的自律（人権）は政治的自律（主権）に優越しても従属してもならないという。この両者を同じ起源をもつものとして考えるためには、「権利の間主観的構造と自己立法のコミュニケーション的構造を、適切に解釈することが必要」だという（FuG135=133）。そして、この両者の等根源的な関係を権利の体系に組み込むことで、抽象的な権利主体の独特の地位が生ずることになる。それは、以下のようなものである。

道徳規範は、互いに同時に具体的共同体の構成員として、また代替不可能な個人として承認された、自然人同士の間人格的関係と紛争を、規律する。道徳的規範が対象とするのは、生活史を通じて個別化された人格なのである。これに対して法規範は、法規範そのものによってはじめて産出される抽象的共同体の法仲間として承認された行為者の間での、間人格的関係を規律し、紛争を解決する。法規範もまた個々の主体を対象としてはいるが、それは、生活史によって確立された人格的アイデンティティを通じて個別化された主体ではもはやなく、法的に構成された共同体の社会類型的構成員の地位を占める能力をもつ主体なのである。(FuG143-144=141)

この抽象的な権利を導き出す権利の体系は、討議理論的解釈による法の再構成によって可能となる。このアプローチの特徴は、次の二つである。まず一つは、主体の行為自由ではなく、コミュニケーション的自由こそが基底的なのであり、そのうえで主体の行為自由を保障するものとしての主体の権利が位置づけられる。次に、人権と人民主権を等根源的なものと捉え、相互に他方を前提とするという論理構造をとることで、法と権利の体系を再構成しようとする。(17) そこでは法や権利は、主体の権利を出発点とするのではなく、行為者間の意思疎通関係を出発点とする。そして、この行為者間の意思疎通関係において生じるのが「コミュニケーション的自由」である。

このコミュニケーション的自由とは、了解を志向する行為において相互に前提されるものである。それは、相手の発言や、それにともなう間主観的承認にもとづく妥当要求に応答する可能性である。この応答する可能性とは、法的に保護された主観的自由とは一切関係のない「義務」として把握される。それは行為遂行的態度において互いに何かについて了解を得ようとし、相互になされた妥当要求への応答を互いに期待する行為者間でのみ、成立するものである（FuG152）。

このコミュニケーション的自由という義務に拘束された相互行為は、公共的使用によって「コミュニケーション的権力」を産出するという。ハーバマスは、アーレントの権力観に依拠してこの概念を展開させている。この権力は、本来誰も「所有する」ことができない権力であり、「権力は、人々が共同で行為するときに彼らの間に発生する。彼らが散り散りに分かれてしまうと、たちまちこの権力は消滅してしまう」という（FuG182）。

このモデルに従えば、法とコミュニケーション的権力は、「多くの者が公共的に同意した意見」に起源を有し、それが権力の潜勢力の発生母体として捉えられる。アーレントによれば、政治権力は、自己の利害の貫徹や集合的目標の実現のための潜勢力などではなく、正統的な法を創造し、制度を創設することで表現される正統化の力だという（FuG184）。さらに、この法と権力の自己循環過程は自足することがないという。現代社会においては、伝統的な社会と異なり、法はおのずと正統性をえることができない。ハーバマスは市民のコミュニケーション的自由の公共的使用として立法を捉えることで、法の正統性の源泉を位置づける。(18)

このようにハーバマスの場合、公的自律（主権性）と私的自律（人権）は対立するものではなく、循環的な権利の体系のうちに生成するものとして考えられる。これは、内的次元と客観的次元の自由を明確に分けることができない状況の中で、その判断をテイラーのように共同体に委ねてしまうのではなく、法制定過程での法や規範を問い直す手続きを通じて、既存の抑圧に応えていこうとするものである。

ハーバマスは主権性と人権を、討議理論的に再構成することで、法制定過程における抽象的な権利を導き出し、それによって形式的に普遍主義的な法仲間による共同体を構想する。この立場からするならば、主権性は個人に属するものとしてではなく、他者との共同のコミュニケーション過程のうちに立ち現れてくる流動的なものと捉えられる。

4　自己の複数性

アーレントは、自由を排他的で個人主義的な主権性と同一視する立場を批判し、人間の複数性（plurality）のうちに実現される自由を擁護したが、すでに見てきたようにハーバマスもまた、アーレントと同様、主権性を個人に属するものと考える立場を批判する。そして、主権性は人々の相互行為のうちに生成するものとして、それを民主主義の原理として構想している。

だが、ハーバマス自身も指摘しているように、「コミュニケーション的自由の公共的使用を主観的権利の形式で制度化しなければならないという一見して逆説的な状況のなかに、事実性と妥当性の緊張関係が存在する」。すなわち、コミュニケーション的自由の公共的使用は、それ自身は主観的な権利であるため、主観的自由の立場から行使される可能性があるのだ。

市民が、法制定の際に、コミュニケーション的自由を公共的に使用するか、個別利害に基づいて使用するかは、各個人に任されている（FuG 164-165）。そこには「自由の法的諸制度は自由に慣れ親しんだ国民のイニシアティヴがなければ崩壊してしまうという事情」があるといえる（FuG165=161、強調はハーバマスによる）[19]。したがって、ハーバマスの考察は、リベラルな政治文化が根づいた社会において、社会が徐々に断片化していく中での社会統合を、法の媒介によって確保することを試みるものと捉えられる。

そのため、そこで想定される主体というものも、リベラルな政治文化を共有し、法的に訴えかけることが可能な主体ということになる。だが、先に見たように、現代における自由の問題とは、主体的に自己決定することが困難なことについて自己決定を求められるといった矛盾の内に生じている。したがって、人々の独自性を形成するような関係性の中にまで、法的介入が行なわれることは、そうした関係性を喪失させる可能性もあり、その意義は両義的である。コミュニケーション的合理性を基準とする自律性を前提とし、新たな規範の生成過程に積極的に参加することができる主体を想定するだけでは、十分とはいえない。リベラルな政治文化を共有することは、外的視点を取り込むことを意味すると考えるならば、このコミュニケーション的合理性に依拠する立場では、自己の立場を相対化することはできても、自己を形成している関係性そのものを問うことができるかは疑問である。

そこでここでは、同様に排他的な主権性への批判を共有しながらも、ハーバマスが依然として前提としているような共通世界そのものの喪失に危機感を抱き、コミュニケーションを可能とする共通基盤の創出について考察したアーレントの自由観について見ていきたい。[20]というのも、共通感覚に依拠して、他者のパースペクティヴを自己へと取り込むことが可能だと考えるアーレントの立場は、法の制定過程において他者のパースペクティヴを取り込むというハーバマスの立場では説明することができない、「自己の複数性」について説明していると考えられるからである。アーレントによれば、自己とは一義的な存在ではなく、他者との関係性の中で多様なアイデンティティを付与される存在だといえるのである。では以下、詳しく説明していこう。

まず、アーレントの自由観について確認しておきたい。アーレントは、近代の「社会的なもの」(the social)の領域の拡大とともに、経済学や統計学が発達し、生命過程が公的領域に入り込むことで、自由は、自由意志による選択の自由と同一視され、人々から共通の世界を構築する自由を奪ったのだと批判する。

一九世紀、二〇世紀の政治学や社会科学の台頭は、自由と政治の不和をさらに拡大した。というのは、統治――近代初頭以来、政治的なものの領域はそれに尽きるとされてきた――は、いまや、自由というよりは生命過程、つまり社会や個人の利害の後見人と見なされるようになったからである。依然として安全が決定的基準であるにしても、それはもはや、ホッブズのいう「暴力による死」に対する個人の安全ではなく、社会全体の生命過程を妨げなく展開させるための安全であった。社会の生命過程は、自由と結びつくのではなく、それ自身の内在的な必然性に従う。この生命過程を自由と呼びうるとしても、それは、自由に流れる川といった表現の意味でしかない。[21]

アーレントは、自己における一義的なアイデンティティという考えを退け、人々の人格やアイデンティティが、複数の他者との具体的な関わりの中で形成される予測不可能なものであるとしている。そのため、複数の人々へと開かれてあることが、自己の内部における複数性をもたらすと考える。このような考えは、法制定とは異なるレベルで、内的次元への抑圧に対する批判的視座を与えており、人々の関係性そのもののうちに、現在の自己を相対化し、異なる自己像を呼び込む契機をも含んでいる。そのような契機は、自己のアイデンティティ形成がなされる独自の文脈さえも相対化し、他の文脈に開かれる可能性をもつ自由へと繋がっている。

さらにアーレントは、自由と主権性を同一視する立場を次のように批判している。

もし本当に主権（sovereignty）と自由（freedom）が同じものであるならば、実際、人間は自由ではありえないだろう。なぜなら、主権というのは、非妥協的な自己充足と支配の理念であって、ほかならぬ複数性の条件と矛盾するからである。だれも主権をもつことができないのは、地上に住むのが一人の人間ではなく、多数の人間だからであって、プラトン以来の伝統が主張しているように、人間の体力に限界があり、したがって他人の援助を必要とするからではない。（HC235=368）[22]

西洋思想の伝統の中では、人間が主権的ではないという条件を克服し、人格の犯すべからざる完全さを獲得することが目指されてきた。だがその行き着く先は、自らの主権性と他者の主権性の対立からくる他者支配か、世界を他者が存在しないかのような想像上の世界と見なすことにつながる。アーレントはこうした自由と主権性の同一視は、人々が異なるパースペクティヴをもって出会うことを妨げるとして批判する。

そして、アーレントは、古代ギリシアのポリスにおける「活動」(action)を、自己を相対化し複数の可能性に開かれる自由の理想像とする。「活動 action とは、物あるいは事柄の介入なしに、直接人と人との間で行なわれる唯一の活動力であり、複数性という人間の条件、すなわち、地球上に生き世界に住むのが一人の人間 man ではなく、複数の人間 men であるという事実に対応している」(HC7=20)。そして、「自由は、他者に聞かれる言葉に、他者に見られる行いに具体化され、そして語られ記憶されて物語に転換され、最終的には人間の歴史という偉大な物語の書に書き加えられる出来事に具体化される」のだという。[23]そうした活動や言論を通じて、人々はユニークな人格的アイデンティティを明らかにし、独自の存在として現れることを可能にするという。

人々は活動と言論において、自分がだれであるかを示し、そのユニークな人格的アイデンティティを積極的に明らかにし、こうして人間世界にその姿を現す。しかしその人の肉体的アイデンティティの方は、別にその人の活動がなくても、肉体のユニークな形と声の音の中に現れる。その人が「なに」(“what”)であるか――その人が示したり隠したりできるその人の特質、天分、能力、欠陥――の曝露とは対照的に、その人が「何者」（"who"）であるかというこの曝露は、その人が語る言葉と行なう行為の方にすべて暗示されている。それを隠すことができるのは、完全な沈黙と完全な消極性だけである。しかし、その曝露は、それをある意図的な目的として行なうことはほとんど不可能である。人は自分の特質を所有し、それを自由に処理するのと同じ仕方でこの「正体」を扱うことはできないのである。それどころか、確実なのは、他人にはこれほどはっきりと間違いなく現れる「正体」が、本人の眼にはまったく隠されたままになっているということである。（HC179-180=291-292）

したがって、自由とは、人々の共同によって実現される過程的なものであるということになる。また、そこに参加する人々は、自身が他者に対してどのように現れているかが「自己の眼から隠されている」ことから、自己によって予測不可能で決定不可能なものという意味での「自由」なのである。

人々の複数性へと開かれた自由とは、自分ひとりで獲得し「自由に処理する」ことができるものではなく、自己と他者の決定不可能な関係性の中に生成してくるものといえる。このように他者との具体的な関わりを予測不可能なものと考えることは、自己のアイデンティティを相対化し、自身を形成する独自の文脈でさえも他の文脈へ開かれていく可能性を示している。

そうした新たな関係性を生み出す契機として、アーレントは、個別的でありながら普遍的な妥当性をもつ、カントの「反省的判断力」に依拠する。美的判断は、主観的な感覚や普遍的な道徳法則に基づく判断とは違い、コミュニケーションを要請する相互主観的な判断であるという。[24]

こうした判断のもつ妥当性は、認識命題や科学的命題がもつ妥当性を有することはない。認識命題や科学的命題は、厳密に言えば判断ではない。…同様に、他の誰かを、「これは美しい」とか「これは間違っている」といった、自分の判断について同意するよう強制することはできない。…つまり、人は他の皆の同意を「せがむ」か「乞い求める」ことができるだけである。そして実際に人はこの説得活動において「共同体感覚」に訴える。換言すれば、人は判断を下すとき共同体の一因として判断を下す。(25)

この判断力とは、「共通感覚」すなわち「共同体的感覚」であり、世界が自分自身とは異なる立場に立つ人々と共有されているということを開示する能力である。こうした構想力によって、人々は普遍化可能な利害について志向するというよりは、自分自身の直接的な利害関心から距離をとり相対化することで、異なる意見をもった人々のパースペクティヴを取り込むことが可能となるといえる。

アーレントのこうした立場は、自己のアイデンティティ形成の文脈でさえも異なる文脈に開かれる可能性をもっていると指摘できる。だが、共通感覚は、共同体の成員間における普遍的判断を構想するものであり、それが「閉じた共同体」へと変質する可能性は否定しきれない。(26)

そこで次節では、閉鎖的な共同体への傾きをもつ調和的な美的判断力ではなく、非調和的な緊張感をともなう「崇高なもの」の判断力に、関係性を問い直す自由への契機を見るJ＝L・ナンシーの考察を見ていくことで、他者や自己に対してより開かれた自由のあり方についてさらに考察を進めていきたい。

5　崇高なものの判断力と自由

さて、これまでの考察を概略すると、現代において自己決定の際に直面する不自由とは、内的次元における差異にどう配慮するかという問題をめぐって問われているといえる。これは、社会が均質化・平等化されることによって立ち現れてきた問題であり、身体やアイデンティティといった画一化することができないもの、すなわち個人性に関わる自由の問題だといえる。[27] そして、この自由はアーレントが指摘するように、自己とは異なる他者との経験の共有によって、自分自身には主体的に扱うことができないという形で与えられるものであった。したがって、アーレントの場合には、他者のパースペクティヴを自分の内に取り込みながら新たな共通世界の創出を志向する、行為主体自身の内における動的なプロセスが、美的判断力にもとづく共通感覚に見出されている。

ここでは、このような他者に開かれるとともに個人性を重視する自由観を共有していると考えられる、J＝L・ナンシーの考察について見ていきたい。ナンシーの場合、自由とは、他者なしでは得られないという意味で、他者と自己を相互に不可分なものとして結びつける一方、それは一つの共同体に限定されない普遍性へと開かれる可能性をもつと考えられる。その際ナンシーが依拠するのは、限界的な経験において作用する、崇高なものの判断力である。

では、崇高なものの判断力に依拠した場合、どのような普遍性が想定されうるのか。[28] カントによれば、崇高なものに対する判断力とは次のようなものである。人々が「美しい」と判断する対象は、普段日常生活で慣れ親しんでいる表象形式をそなえており、形式的に限定されている。一方、崇高なものは形式をもたない対象にも見出されるものであり、その無限定性は、それを契機に表象されるが、形式をもたないにもかかわらず、その全体性を考えることができるという。

また、美が構想力と調和的であるのに対し、崇高は対象と構想力が互いに反発し合い、絶えず対象から突き放され、一致しえないものとされる。つまり、美が構想力と悟性の一致に基づく合目的性を具えているのに対し、崇高は、構想力と理性の対立によって生じる主観的な感情だという。

ナンシーによる解釈の特徴は、形式の限定性‐無限定性の〈間〉に崇高なものが生起すると考えるのではない、という点にある。限定性と無限定性の境界の向こうに、無限や絶対的なもの、表象不可能なものがあって、その否定的な呈示として崇高なものがある、と考えるのではないのである。[29] すなわち、表象不可能なものが彼方に存在するとは考えず、あるのは「限界」であり、その「限界上」に崇高なものが生起すると考えるのである。

したがって、崇高なものが表象不可能なものを否定的に呈示するのではなく、そこにおいて「表象されるもの」と「表象するもの」という二項対立が解消するのだという。そのため、崇高なものの経験とは、「呈示＝表象」の経験ではなく、「呈示＝表象が生起する」ことの経験とされる。それは構想力の限界における主観の情動であり、こうした崇高なものの経験において、自己を埋め込んでいる意味体系や関係性を根底から問い直すことが可能なのだという。[30]

この崇高なものの判断力に依拠するならば、そこで要請される構想力は、共同体的な文脈に依拠した調和的なものではなく、むしろ共同体的な文脈を疑問に付すような緊張感をともないながら、異なる文脈を導き入れることを可能にするものだといえる。そこに生じるのは「特異な空間化における、自己の外での自己への接近＝通路《アクセス》の特有な論理」であるという[31]。

アーレントの美的判断力が、調和的な普遍性を訴えかけながら、他者のパースペクティヴを現前させるものであるのに対し、ナンシーの解釈による崇高なものの判断力は、非調和的であり、現在の世界の意味体系に対して、むしろ破壊的であるともいえよう。自己を自己として形成している関係性に埋没してしまうのではなく、そこに別の可能性を呼び込むためには、一度そうした関係性や意味体系を壊すような経験がなければ、閉じられた関係性の中での他者のパースペクティヴしか現前させることはできないかもしれない。その点では、ナンシーは崇高なものという、個人的な利害を離れた普遍性をもちながら、なおかつ非調和的な判断力に、共通感覚を基盤にした共同体の閉鎖的な傾向を超え出るとともに他者との共存へと開かれた新たな自己のあり方についての構想力を可能とする契機を見出している。

むすび

小論で見てきた自由の問題をもう一度整理してみたい。それは、技術の発達によってあらゆるものが選択可能なものとなり、一見、選択の自由を享受しているかに見える状況のなかにありながら、自己の身体など、自己のアイデンティティに関わる事柄にまで選択を迫られるという矛盾した状況にあるというものであった。つまりそれは、自己を独自なものとして成り立たしめている事柄について、個人主義的に主体的に自己決定することを迫られることだといえる。だが自己の個人性は、他者との関係性の中ではじめて差異として現れてくるため、それは自由に処理することができるものではない。そうした差異をめぐる自由について、どのような議論がなされているかを見てきた。

従来のリベラリズムは、自由を多様な選択肢が許容されていることと捉えてきた。それは自由に自己決定可能な「自律した主体」あるいは「合理的な主体」を前提とするのであり、主体形成の次元については、個人の自由な目的に開かれているべきであるとし、あえて言及してこなかった。したがって、閉じられた関係性からの自由について問題にすることができなかった。

だが、近年の自由の問題が内包する矛盾によって、その「自律した主体」や「合理的な主体」という概念もまた、ある種の自律性、人間像を前提としていることが露呈してきた。そのため、主体形成の次元に関わる自由について、テイラーの「第三者的推測」やハーバマスの「コミュニケーション的自由」に依拠しながら、リベラリズムにおける自由観の展開について確認した。自由を個人に属するものとして捉えるのではなく関係性において実現するものとし、その視座を法の制定過程に反映させるハーバマスの立場は、たしかに問い直し可能であるという点で、既存の関係性に異なる文脈を呼び込むことを可能とするといえる。けれども、その法とは、法仲間による共同体に限られるものであるし、そこで前提とされる主体は、法的に訴えかけることのできる主体であった。

一方、アーレントやナンシーにおける自由概念は、決して個人が主体的に処理できるものではなく、そもそも自己に他者が組み込まれていることを前提としていた。そして、自らが組み込まれている関係性や意味体系を、相対化する契機を反省的判断力に見出し、関係性そのものにおける自由を模索するものであった。

現代における自己決定の自由が内包する矛盾について、それを主体化の次元に関わる不自由として捉えて考察を進めてきたが、アーレントやナンシーの自由観が、どのように制度化されたり、あるいは制度へと反映されたりするのかといったことについては、検討することができなかった。この課題は、次の機会に譲ることとし、ここに結ぶこととしたい。

◉注

（1）Cf. Ulrich Beck, *Risikogesellschaft : auf dem Weg in eine andere Moderne*, Suhrkamp, 1986, p.78. U・ベック、『危険社会：新しい近代への道』東・伊藤訳、法政大学出版局、一九八八年、九二頁。

（2）仲正昌樹『自己再想像の〈法〉』御茶の水書房、二〇〇五年、一三三頁。

（3）齋藤純一『自由』岩波書店、二〇〇五年、Ⅶ-Ⅷ頁。

（4）同書、Ⅷ-Ⅺ頁。

（5）Cf. Isaiah Berlin. *Four Essays on Liberty*. Oxford University of Press.1969, p.158. 生松・小川訳『自由論』みすず書房、一九七一年、三六六頁。

（6）川上文雄「バーリン――多元主義における道徳的主体性と多様性」『西洋政治思想史』新評論、一九九五年。金田耕一『現代福祉国家と自由：ポスト・リベラリズムの展望』新評論、二〇〇〇年、一六頁。

（7）I. Berlin, *op. cit*, p.153. 邦訳三五八頁。「ミルおよび一般に自由主義者たちは、いちばん首尾一貫したかたちでは、できるだけ多数の個人が、相互に他人の目的を妨げることがない限り、その目的そのものの価値を評価することなく、できるだけ多数の目的を実現するような状況を待望する」。

（8）中野剛充「バーリンとテイラー――多元主義をめぐって――」『社会思想史研究』二三号、北樹出版、一九九九年。

（9）Cf. Charles Taylor, *Philosophical Papers 2 : Philosophy and the Human Sciences*, Cambridge University Press, 1985, p.215. テイラーは、バーリンの立場を「マジノ線的メンタリティ」と批判する。

（10）杉田敦『権力』岩波書店、二〇〇〇年、八四頁。

(11) J・グレイ『自由主義』藤原保信・輪島達郎訳、昭和堂、一九九一年、九二 - 九三頁。グレイは道徳性を基準とした理想的主体としての自律性という意味を含まない、合理性を基準とした自律性を「開かれた自律性概念」として評価する。

(12) 仲正昌樹『自己再想像の〈法〉』、御茶の水書房、二〇〇五年、二三四頁以下。「自由主義という思想は、常に自己矛盾を孕んでいる。何故なら、「自由」という概念の本質に、そもそも「自由とは何であるか?」を定義する〝自由〟が含まれていることは、いかなる立場の「自由主義者」も原理的に否定しえないからである」。

(13) Cf. Charles Taylor [et al.], *Multiculturalism : examining the politics of recognition*, edited and introduced by Amy Gutmann. Princeton University Press, 1994, pp.110-111. チャールズ・テイラー、ユルゲン・ハーバーマス他、佐々木訳『マルチカルチュラリズム』岩波書店、一九九六年、一六〇頁以下。

(14) *Ibid.*, pp.112-113. 邦訳一六二頁以下。

(15) 平井亮輔「第九章 対話の正義 対話的正義論とデモクラシーの可能性」、平井編『正義 現代社会の公共哲学を求めて』嵯峨野書院、二〇〇四年。

(16) Cf. Jürgen Habermas, *Faktizität und Geltung Beiträge zur Diskurstheorie des Rechts und des demokratischen Rechtsstaats.* Suhrkamp. 1992. 河上・耳野訳『事実性と妥当性』未来社、二〇〇二年。本文中における同書の引用は、FuG と略記し、(原書の頁数=邦訳書の頁数)を載せる。

(17) 永井彰「第一章 ハーバーマスの近代国家論」『批判的社会理論の現在』晃洋書房、二〇〇三年。「法と権利の討議理論的再構成――ハーバーマス法理論の基礎概念」『東北大学文学研究科研究年報』第五一号、二〇〇一年度。

(18) 永井彰によるまとめを参照。

(19) 日暮雅夫「ハーバーマスにおける権利体系の再構成」、永井・日暮編著『批判的社会理論の現在』晃洋書房、二〇〇三年。

（20）齋藤純一「第十章　政治的公共性の再生をめぐって―アーレントとハーバーマス―」『ハーバーマスと現代』新評論、一九八七年。仲正昌樹『〈法〉と〈法外なもの〉』御茶の水書房、二〇〇一年。

（21）Cf. Hannah Arendt, *Between Past and Future Six Exercises in Political Thought*, The Viking Press, 1961. 引田・齋藤訳『過去と未来の間―政治思想への八試論』一九九四年、みすず書房、二〇二頁。

（22）Cf. Hannah Arendt, *The human condition*. University of Chicago Press, 1958. 本文中における同書の引用は、HCと略記し（原書の頁数＝邦訳の頁数）を載せる。

（23）*Ibid*., pp.154-5. 邦訳二〇九頁。

（24）齋藤純一、前掲論文、参照。

（25）Cf. Hannah Arendt, *Lectures on Kant's Political Philosophy*, Edited and with Interpretive Essay by Ronald Beiner, The University of Chicago,1982, p.72. 浜田監訳『カント政治哲学講義』一九八七年、一一一頁。

（26）仲正昌樹『法の共同体―ポストカント主義の自由をめぐって』御茶の水書房、二〇〇二年。

（27）Cf. William E. Connolly, *Identity/Difference : Democratic Negotiations of Political Paradox*, Cornell University, 2002. 杉田・齋藤・権左訳『アイデンティティ差異：他者性の政治』岩波書店、一九九八年。

（28）牧野英二「批判哲学と崇高のイデオロギー」『哲学雑誌』第一一七巻、第七八九号。仲正昌樹、前掲書。

（29）梅木達郎『支配なき公共性』洛北出版、二〇〇五年。

（30）J＝L・ナンシー「崇高な捧げもの」（M・ドゥギー他、一九八八年『崇高とは何か』梅木訳、法政大学出版局、一九九九年、所収）七四―七五頁。

（31）Cf. Jean-Luc Nancy, *L'expérience de la liberté*, Éditions Galilée, 1988, p.96. 澤田訳『自由の経験』未来社、二〇〇〇年、一二四頁。

第七章　ドゥルーズ＝ガタリと新しいプラグマティクス

松井賢太郎

1　言語学というツリー

私が本稿で検討したいと考えているのは、ドゥルーズ＝ガタリ（以下D＝G）が『千のプラトー』（一九八〇）で提案している新しいプラグマティクス（語用論）の構想である。

語用論とは何だろうか。それはさしあたり、構文論・音韻論・意味論などとならぶ言語学の一分野であるということができよう。構文論は言語記号の結合規則（文法）を、音韻論は音声的言語記号の構成を、意味論は言語記号における表現と内容の関係を、そして語用論は文脈や状況に依存して変化する言語記号の使用法を研究するというわけである。だが一方で、語用論は科学としての言語学における周縁の地位に甘んじてもきた。D＝Gにいわせれば、それは言語学の「ごみだめ」である（MP98）。言語学は自立した科学としての地位を自らに与えるために、音韻論的、形態的、構文論的定項にとどまり、状況を外部に送り返し、言語をそれ自身のうちに閉じこめてきた（MP104）。文脈や状況をあつかう語用論は、あたかも姉たち（構文論、意味論）の食べ残しや、隣の家（心理学、社会学）のお裾分けで食いつなぐ継子であるかのように扱われてきたのである。

D＝Gが指弾するような言語学の傾向を今日最も徹底させているのは、チョムスキー派であろう。初期のチョムスキーの有名な定式によれば、「言語理論」は、「まったく等質的な言語社会における理想的な話者―聴者」の「言語能力」（competence）の記述でなければならず、実際の「言語運用」（performance）の問題にかかわるべきではない。[1]「言語能力」とは、話者―聴者の心に内在する心理的実在としての文法規則のことである。そのような規則は、D＝Gも指摘するように「音韻論的、形態論的、構文論的定項」の体系をなしている。これにたいして、「言語運用」は、発話の「容認可能性」にのみかかわる。すなわち、ある発話が文法に適っているかどうかではなく、理解し易いかどうか、状況に適合しているかどうかにのみかかわるのである。「文法性」と「容認可能性」の違いを示すために、チョムスキーの支持者たちの著作から例を引いておく。[2]

（1）If because when Mary came in John left Harry cried, I'd be surprised.

（2）Your hat's on fire, though I don't believe it.

（3）I suppose cela va sans dire.

文法に適った文が必ずしも容認可能な発話であるとはかぎらないし、逆もまた真である。（1）（2）は文法的であるが、容認されることはまずない。（1）は副詞節の文法的構造が極端に複雑であるために、（2）は自分の信じていないことを主張する話者の不誠実さのために、不適切な発話とされる。（3）は英語の文法にも仏語の文法にも適っていないが、バイリンガルどうしの会話では容認されることもあろう。いずれにせよ、「言語運用」＝「容認可能性」の問題は、文法とかかわりはするが、文法外の要因によって決定される。（1）の場合、それは人間の記憶力や注意力の限界である。（2）の話者の誠実さの欠如は、「陳述する」「警告する」「約束する」といった「言語行為」の成立条件を考察するオースティンやサールのような哲学者たちの問題である。（3）のような英語と仏語の「コード混用」がいかなる条件のもとで容認されるかは、ラボフのように、「等質的な言語社会」よりも現実の多言語併用社会に関心を抱く社会言語学者たちの問題である。これにたいして、言語学に固有の関心は、もっぱら（1）（2）の文法性と（3）の非文法性を分かつ規則に向けられるのである。

だが、なぜ「言語能力」＝「文法規則」が重要なのだろうか？　チョムスキーとその支持者たちは、文法の「生得性」と「普遍性」の仮説によってこれに答える。彼らの仮定するところでは、人間は一定タイプの文法を学ぶように遺伝的に決定されており、子供は「生得的言語獲得装置」（一連の生得的原則や概念）を利用して、周囲の大人の話すことばをもとに母語の文法を習得する。そうであるとすれば、諸言語の文法はすべて人類共通の「普遍文法」の変種であることになるだろう。こうして言語学は、諸言語の文法のたんなる「記述」から、「説明理論」へとみずからが飛躍するための展望をひらくのである。「言語学では、以下のような場合に、ある説明が施されたとみなされる。すなわちことばについての一般原則の集合と若干の個別的観察から出発して、次にそれらの原則にもとづく推論の演繹的連鎖から、ある分野の現象を演繹できたときにである」[3]。

　では、こうした新しい言語科学の構想は、語用論をどのように位置づけるのだろうか。チョムスキー派のN・スミスとD・ウィルソンが提案するのは、「構文論」「意味論」「語用論」の階層組織にほかならない。「構文論」はすべてに優先し、「意味論」は「構文論」を、「語用論」は「意味論」を前提するというのである。「意味論」とは文の意味の研究である。文の意味とは、文脈への依存なしに、文の文法的構造にしたがって確定しうる一連の命題の集合にほかならない。これに対して「語用論」は、文脈や状況によって変化したり新たに産み出されたりする発話の含意をあつかう。それは言語学の領域の外に位置するが、文法が指定する文の意味論的構造を前提としなければ、正当な研究とはなりえないだろう。言語学とはまさに、「リゾーム」ではなく、「ツリー」（樹木状の階層組織）なのである[4]。

2　言語体系の異種混淆性——D＝Gと社会言語学（一）

『千のプラトー』の第四章「言語学の公準」は、まさにこうした言語学の階層組織の批判にあてられている。D＝Gの構想するプラグマティクスは、言語学の一分肢などではない。それは、ツリーとしての言語学のありかたそのものを問題化する企てである。

　だが、同時にD＝Gは、ある種の言語学者や言語哲学者との共闘を求めてもいる。オースティン、デュクロ（言語行為論）、ラボフ（社会言語学）といった人々がそうである。彼らの業績は、言語理論の核心に再び「運用」の問題を導入し、プラグマティクスの復権をはかろうとする点で軌を一にしている。本稿ではまずラボフの「言語変項」（linguistic variable）と「変項規則」（variable rules）の概念をとりあげ、

D＝Gがそこから引き出す帰結を見ることにしたい[5]。

「言語変項」とは、いくつかの変異体をもつ言語項目（発音や構文型など）のことである。たとえば、変項（r）とは、farm や far といった単語における r の発音であり、［r］と［0］、すなわち r を発音する／発音しないという変異体をもつ。また、母音変項［æ］のように連続的な変異体が存在する場合もある。ラボフは、さまざまな音韻変項の社会的分布を調査し、選択される変異体と社会階層の間に相関性があると主張した。ニューヨーク市では、第二次世界大戦前までは変項（r）については変異体［0］が支配的であったが、大戦後は r の発音が行われるようになった。彼の調査によれば階層が上がれば上がるほど、またフォーマルな場面、すなわち自分の使っている言葉に注意深くあることが求められる場面であればあるほど、r の発音量は増大する。例外は下層中産階級の話者で、フォーマルな場面では r の発音量が上層中産階級の話者を上回った。ラボフの解釈によれば、これは、社会において二番目に地位の高いグループの特徴にほかならない。上昇志向の強い彼らにとって、上位階層の好む発音は威信と規範性をもっており、フォーマルな場面では規範的な発音をしようとして、r 発音を過剰生成させるのである。彼はこれを「過剰矯正」と呼び、言語変化に重要な役割を果たすと考える。

D＝Gが注目するのは、ラボフが「言語変項」の概念によって言語変化を説明する仕方である。言語変化をある等質的（homogeneous）体系Aから別の等質的体系Bへの推移とみなすかぎり、AとBの「間」で生じることは体系にとって外的で、秩序も過程も欠いた、不可解な出来事と考えるほかはない。ラボフの根本洞察は、言語体系を異種混淆的なもの（heterogeneous）、秩序をもった分化（orderly differentiation）を含むものとして捉えるところにある。言語体系の異種混淆性とは、体系が複数の異質な下部体系を並存させていること、ひとつの変項のさまざまな変異体（variant）を並存させていることを意味している。一言語を話す能力をもつということには、複数の下部体系を横断的に使用し、変異の連続体（r発音の頻度の連続体、母音変異体の質の連続体、等々）の上を行き来するということが含まれているのだ。ラボフによれば、全ての異種混淆性、分化、変異が、言語変化へと結実するわけではない。だが、言語変化が進行するところには、必ず異種混淆性や変異の連続体が存在する。言語変化は、複数社会集団の言語戦略の相互作用によって、一つの変異体に社会的威信や規範的価値が与えられ、最終的にはその威信性や規範性が社会の広範囲にわたって定着するプロセスと考えることができる（むろん、ある集団が一つの変異体の規範性を承認するということは、他の変異体の使用をやめるということと同じではない。他の下部体系が全て使用されなくなれば変項は定項となり、さまざまな変異体に与えられていた社会的意味も消滅する）。

とはいえ、D＝Gにとって重要なのは、ラボフが言語変化と呼ぶもの（それは差異を消滅させ、規範を確立する傾向をもつ）よりも、そうした結果を生み出す異種混淆的な体系の能力のほうである。ラボフは、チョムスキーの文法理論を修正することによってこのような体系の能力の記述を試みる。チョムスキーにとって、「言語能力」の記述とは個人の心に内在する文法の記述である。ラボフは、それを諸集団が共有する文法の記述と考える。そして、その文法には、「変項規則」が編入されなければならないと主張する。変項規則とは、ある変項の変異体が、いかなる条件（言語的文脈と社会的文脈）のもと、いかなる確率で出現するかを指定するそれ自身可変的な規則であり、「秩序をもった分化」の規則なのである。変項規則の概念は文法理論のただなかに「運用」の問題、すなわち言語学の「外」との関係を再導入し、いたるところに浸透させるばかりではない。それは、D＝Gが絶賛するように、言語体系を生成変化の潜在能力として記述することを可能にするのである。

「体系的なのは、変異そのものである。…そしておそらく、ラボフの考察するような変異は、音韻論的、音声学的、構文論的、意味論的、文体論的等、あらゆる性質をもつものである。」（MP118）

3　マイナー性の言語学――D＝Gと社会言語学（二）

こうして、ラボフの「言語変項」の概念を経由して、「言語学の公準」のテクストは一つのクライマックスを迎えることになる。D＝Gの最終的な関心は、言語科学の土俵の上でチョムスキーとラボフの対決に決着をつけることにはない。問題は、ふたつの言語科学のモデルそれ自身に「運用」の問題を浸透させ、それらを言語の「使用法」（usage）ないし「処理法」（traitement）のモデルに変形することにあるからだ。言語学の「ツリー」は、それ自身ひとつの言語の使用法なのである。

「それゆえ、…一つの言語体系（langue）についてさえ、二つの可能な処理法があることになる。ひとはもろもろの変項を処理しているのだが、あるときにはそこから定項や定常的な関係を抽出し、あるときにはそれらを連続的変異の状態に置くというやり方をとるのである。…定項は変項に対立しているわけではない。変項の一つの処理法が、もう一つの処理法、すなわち連続的変異の処理法に対立しているのである。」（MP130f.）

D＝Gは、世界各地でさまざまな集団が展開してきた、あるいは今日展開中の言語戦略の複合を、これらの二つの処理法の多様な配分として描き出す。一方には、「ひとつの言語が等質化され、中心化され、スタンダード化されるような政治モデル」（MP127）、すなわち帝国や王朝や国民国家の支配のもとで行使される「定項の権力」（MP128）がある。サンスクリット語、コイネー語、ラテン語、アラビア語、英語、フランス語、等々の場合に見られるように、一言語のスタンダード化はその言語のコード化の過程、すなわち文法、書字規則、辞書編纂、教育法等々の発達と切り離し得ない。[6] チョムスキーがラボフに反対して、「等質な言語社会」の理念的モデルの正当性を強調するとき、彼は言語学の科学性が言語のこの種の使用法と不可分であることを主張しているのである。

これに対して、他方には、メジャー言語を連続的な変異によって加工し、もろもろのマイナー言語を生み出す変異の力、生成変化（devenir）の力がある。

> 「英語あるいは米語のような言語は、世界中のあらゆるマイノリティによって、実に多様な変異のプロセスでもって加工されることがなければ、世界的にメジャーであることはない。ゲール語やアングロ＝アイルランド語が英語を変異させる仕方。黒人英語やあれこれの『ゲットー語』が米語を変化させる仕方。」（MP130）

D＝Gの議論は、メジャー言語の覇権に抗して、マイナー言語に固有の権利を擁護しようとする人々にとっては耳障りなものであるかもしれない。彼らは、メジャー言語とマイナー言語、標準語の単一性と方言の多様性を対立させるだけではまったく不十分だと論じる。なぜなら、メジャー言語もマイナー言語も、標準語も方言も、「ひとつの言語体系」として見た場合には、つねに「推移と変異のゾーン」によって触発されているものであることに変わりはないからである（MP128）。

彼らの主張は、多くの言語学者たちが確認するところでもある。方言地理学者たちは、同じ語の異なる発音法や、同じ意味を表す異なる語彙などの地理的分布を調べ、ある項目が見出される地域と別の項目が見出される地域の間に線を引く。この線を「等語線」という。もし方言地図上でさまざまな「等語線の束」が収束するならば、ある方言と別の方言の境界が画定することになろう。だが、等語線は交叉してしまうことがしばしばであり、それゆえ、（「ひとつの言語体系」としての）方言など存在せず、人間と言語項目が存在するだけだと主張する言語学者もいるほどなのである。(7)

もうひとつ例をあげておこう。中世ヨーロッパで長旅をする人は、移動しながら話し方を少しずつ変えていくだけで、立ち寄る土地の人々と会話を続けることができた。最低限必要な学習の時間をとるために旅の速度は制限されなければならなかったが、このような方法でイタリア南部からフランス北部まで旅を続けることができたという。旅人は、D＝Gが言うところの「推移と変異のゾーン」の連続体を通り抜け、旅の初めと終わりでは全くちがう言葉を話すようになるのである。(8)

D＝Gにとって本質的なのは、あくまで「二種類の言語」の対立ではなく、「二種類の処理法」の対立である。あるいは、ふたつの処理法のさまざまな配分によって生じる、「領土化」、「脱領土化」、「再領土化」の運動である。一方で、「ひとつの言語」なるものは、帝国の政治権力が組織するコード化、標準化、規範化の実践なしには存在し得ない。他方で、そうした「権力の言語」は、民衆が構築する変異の連続体の触発を受け、いたるところでマイナーな「生成変化」へともたらされることなしには機能しえない。そして、このようにして派生したマイナーな使用は、国民国家の形成のもとで、あるいは地方分権の運動のもとで再び「定項の権力」に捉えられ、ナショナルな／ローカルな「ひとつの言語」となる。ラテン語から派生した幾つかのマイナー言語が標準化され（標準化の度合いはそれぞれ異なるが）、フランス語、イタリア語、スペイン語となったように。「二種類」の言語の対立とは、ナショナルな「権力の言語」とローカルな「権力の言語」の対立にすぎないことがしばしばなのである。

「問題は、地方語や俚言のうえに自己を再領土化することではなく、メジャー言語を脱領土化することだ。マイナー言語はそれ自身では存在しない。マイナー言語はメジャー言語との関係によって存在するにすぎないのであり、メジャー言語それ自身をマイナーに生成変化させるために、メジャー言語にエネルギーを備給してきたのである。」（MP132）

D＝Gは、マイナー言語の固有性を徹底して認めない。「ひとつの言語」とはつねに「権力の言語」であり、すでに標準化されメジャー言語として機能し始めているものであって、その固有性なるものは人々のナショナルな／ローカルな幻想を吸い寄せるにすぎないからである。これに対して、彼らがマイナー言語と呼ぶものは、そのような「権力の言語」を、変異の連続体の構築によって変形する言語の使用法のことなのである。

マイナー言語の尊厳の回復と、その公的使用の承認を要求する人々が、その言語を「ローカルなメジャー言語」に仕立てることなしにどうやって目的を達するのか、想像することは難しい（MP129-130）。中央の「権力の言語」に対して、ローカルな「権力の言語」が切実に必要とされている場合もあるだろう。だが、マイナー言語に尊厳を与えるということは、古い「権力の言語」に新たな「権力の言語」を対立させることにすぎないのだろうか？　それは、脱領土化を再領土化によって補填することでしかありえないのだろうか？　「逆の考え方のほうが、はるかに価値があるように思われる」（ibid.）。D＝Gが推奨するのは、マイナー言語を構文論的、形態論的、音韻論的定項やそれらの定常的な関係によって評価するのではなく、その変異の能力において最大限に肯定すること、あるいは、その変異の能力をそれ自身のために最大限に実現することなのである。

　このとき彼らが念頭においているのは、たとえばカフカのような作家の仕事である。カフカが生まれ、生涯を送ったプラハは、オーストリア帝国の一地方都市である。[9] この地のドイツ語使用者たち（支配民族のドイツ人と商業ユダヤ人）は、圧倒的多数を誇るチェコ語人口に包囲されており、自分たちのドイツ語を土着性を欠いた「紙の言語」「貧しい言語」にすぎないと感じている。また、プラハ・ドイツ語は発音、構文、語彙のうえでチェコ語の著しい影響を受けており、前置詞の誤った使用、再帰代名詞の拡大的使用（しかも専ら sich だけが用いられる）、定冠詞の脱落、語彙の貧困化（土地の人間にしかわからない動詞 geben の恐ろしく多義的な使用）といった特徴を示す「腐った言葉」でもある。それは、「ウィーンやベルリンのドイツ語との関係においては、すでに潜在的なマイナー言語として機能しているのである」（MP131）。

　同時代のプラハ派の作家たちは、この「貧しい言語」を人工的に豊かにするための絶望的な努力を試みる。彼らの作品に共通して見られるのは、煌びやかなイメージの奔流、名詞の前に数珠のようにつらねられる形容詞、直喩の多用といった特徴である。これに対して、人工言語崇拝を嫌悪し、自己の用いる言語素材をプラハ・ドイツ語に厳しく限定するカフカの特異性は際立っている。カフカは「意志された貧しさ」(K35)によって、あるいは「引き算すること」(MP132)によって言語の脱領土化のプロセスを極限まで推し進めるのだ。彼のもとで、貧しく腐ったドイツ語は意味することをやめ、どもったり、吠えたり、叫んだりするようになる。ドイツ語の体系から逸脱した作家がどもり、吠えるのではない。定項を「引き算し、変異に導く」作家の冷徹な操作が、ドイツ語そのものを吠えさせ、どもらせ、一種の音楽に近づけるのである(K34, MP131)。

今や私たちは、チョムスキーとラボフの対立を、プラグマティクス(言語の使用法・処理法)の観点から理解しなおすことができる。チョムスキーは、ラボフの黒人英語研究に対する意見を求められて、「それはストリートの言葉を研究しようとする言語学だ。しかし僕には、一体どの点でゲットー語の研究が大学語の研究と違うのかわからない。理論的な面では同じだ」(強調松井)と答えた。チョムスキーにとって、ラボフの「いくつかの周縁的な変異体を伴ったただひとつの体系」というコンセプトは無用の長物である。言語学者は、まず標準英語(大学語)と非標準英語(黒人英語)をそれぞれ等質的な言語体系として研究すべきであり、そうすることだけが言語学に固有の仕事である。その後に、ラボフが望むならば、どうやってある個人(たとえば黒人大学生)において二つの理念的体系が相互に作用しあうのかを調べればよい。いかなるマイナー言語も、理念の上では標準化を被ることなしに研究の対象とはなりえない。[10] 言語科学は、言語の二種類の使用法のうち、定項を抽出しコード化する用法にのみ関わるのである。

これに対してラボフは、黒人英語に独自のものとされる諸特徴（例えばｂｅ動詞の省略）が標準英語の文法と規則的に関連していること、黒人英語が標準英語の変種にすぎないことを主張する。[11] このとき、彼は黒人英語の「固有性」を否定しているのではなく、黒人英語の変異の能力を肯定しているのである。彼の変項規則の概念が、結局のところ変形生成文法の記述に影響を与えることができなかったとしても驚くには当たらない。Ｄ＝Ｇ流にいえば、ラボフは偉大なマイナー言語学者なのである。

Ｄ＝Ｇのプラグマティクスの構想に、ラボフの言語変項や変項規則の概念は大きなインパクトを与えている。これらの概念が、メジャーな言語学に対してどのような批判的潜勢力をもつかはすでに明らかだろう。いまや、Ｄ＝Ｇのプラグマティクスの構想の全体を見渡すべきときである。以下では、それがラボフの変項理論ばかりでなく、ミシェル・フーコーの言表理論や権力理論との関係ぬきでは理解し得ないことを示そう。カフカが偉大なマイナー作家であり、ラボフが偉大なマイナー言語学者であるとすれば、Ｄ＝Ｇは偉大なマイナー哲学者である。彼らの提案するプラグマティクスは、ラボフやフーコーの理論が含む潜勢力、そのマイナー性や変異の能力の最大限の肯定の所産なのである。

4　「指令語」とは何か？——Ｄ＝Ｇと言語行為論

「言語学の公準」のテクストは、オースティンの言語行為論への言及からはじまる。オースティンの功績は、ひとことで言えば、発話そのものに内在する行為（発話内行為 **illocutionary act**）の発見にある。私たちが言語を用いるのは、単に事実を記述し、情報を伝達するためだけではない。ひとは「私は約束する」と言いつつ約束を行い、「私は命じる」と言いつつ命令を行う。このとき、ひとは自分の約束や命令の行為を記述し、報告しているわけではない。そのように発話すること自体が約束の行為であり、命令の行為なのである。従来の言語理論は、もっぱら事実を記述し、情報を伝達する「事実確認的発話」にのみ目を向けてきた。オースティンはこのような「記述主義的誤謬」をしりぞけ、「行為遂行的発話」の探求に向かうのである。

なぜオースティンなのだろうか？　それは、D＝Gの提案するプラグマティクスが一種の言語行為論だからであり、彼らが言語の本質を、意味することではなく、なすことによって定義しようと考えているからである。だが、オースティンやその継承者たちへの言及はしばしばミスリーディングでもある。D＝Gは言語行為というものを、彼らと全く同じように理解しているわけではないからだ。まずはオースティンの業績を簡単に振り返り[12]、ついでD＝Gの言語行為論の本領を明らかにすることにしよう。

第一に、オースティンがおこなったのは「不適切性」についての考察である。事実確認的発話は真偽を問われるのに対して、行為遂行的発話は適切か不適切かが問われる。約束や命令は、ただ約束や命令の言葉を発するだけで実現するものではない。約束や命令が適切に遂行されるために満たされねばならない一連の条件が存在するはずである。

まず、約束や命令を遂行するための、慣習的で人々に受け入れられた手続きが存在しなければならない。そのような手続きのない世界では、「私は約束する」という発話は無意味であろう。つづいて、関係する人物や状況が、その手続きの実行にふさわしいかどうかという問題がある。D＝Gが例に挙げているように、誰でも「総動員を布告する」と叫ぶことはできるが、発話者にしかるべき地位と権限が与えられていなければ、言語行為は成立しない（MP104）。さらに、手続きは関係者全員によって正しく、かつ完全に実行されなければならない。

以上は、「発話内行為」の成立そのものにかかわる条件である。約束をしたが守るつもりはなかったり、実行しなかったりする場合には、約束の行為は不適切であるが、その行為そのものは成立している。しかし、右に述べた条件が満たされない場合には、言語行為そのものが「不発」に終わるのである。

第二に、オースティンは「事実確認的発話」と「行為遂行的発話」を識別する指標を探求する。そのような指標を文法に求めることはできるだろうか？　彼は次のように結論する。文法は、単一の基準を提供することはない。だが「行為遂行的発話」は、しばしばその「発話内の力」（命令や約束の機能）を表示する一人称・単数・直接法・能動態・現在の動詞を伴う。そうでない場合にも、このような動詞を伴う「顕在的な行為遂行表現」に書き換え可能である、と。

ここで、オースティンの長い地道な考察は意外な結末を迎える。彼は確立されたかに見えた「事実確認的発話」と「行為遂行的発話」の区別を放棄してしまうのである。彼はまず、行為遂行的発話と同様、事実確認的発話についても適切／不適切が問われうることを指摘する。たとえば、学会において講演者のおこなう事実確認的発話は、同業者の間で受け入れられた観察やリサーチのための慣習的手続きの存在を前提している。また、法廷の証人席でなされる事実確認的発話では、証言者がそのような発話をおこなうのに適切な人物であるかどうかが問われるだろう。そのうえ、事実確認的発話は「私は…と主張する」「私は…と言明する」という「顕在的な行為遂行表現」に書き換え可能である。こうして、オースティンは言明や主張を、約束や命令と同様に「発語内行為」としてとらえる道を開くのである。

D＝Gの難解で奇妙な議論は、オースティンの理論との照応関係をはっきりさせることで、非常にわかりのよいものとなるように思われる。

D＝Gはまず、言語の基本的単位を、文でも命題でもなく、「言表」（énoncé）と呼ぶ（MP95）。文とは文法学者の対象であり、命題とは論理学者の対象にほかならない。文や命題に固執しているかぎり、言語の根本機能を「意味」や「情報」や「伝達」によって定義する思考習慣と訣別することはできないだろう。だが、言表とは何であるのか？ それは、何によって文や命題から区別されるのか？ このような問いに、彼らは次のように答えている。いかなる言表も必ず「指令語」（le mot d'ordre）を含んでいる。言表を文や命題から区別するのは「指令語」の機能である（ibid.）。彼らは、言語の根本機能を「指令」によって定義する。「言語は生ではない。それは生に指令を与える。」（MP96）

言葉遣いこそ奇妙であるが、オースティンに照らし合わせてみるならば、彼らはそうおかしなことを言っているわけではないことがわかる。D＝Gによれば、指令語とは、文（命令文）でも、語（命令法の動詞）でもなく、また命令にのみ関わるものでもない。それは、「言表のもとで遂行され、また言表のもとでしか遂行されない言語行為（des actes de parole）」と、言表との関係を言い表すことばである（MP100）。何のことはない。「言表」とはオースティンの「行為遂行的発話」のことであり、「指令語」とは「発話内の力」（命令、約束、宣告、言明、等々の機能）のことなのだ。

だが、一方で、D＝Gは指令語の機能、「発話内の力」を、命令や約束や宣告の機能以上のものとして考えているようにも思われる。この問題にかんしては、ジャン＝ジャック・ルセルクルの指摘が傾聴に値する。彼はD＝Gのプラグマティクスをニーチェの「力」の概念との関連で考察しており、その根本問題を以下のように定式化する。「言語のもとで実現され、言語によって解釈される諸力とはいかなるものか？」そして、詩的言語の創造性を引き合いに出しつつ次のように言う。「私たちが言語の諸力ということで意味しているのは、言語において表現されている力、言語によって体現されている力（アングロ＝サクソン系のプラグマティクスにおける発話内の力）ばかりではない。それは、…言語を創設する（institute）力でもある。[13]」

おそらく、ルセルクルの定式は当を得たものである。ドゥルーズ初期のニーチェ論にまで遡るのも悪くはない（私もこの先でとりあげることにしたい）。問題は、ルセルクルが「言語の創設」とよぶ事態を、彼のように詩的創造の特権性などというクリシエ（紋切型）に依拠することなく、いかに理解するかである。言語の創設とは何か？　定項を抽出する操作によって一言語を標準化することだろうか？　ここではそういうことが問題となっているわけではない。重要なのは「言語学の公準」のテクストに繰り返し登場する、言表の「非顕在的な前提」（des présupposés implicites）という概念である。D＝Gはこの概念をオズワルド・デュクロの意味論研究から借りてきている。

デュクロは言語行為論を拡張し、「発話内の力」のリストに、約束や命令や宣誓などに加えて、「前提すること」（présupposition）を入れるべきだと主張する。[14]彼は、フレーゲ、ストローソン、オースティンらの言語理論が、言表の「前提」を、言表の意味論的内容には属さないものとして除外することに抗議するのである。オースティンによれば、「ジョンの子供はみな禿である」という事実確認的発話は、ジョンに子供がいることを前提している。言明は前提を欠けば真でも偽でもない。それは無効であり不適切な言明である。同様に、行為遂行的発話も、前提を欠けば不適切なものとなる。この場合前提とは、慣習的な手続きの存在、ふさわしい関係者、ふさわしい状況のことを指す。助言者が当該の問題にかんして助言する立場になければ、助言のよしあしは問題になりえない。契約の対象が存在しないか曖昧であれば契約は無効である。言明、契約、助言の機能が発話の意味論的内容をなすとすれば、その前提自体は、あくまでこれに外在的なものとみなされているのである。

これに対して、デュクロはこう主張する。あらゆる言表は、つねに自己自身のために特定の前提を選択し、その承認を聴き手に要求するのではなかろうか。あらゆる言表は、命令したり約束したり主張したりすると同時に、「前提する」という「発話内の力」をもつのではなかろうか（だから、相手の主張の「前提」を否定するような応答は、相手の主張に反対する以上に攻撃的であると受け取られるのだ）。「前提する」という発話内行為は、約束することや命令することとちがい、一人称・単数・直説法・能動態・現在の動詞による「顕在的な行為遂行表現」をもたない。それは、接続詞や冠詞の使用法、peu（ほとんどない）と un peu（少しはある）の違いなどの微細な分析を通じてはじめて摘出されるような機能なのである。

D＝Gがデュクロから引き継ぎ、彼らなりのやりかたで変奏しようとしているのは、顕在的表現をもたない発話内行為という発想であり、それ自身の前提を指定する言語行為という考え方であるように思われる。言語は自己自身の使用条件を「創設」し、調整し、変容させる。それは、約束や命令と同じように、言表に内在する機能だというのである。「顕在化されず、言述されることのない前提を構成するのは発話内行為である。」（MP99）

D＝Gが「指令語」の機能として、「命令」や「約束」といっしょに「主体化」をあげるのは、おそらくこのような理由からである（ibid.）。言表の主体が、言表に対してとりうる関係。言表の主体の位置、機能、様態。彼らは、そのようなものを言表の使用条件、言表の「前提」と考えている。それらは言表に対して外在的な要因によって左右されるものではなく、言表のシステムに内在する「変項」であり、そのつど言表自身によって指定される何かなのだ。「私（JE）とは一つの指令語である。」（MP107）

このときD＝Gが依拠するのは、もはやオースティンでもデュクロでもない。彼らがもうひとつの言語行為論として見出した、フーコーの言表理論と権力論にほかならない。彼らはフーコーへの依拠を隠してはいない。だが、それは短いコメントによって示唆されるにとどまっている。[15] 彼らがフーコーの仕事をどのように理解し、どのように変異させているのかを理解するためには、ドゥルーズの『フーコー』（一九八六）を参照しなければならない。

5　言表行為のアレンジメント——D＝Gとフーコー言表理論

『フーコー』はドゥルーズの単著であり、『千のプラトー』の六年後、ガタリとの共同作業が一段落していた時期に刊行されている。しかし、この本は『千のプラトー』を理解するうえで並々ならぬ重要性をもっているように思われる。それは、変異（variation）、地層（strate）、アレンジメント（agencement）、ダイアグラム（diagramme）といった『千のプラトー』の基礎概念を駆使して、フーコーの言表論と権力論の卓抜な読みを披露している。彼のフーコー論は、『千のプラトー』の奇異で難解な諸概念の例解となっているばかりではなく、当の諸概念がフーコーとの密接な関係のもと形成されたことを示唆しているように思われるのである。[16]

まずは、ドゥルーズがフーコーの『知の考古学』（一九六九）における言表概念を三つのアスペクトから説明するのを見ることにしよう。なお以下では、「言表」という語を前節の議論の延長線上で使用する。

すでに述べたように、「言表」は「文」や「命題」とは異なるが、オースティンの「行為遂行的発話」とは重なりをもつ。また、言表はそれ自身の使用の条件を創設し、再生産し、変容させるのである[17]。

第一に、ひとつの言表は他の一群の言表と連合して、ひとつの集団を形成する。フーコーは、こうした言表の集合が異質な諸言表の集まりであることを強調し、それらに統一性を与えるものがあるとすれば、それはもはや共通の形式、単一のコード、単一の規範などではありえないと説く。たとえば、医療科学にかかわる言表の集団を、「医学的言説」(le discours médical) と呼ぶとしよう。医学的言説に統一性を与える原理が存在するとすれば、それは、「純粋に知覚的な記述、道具を使った間接的な観察、研究室における実験の報告、統計学的計算、疫病学的な、または人口統計学的な調査、制度にかんするもろもろの法規、治療の処方」などにかかわる異質な言表群を同時に、あるいは交互に可能にするような規則であろう(AS48)。

ドゥルーズは、ラボフと同様の発想が、フーコーの規則概念にも認められることを強調する。臨床医学の言説のシステムとは分散する下位体系の集合である。そして、それらの下位体系を「横断」し、それらの下位体系に統一性を与えているのは「移行あるいは変異の諸規則」なのである。言表のシステムは、「これに固有の変異の線により定義される」(F14-16)。医師はある体系から別の体系へと絶えず移動し、さまざまな仕方で語りつつ何かをなすのである。

第二のアスペクトは、言表と対象、言表と主体の関係である。ひとつの言表は、他の言表と連合するばかりでなく、主体や対象にかかわりをもつ。言表が文や命題と異なるのは、それが主体や対象を前提とせず、逆に主体と対象を派生させるからである。

まずは、言表と対象の関係から見ることにしよう。それは、文と意味の関係とも、命題と指示対象の関係とも異なる。言表は、「文」として意味をもち、「命題」として指示対象をもつ以前に、みずからがかかわる対象領域を指定するのである。

たとえば論理学者のなかには、「現在のフランス王は禿である」という文は指示対象を欠くために真でも偽でもありえないと主張する者たちがいる。そう主張する人々は、この言表が今日の歴史的情報の世界にかかわることを前提している。言表は、みずからの「相関空間」（le corrélat）、「参照空間」（le référentiel）を指定する（AS118-120）。文の意味性の判定や、命題の指示対象の確定は、それを前提してはじめて可能になるのだ。ドゥルーズは、このことをユーモラスな調子で次のように例解している。フィッツジェラルドの小説を構成する諸々の言表は、一つの集団を形成している。それらはいずれも、「ホテルリッツと同じくらい大きなダイヤモンド」が存在する世界にかかわっているのである（F18）。

言表の主体についてはどうだろうか？　そこではフーコーは、あたかも言語行為論者たちの論争に参加しているかのようだ。彼は、「言表それ自身のうちで、ひとつの活動をおこなうことが問題になる場合」に、言表の主体をそうした活動の恒常的で自己同一的な中心として捉えることに異議を唱える（AS125）。ドゥルーズも示唆するように、彼の言うことは、言語学者エミール・バンヴェニストの主張と比較するのが有益であるように思われる。

バンヴェニストの野心は、「私は約束する」「私は誓う」といった文の行為遂行的性格を、言語学の領域の内部で説明することにある。彼はそのてがかりを「私」という「転位語」（shifter）の特異な性格に求める。「私」とは、他の言語記号とちがって特定の概念にも、特定の指示対象にも関係しない。この記号は、それを出現させる発話の現存そのものに言及するのであり、またその話し手を指示するのである。こうした「転位語」の自己言及性こそが、行為遂行的発話を可能にする。「彼は誓う」が事実の記述であるのに対し、「私は誓う」が宣誓の行為であるのは、それが当の発話の現存そのものを定立するからであり、この発話の現存を起点にしたもろもろの義務的関係の組織を可能にするからなのである。バンヴェニストにとって言語学的人称とは、人間の主体性と社会関係の基底である。それゆえ、彼はオースティンに反対し、行為遂行的発話を「顕在的行為遂行表現」をもつものに限定すべきだと提案するのである。[18]

D＝Gが「言語学の公準」で指摘しているように（MP99）、これと正反対の議論を展開するのがオズワルド・デュクロである。彼は、発話の行為遂行性を、言語学的人称の意味機能に解消することに反対し、その還元不可能性を主張する。ある種の言表がある種の行為の実現のために社会的に使用されているということ、これこそが出発点であり、自己言及性はそこから説明されねばならないというのである。[19]

フーコーが歩むのも同様の道であるように思われる。彼は主体ではなく、言表の機能から出発することを提案する。バンヴェニストが分析しているのは、言語体系に内在する定常的な機能（「私」という「転位語」）と、言語体系に外在的な変項（「私」の場所を満たしにやってくる諸個人）との関係である。フーコーの問題はまさに、バンヴェニストが言語学的定項として論じるものを、言表の体系に内在する変項にかえることにあるのだ（F16）。言表はその多様な機能に応じて、主体に異なる位置や様態を指定する。フーコーは数学の論文を例にあげ、執筆の経緯を説明するとき、定義するとき、仮定するとき、「これこれはすでに証明された」と言表するとき、主体の位置、役割、個体化の度合いがいかに推移していくかを詳細に分析している（AS123-124）。

前節でみたD＝Gの議論が、このようなフーコーの分析に対応するものであることは見易いところである。D＝Gによれば、言表の主体とは「指令語」の決定により、さまざまな度合いにおいて個体化される言表の機能である。彼らはそのことを、バフチンの間接話法研究を引いて例解している。間接話法において、報告者のことばと他者のことばは様々な仕方で関係しあう。両者の境界が判然としている場合もあれば、境界が流動化し、話者の注釈や評価が他者のことばの報告に浸透していく場合もある。そして、報告者自身のことばが完全に解体し、話者がもっぱら他者のことばを通じて語るようになる場合すらある。[20]言表のシステムは、「私」のさまざまな変異体を産出するのである。

こうして私たちは、D＝Gのラボフ論とフーコー論が収束する地点に辿り着く。それはD＝Gの「言表行為のアレンジメント」という概念にほかならない。ラボフが研究したのは、もっぱら音韻論と構文論の領域である。彼はそこで、言語体系が異種混淆的であり、一連の変項からなり、つねに連続的な変異の触発を被っていることを明らかにした。私たちは、フーコーの言表理論を経由することにより、このような変異する体系の概念を、言表行為と、その主体、その対象領域の体系に拡張することができる。

「私たちが到達したのは…指令語をその変項とする言表行為のアレンジメントである。これらの変項がしかじかの瞬間に一定の関係にはいるかぎりで、さまざまなアレンジメントはひとつの記号の体制、記号論的機械のうちに連結される。だが、ひとつの社会が幾つかの記号系に横断され、実際、混合した体制をもつことは明らかだ。」(MP106)

「意味性の働きと主体化の過程は、ひとつのアレンジメントのもとで配分され、割り当てられ、指定される…。」(ibid.)

だが、人はいぶかしく思うだろう。D=Gは、人が言いつつ何かをする仕方は様々であり、絶えず変化していくと言っているにすぎないのではないか？ たしかに、言表概念のもう一つのアスペクトが語られないかぎり、ドゥルーズ自身が指摘するように、私たちが手にしているのは、いまだ「今日の分析哲学の変異体」(F57)にすぎないのである。

言表概念の第三のアスペクトは、言説的編成(言表のシステム)と非言説的編成(制度、政治的出来事、経済過程等々)との補完的関係である(F19)。一方で、制度はそのうちにさまざまな言表を浸透させている。ひとつの制度が、憲章、法規、判決、契約、宣誓、診断といった諸言表を、それ自身のうちに含んでいることは明らかだ。他方で、制度的環境は、言表の対象の出現と、主体の配分の「地平」を構成している。

しかし、それは、言表のシステムが「外部」の環境によって決定されるということではない。フーコーは謎めいたやりかたで、言表のシステムの自律性を強調している。環境が提供するのは、言表のシステムがそれ自身に固有の手段を通じて実現にもたらさなければならない(effectuer)「諸関係の束」なのだ、と。この「諸関係の束」なるものは、言語とは異なる何かである。だが、それは言語の「外側」にあるものではない。それは、言語それ自身のもとに、いわば内なる「外」、内なる他者として見出されるようなものなのだ。フーコーが「言説的実践」と呼ぶものは、主体の位置と対象の領野を設定することによって、この「外」を実現にもたらすのである（AS63）。

言語が自身のもとで実現する「外」の諸関係とは何か？　ドゥルーズは、この謎を解くのは、『監獄の誕生』（一九七五）や『知への意志』（一九七六）の権力論であると主張している。Ｄ＝Ｇのプラグマティクスの射程を見届けるには、フーコーの権力理論への少々長めの迂回を試みなければならない。

6　力の存在論――Ｄ＝Ｇとフーコー権力論（一）

フーコーが、権力関係を「法」と「禁止」と「抑圧」の単調な歯車仕掛けとして、また単なる制限、否定、反エネルギーとして捉えることを批判し（cf.VS109-114）、新たな権力理論の地平をひらいたことはよく知られている。まずは、彼の新しい提案をかんたんにみておくことにしたい（VS121-127）。

第一に、フーコーはモデルチェンジを提案する。権力関係の分析において、いっそう根本的なのは、「法的権限」のモデルよりも、「戦争」「戦略」「ゲーム」のモデルである。「戦争」モデルによれば、権力とは、特定の人間、機関、階級に集中したり、複数の審級のあいだで分割されたりするものではなく、支配する者とされる者をともに巻き込む「力の関係の多様体」として思考される。権力関係とは「絶えざる闘争と衝突によって力の諸関係を変形し、強化し、逆転させるゲーム」、「所与の社会における錯綜した戦略的状況」に与えられる名称にほかならない（VS121-122）。

第二に、権力関係は、国家、主権、法、諸機構、諸制度、社会を貫く支配―被支配の断層などを前提することなしに分析されねばならない。こうしたマクロな諸単位は、ミクロな諸関係を再配分し、調節し、系列化し、コード化し、収斂させ、統合した結果として生じるのであって、マクロな単位がミクロな関係を可能にするわけではないからである。

第三に、権力関係は、財の生産や知の生産といった、他のタイプの関係に外側から干渉するのではなく、内在的に機能する。フーコーが『監獄の誕生』において「規律訓練」とよぶのは、限定された空間において、比較的少数の身体を管理し、そこから有用な力を抽出するための一連の権力技法である。それは生産関係に浸透し、監獄、学校、軍隊、工場などの諸装置を包囲して、そこで直接生産的な役割をはたすのである。

「規律訓練」は「人間科学」の成立とも密接な関わりをもっている。というのも、規律訓練の権力技法は、人間を空間のもとに配分することにより（閉じこめ、碁盤割りにし、整列させ、系列化し、個人を可視的にする）、また時間のもとに秩序化することにより（行為を手順化し、動作を分解し、発達段階のノルムをつくり、段階ごとに試験を課し、個人をノルムとの関係において評価する）、人間の客体化と個体化の新しい様式を産み出すからである。「知の対象たりうる人間とは、こうした分析的包囲の、支配＝観察の効果＝客体である。」（SP312, cf. F78）。

第四に、権力の戦略は、志向的であるが非主観的である。戦略が理解可能であるのは、一連の目標や目的をもち、隅から隅まで計算に貫かれているからである。だが、立案の主体が見出されるのは、ローカルな戦術の決定においてでしかない。監獄、学校、軍隊、工場に分散している諸戦術が収斂し、ひとつの方向性をとり「規律訓練社会」の形成に向かうようになったとしても、そこに権力関係の総体をデザインし、運営する主体を見出すことはできない。

第五に、権力関係が衝突や闘争をとおして変形され、強化され、逆転される力の諸関係である以上、それは抵抗なしには成り立たない。そして抵抗の方も権力の関係や戦略なしには存在しえない。

このような新しい権力概念に対する、ドゥルーズの解釈の顕著な特徴は、あくまでそれを字義通りに受け取ることにある。字義通りとはどういうことか？　それは、彼の権力論からひとつの存在論を抽出するということだ。フーコーは慎重に唯名論的立場を表明しているが（VS123）、ドゥルーズは「権力」を、「言葉」とも「物」とも異なる実在として解釈するのである（F77-78）。

権力とは力と力の関係である。ひとつの力は「言葉」や「物」に直接はたらきかけることはなく、他の力にのみかかわる。実際、フーコーは言っている。権力とは、暴力のように身体や事物に働きかけるものではない。それは、「行為に対する行為、現実の諸行為に対する、また現在か未来に生じるであろう諸行為に対する行為」である、と。力の本性は、他の諸力との関係にある。ひとつの力は、他の力を触発する（affecter）能動的情動（affect actif）と、他の力により触発される反応的情動（affect réactif）によって定義されるのだ。それゆえ、力はつねに権力関係のうちにある。フーコーが権力関係や戦略と呼ぶのは、諸力の能動的情動と反応的情動のさまざまな組み合わせ、配分にほかならない。ドゥルーズは、そうした諸々の配分のリストを、「権力のカテゴリー」や「ダイアグラム」と呼ぶ。「煽動する、誘導する、迂回させる、容易にまたは困難にする、拡張しまた制限する、多かれ少なかれ可能にする、等々。」（F42, 77-78）『監獄の誕生』が抽出したのは、「空間のもとに配分する」、「時間のもとに秩序化する」、「時間―空間のもとに構成する」といった諸カテゴリーであった。『知への意志』では、「煽動する」というカテゴリーが重要性をもつことになろう。

こうして私たちは、並び立つ二領域を前にすることになる。ひとつはマクロな分析の対象であり、「制度」や「知」（savoir）といった語が名指すところのものである。それは「言葉」と「物」がすまう場所、あるいは「言葉」と「物」の編成体にほかならない。これと並んでミクロな分析の対象となる「権力」の諸関係がある。問題は、この存在論的に異質な二領域がいかに関わりあうかということだ。(21)

ひとつの注目すべき区別から出発することにしよう。それは、「権力の情動的カテゴリー」（空間のもとに配分し、時間のもとに秩序化する…）と「知の形式的カテゴリー」（処罰する、教育する、生産させる、看護する…）の区別である。ドゥルーズは、力の能動的情動を「機能」（fonction）とよび、反応的情動を「素材」（matière）とよぶが、このような純粋な機能と純粋な素材の関係こそ、権力のカテゴリーの表現するものにほかならない。これに対して、知のカテゴリーが表現するのは、形式化された機能と対象化された素材との関係である。監獄は処罰の機能をもち、これを囚人にたいして行使する。学校は教育の機能をもち、これを生徒にたいして行使するだろう。処罰と教育は、それぞれ独自の形式、目的、手段、対象をもっている。それにもかかわらず、そこで実現されているのは、力の機能と素材の同じタイプの関係であり、同じ規律訓練のダイアグラムなのである。

ドゥルーズの議論は、ここで最高の大胆さを発揮する。「純粋な機能と純粋な素材」の諸関係は、一見、諸制度からの抽象の産物であるかのように思われる。しかし、カントが純粋悟性のカテゴリーを単なる抽象概念以上のものと捉えるのに似て、ドゥルーズはダイアグラムを、いわば歴史的アプリオリとして、歴史的制度や歴史的社会の可能性を規定し、それ自身歴史的に変動する諸条件として捉えている。すべての力が、つねにどんな力とも結びつくわけではない。「どんな社会も、一つであれ複数であれ、そのダイアグラムをもつ。」それゆえひとは、未開社会のダイアグラム（贈与と逆贈与）、古代ギリシアのダイアグラム（自由な能動的存在の闘技的関係）、王権社会のダイアグラム（天引きし、死を決定すること）、ナポレオン時代のダイアグラム（王権社会から規律訓練社会への過渡）等々について語ることができるというのである（F43, 91）。

そればかりではない。ドゥルーズは、力の諸関係を徹底して自律した審級として捉えている。ダイアグラムの変動はいかにして生じるのか？　新旧のダイアグラムの交代が起きるのはなぜだろうか？　ドゥルーズは、ひとびとの意識形態（上部構造）や経済過程（下部構造）による説明を退ける（F62）。イデオロギーの装置（学校）や生産の装置（工場）は、「形式化された機能」と「対象化された素材」からなり、すでにダイアグラムを前提しているからである。産業資本主義がダイアグラムを規律訓練的なものに変えるのではない。規律訓練のダイアグラムこそが、産業資本主義を可能にするのだ。ドゥルーズによれば、力の諸関係の変異は、それ自身によって説明されなければならない。ひとつのダイアグラムの生成変化は、他のダイアグラムとの関係においてのみ生じる。ひとはそこに「偶然性と依存性の混合体」をみてとるだろう。生成変化は、先行するダイアグラムによって限定された所与の条件のもとで、賽子投げのように偶然に生じる。ダイアグラムは「突然変異」の能力をもつのである（F91-92）。

これと著しい対照をみせるのが、「制度」に対するドゥルーズの位置づけである。こちらについては、その依存性と派生性が徹底して強調される。フーコーがすでに述べていたように、制度は権力関係の源泉でも本質でもない。それは、所与のダイアグラムを統合し、具体化し、実現にもたらすにすぎないのだ。

「制度とはもろもろの実践であり、操作のメカニズムであって、権力を説明するものではない。制度は権力の諸関係を前提し、生産ではなく再生産の機能によってこれらの関係を〈固定化する〉ことで満足するからである。」(F82)

次節では、このようにフーコーから抽出された力の存在論と、D＝Gの哲学の基本概念がどのように関わるかを確認することにしよう。次いで、これらの概念のもとで、「言葉と物の編成体」と「力の諸関係」の二元論がいかに機能するかを見ることとしたい。

7　権力論から欲望論へ——D＝Gとフーコー権力論（二）

ドゥルーズがフーコー権力論の延長線上に展開している議論は、微妙な変更さえ加えれば、D＝Gの哲学の基本的な見取り図に変貌する。ドゥルーズはあるインタビューのなかで言っている。フーコーの全著作を横断するテーマは、形式（知・制度）と力（権力）の関係である。自分はそこから大いに影響を受けた。そしてまた、自分とガタリの共同作業が、フーコーの権力の分析に影響を与えたこともあっただろう、と。[22]

また、ドゥルーズは一九七七年のフーコー宛書簡のなかで、フーコーの権力論とD＝Gの哲学の対応関係について、きわめて率直な議論を展開している。一九七七年といえば、フーコーが『知への意志』を刊行した翌年であり、D＝Gが『千のプラトー』の執筆作業を進めていた時期にあたる。この書簡をてがかりに議論をすすめることにしよう。これまでひとは、フーコーの権力論に「生はあますところなく権力関係の網の目に捕えられている」という暗鬱な宣告を見いだすのが常であった。しかし、ドゥルーズは、そこから異なる見方を抽出する。さしあたり、彼の提案は、汎権力論のペシミズムを退け、それを欲望と逃走の哲学のオプティミズムにとってかえるものと理解することができるだろう。

第一に、彼はフーコーの「力の諸関係」という概念の独創性を賞賛したうえで、これを「権力」と呼ぶことに疑問を呈している。自分はガタリとともにそれを「欲望の情動」と呼びたい。「権力」という語は別の用途にあてるべきである（DRF114-115）。

さしあたり、それは用語の問題でしかない。だが、D＝Gの哲学の基礎概念を理解するうえで、このコメントが示唆するところは大きい。彼らが『アンチ・エディプス』（一九七二）以来「欲望」とよんできたものは、ドゥルーズのフーコー論が「力」とその「情動」として論じていたことがらと、別のものではないのである。欲望とは、器官や魂という「物」の一状態、しかも大抵は「欠如」として特徴づけられる状態などではない。それは、能動的または受動的に他の力と関わり、他の力との様々な組み合わせの下に入っていく力のことなのである。また、彼らが「器官なき身体」とよぶのも、こうした欲望＝力の諸関係の領野と別のものではない。

「僕にとって、欲望はいかなる欠如ももたない。欲望は自然的与件などではない。…それは構造や発生とちがってプロセスだ。事物や人物とちがって出来事だ。そしてなにより欲望は、ひとつの内在性の領域、ひとつの〈器官なき身体〉を構成する。そのありかたは、強度のもろもろの帯域、閾、勾配、流れによってのみ決定される。この身体は、生物学的なものでもあり、集団的、政治的なものでもある。」（DRF119）

第二に、ドゥルーズは、制度や装置が欲望＝力の諸関係を現実化する仕方を、ふたとおりに区別する（DRF114-115）。すなわち、「欲望のアレンジメント」による現実化と「権力の装置」による現実化である。欲望のアレンジメントとは、そこで欲望＝力の諸関係が実現されるような、「言葉」と「物」の編成体である。たとえば封建制度は、ひとつの欲望のアレンジメントであり、土地、馬、脱領土化（騎士の遍歴、十字軍）、女性たち（騎士が宮廷の女性に捧げるストイックな愛の様式）、等々を新しい関係のもとで機能させる。ひとつのアレンジメントは、「領土化―脱領土化―再領土化」の運動の複合をふくみ、権力の装置はその中ではたらく一部品にすぎない。その機能は、専ら「コード化し、再領土化する」ことによって脱領土化の運動を塞ぎとめ、アレンジメントを固定化し、力の諸関係を安定的に再生産することにあるのだ。「諸々の逃走線は必ずしも〈革命的〉であるわけではない。その反対だ。しかし、権力の諸装置が塞ぎとめ縛ろうとしているのは、これらの逃走線なのだ。」（DRF116）

ここでも、ドゥルーズの発言は、D＝Gの哲学の基礎概念にかかわっている。私たちは彼らのプラグマティクスを検討する過程で、「領土化―脱領土化―再領土化」や「アレンジメント」の概念にすでに出遭っていた。ドゥルーズが書簡で論じている「欲望のアレンジメント」と「権力の装置」の関係は、ラボフ的な言語の処理法とチョムスキー的な言語の処理法の関係によく似ている。ドゥルーズは、「権力」というものを欲望＝力の諸関係そのものとして捉えるのではなく、それらを実現する仕方として理解すべきだと言う。チョムスキー的な言語学が言語の唯一の処理法ではないように、権力は欲望＝力の諸関係を現実化する唯一のやりかたではないのである。

「欲望は、異質なものたちの機能的アレンジメントと一体になっている。…諸々のアレンジメントがつくられたり壊されたりするのは、器官なき身体の表面においてである。アレンジメントの諸々の脱領土化の点、あるいは逃走線を支えるのも器官なき身体だ。」（DRF119）

ドゥルーズによれば、フーコーが『知への意志』で展開した性愛論は、このような観点から読まれなければならない（DRF115-116）。「フーコーの権力論には救いがない。彼は、抑圧からの解放というスローガンを否定し、私たちを権力関係の脱出不可能な袋小路へと追いやる。私たちの愛や欲望はすべて権力関係の所産であり、ひとは欲望すればするほど権力にからめとられていくことになるのだ…。」ドゥルーズは、こうした見方とは、少し違う考え方ができると言っているのだ。フーコーが「性愛」（sexualité）と呼ぶのは、近代の西洋社会に成立した欲望のアレンジメントである。十八世紀以来、欲望＝力の関係は、この新しい「言葉」と「物」のアレンジメントと一体になり、このアレンジメントのもとで現実化されるようになる。この後で確認するように、私たちはここにも、「領土化―脱領土化―再領土化」の運動の複合を見いだすだろう。それは、私たちの不自由の条件であるばかりではなく、生成変化へと向かう自由の条件でもあるのだ。

こうして、ドゥルーズは汎権力論のペシミズムに、欲望と逃走の哲学のオプティミズムを対置する。だが、ひとつのアレンジメントがつねに「脱領土化の点」や「逃走の線」をもつのはなぜなのだろうか？ドゥルーズの主張は、楽天的な態度やメンタリティの表明以上の何かとして、すなわち、彼がフーコーから抽出する一つの方法の帰結として、理解さるべきもののように思われる。

このことを明らかにするために、次節では、フーコーの性愛論を参照しながら議論を進めていきたい。特に重要なのは、彼が「婚姻の装置」（dispositif d'alliance）と「性愛の装置」（dispositif de sexualité）とよぶ二つの異質なアレンジメントの関係である。性愛の装置は、古い婚姻の装置を支えとして誕生する。そして、二つのアレンジメントの共生の歴史は、性愛の装置の婚姻の装置からの離床（性愛の脱領土化）と、性愛の装置による婚姻の装置の再編成（性愛の再領土化）という、二つの運動の複合として解読することができるのである。

8　ふたつの変異の系列——D＝Gとフーコー権力論（三）

婚姻の装置とは何か？　それは、古くからの「結婚、親族関係の固定と展開、名と財産の伝達のシステム」である。この装置は、民事法、教会法令、キリスト教司教要綱といった言表と、教会の告解室における言表行為をひとつに結びつけ、合法的な性行動と違法な性行動の分割線を打ち立てる。それは性行動を、それが許される相手とのものか、夫婦間の義務を遵守しているか、生殖という目的を逸脱していないか、適切な時期や頻度を守っているか、といった観点から問題化するのである。裁判所は不貞を罰すると同時に男色や獣姦も罰したが、結婚の法の侵犯と異質な快楽の追求はひとまとめにされ、明確に区別されてはいなかった（VS51-52, 140）。

これに対して、性愛の装置とは何か？　第一に、それは「言葉」の新しい編成体である。キリスト教の告解制度は、ひとがおのれの「肉欲」について語るやりかたを婚姻の法にしたがって組織しコード化してきた。だが、十八世紀以後、伝統的編成は解体し、新しい言表形式の爆発が生じる。そして、その形式は人口統計学、生物学、医学、精神病理学、心理学、道徳、教育学、政治批判などの諸領域に拡散していくのである。その新しさは、まず性についての言表を際限なく増殖させていく煽動のメカニズムにある。いまや、各人が告白するよう要求されるのは、婚姻の法に違反する行為ではない。ひとは、自己の性、自己の欲望、自己の快楽に関係のありそうなすべての事柄、無数の感覚や想念を語るべく煽り立てられ、また強制されるのである（VS29, 46-47）。

また、新たな編成は、性について、単に道徳的であるばかりでなく合理的に語ることを要求する。記録し、分類し、特殊性を規定し、因果関係を明らかにすること（VS33-34）。そして、多様な性現象の統一的で隠された原因としての、「性」（le sexe）を追究すること。新しい告白の制度は、このような新たな対象領域の創出に支えられているのである（VS87-88, 198-208）。問題の焦点は、婚姻の規約から、性現象そのものに内在的な規則へと、またそこからの逸脱へと移される。人々は、いまや夫婦よりも、自慰をする子供や異性を愛さぬ者に対して問いかけ、告白を要求するのであり、夫婦の性行動が問題になるのもこれらの逸脱現象との関わりにおいてなのである（VS53-54）。

第二に、性愛の装置は、産業資本主義の要求に対応する、「身体」の新たな管理の様式である。十八世紀は、富としての「人口」、労働力としての「人口」、そして管理の対象としての「人口」の発見の時代であった。統治者たちは、「人口」の増減が、たんなる自然現象ではなく、生物学的なものと制度的なものとの交錯点であり、出生率、結婚年齢、性的交渉の早熟さや頻度、避妊法の影響などの変数に影響されることに気が付いたのである。そこから、住民の性行動を統制し、政治的経済的に有用なものとするための様々な戦略が形成されるようになっていく（VS35-37）。

だが、新たな管理は、人口の調節や労働力の再生産のために、有害な性行動を撲滅したり、減少させたりするわけではない。むしろ、それは敵を増殖させ拡散させるのである。自慰の撲滅キャンペーンは、暴かれるべき「秘密」の存在を設定し（それは敵に隠れるように促すことでもある）、教育者や親を動員し、少年の身体の周囲に権力の無数の侵入経路を作り出すことによって、家族を性の医学的管理の拠点とすることに成功した。また精神医学は、性的倒錯を医学の対象に組み込み、執拗に分類し、特徴づけ、目に見える恒常的現実として確立することなしには、それを駆除しようとしないだろう。重要なのは、管理の形式と領域を絶えず拡張し続けることなのだ。敵の存在こそが、権力に介入の表面を提供する。矯正の権力の拡張は、矯正の対象の増殖と拡散を必要とするのである（VS57-58）。

したがって、権力と快楽のあいだにあるのは、敵対関係よりも相互増幅作用であり、「刺激と煽動の複雑で実定的なメカニズムにしたがう連鎖」である。権力と快楽は、「互いに互いを追い回し、馬乗りになり、遠くへ投げ合うのだ」（VS67）。質問し、観察し、秘密を明るみに出すことはそれ自身快楽を伴い、この快楽が権力の拡張を推進する。また、隠れることによって相手の目を逃れることや、誇示することによって相手の眉をひそめさせることは、抵抗の権力の行使であると同時に快楽を増幅させる（VS61-62）。

家族とは、婚姻と性愛という二つの異質な装置が出会い、浸透しあう場所なのである。性愛の装置は、婚姻の装置と、その周囲に配置された告解制度を支えにして生まれた。それは、婚姻の装置と同様家族に接合され、家族を舞台に開花する。いまや、家族は、矯正の対象となる様々な性行動の出現の表面であり、住民の性行動の統制の拠点である。またそれは、社会が唯一公認する濃密な情動の場であり、不感症の妻、倒錯的で性的不能の夫、ヒステリーの娘、早熟な少年、等々の登場する舞台となるのである。だが、性愛の装置は婚姻の装置を駆逐したわけではない。家族は両者の連結器として機能する。それは性愛を法的なものに繋ぎ留め、逆に婚姻制度を快楽と情動の産出によって再活性化するのである。

フーコーは言う。それ以来、西洋社会は、ひとつの「不安」に苛まれることになったのだ、と。性愛が持ち込む刺激や煽動や混乱は、婚姻の装置にとって危険なものではなかろうか？　性愛がいつまでも婚姻の装置に留め置かれている保証はどこにあるのか？　精神分析はまさにこの不安を祓い除けるために登場する。というのもフロイトは、近親相姦こそが性愛の形成原理であると主張するからである。性愛がうみだす様々な混乱や逸脱の根源にあるのは、婚姻の規則と家族の関係なのだ。こうして、精神分析は、性愛が婚姻の法とは異質なものではありえないことを、社会に対して請け合うのである（VS139-151）。

「これこそが、十八世紀以来、法とは異質の権力テクノロジーを大量に発明してきたこの社会の逆説である。社会は権力テクノロジーの諸効果と増殖を怖れ、これを法の諸形式のもとに再コード化することを試みるのである。」（VS144-145）（強調松井）

以上をふまえるなら、ドゥルーズの主張は、さしあたり次のように理解されるだろう。

二つの装置が実現するのは、それぞれ異なる力のダイアグラムである。婚姻の装置が古くから実現してきたのが「贈与と逆贈与」のダイアグラムであるのに対して、性愛の装置が関わるのは「煽動すること」という異種のダイアグラムである。新しいダイアグラムは、古い制度に寄生し、これを侵食しながら別のものに変えていかなければおのれを実現することができない。だからこそ、性愛の装置の歴史的発展は、婚姻と家族を拠点としながら、それらとは異質な「性なき性愛」を増殖させ、解き放つという経緯をたどるのである。

むろん、性愛は「前提としての性」のもとに再コード化されるし、性愛を家族へと再領土化する試みも執拗に繰り返されるだろう。「性愛の装置は、性愛（la sexualité）を性（le sexe）に引き下げる。すなわち性差、等々に。こうした引き下げの企ての中心に位置するのが精神分析だ。」（DRF115）。その一方で、矯正の権力は新たな対象が増殖し続けることを必要としており、権力と快楽は互いに互いを遠くまで駆り立てずにはおかない。性愛の装置がひらくのは新しい戦場である。「いつでも、プルーストの場合に少し似て、統合された性のもとには分子的な性愛が煮え立ちざわめいている。」（F83）

だが、私たちはこうした楽天的な結論の更に先へと進まなければならない。問題は、ドゥルーズとともに、フーコーの分析からひとつの方法を抽出することにあった。その核心は、ふたつの変異の系列、ダイアグラムの変異とアレンジメントの変異を区別し、相互に関わらせるところにあるように思われる。

「ダイアグラムの生成と様々な突然変異が存在するように、様々なアレンジメントの歴史が存在する。」（F49）

すでに述べたように、ダイアグラムに生じるのは突然変異であり、突然の断絶である。これに対して、制度は連続的に変異することでダイアグラムの突然変異に対応し、ダイアグラムの実現の様々な度合を産み出す。言葉と物のアレンジメントは、ダイアグラムの生成とは異なる時間性をもち、固有の「歴史」をかたちづくるのである。私たちが婚姻の装置と結婚の装置のもとに見いだしたのは、このような意味での制度の「歴史」にほかならない。

『フーコー』では、このことが『監獄の誕生』を使って例解されている。王権時代には、監獄はそれ以外の刑罰制度から孤立している。それは王権社会のダイアグラムを低い度合でしか実現しないからである。だが、規律訓練のダイアグラムを高度に実現するようになると、監獄は学校、工場、軍隊など別の様々なアレンジメントに浸透していく。そして、規律訓練社会が全面的に実現した暁には、監獄に高い係数を与えたままにしておくのがよいかどうかはもう定かではない。こうして、監獄改革が恒常的な問題となり、監獄はその模範性を奪われて、再び局地的で孤立したアレンジメントに凋落するのである。「あたかも監獄という浮きが、規律訓練のダイアグラムの実現の目盛りを上がったり下がったりするかのように、すべては生じる。」(ibid.)

それゆえ、制度のダイアグラムに対する依存性と派生性を強調するだけでは、事態の一面しかとらえていないことになるだろう。ダイアグラムは純粋な「機能」と「素材」の組み合わせにすぎない。それは、諸制度が提供する具体的な形式、対象、目的、手段まで予め決定しているわけではない。それゆえ、「力の生成変化」の自律性とともに、「アレンジメントの歴史」の相対的自律性も認められなければならないのである。ひとつの制度は、一つのダイアグラムとの関係から別のダイアグラムとの関係にどのように入っていくのか？　その形式、対象、目的、手段はどのように変異していくのか？　変異は、いつ、いかにして敷居を超え、新しいダイアグラムの高度な実現に向かうのか？　また、こうした具体化のプロセスに経済過程はどのように関わるのか（たとえば、性愛の装置や人口の管理技術と産業資本主義の関係）？

「カフカを熱中させるのは二つの問題である。最悪のものであるにせよ、最善のものであるにせよ、ひとつの言表が新しいと言うことができるのはいつか?……新しいアレンジメントが素描されると言うことができるのはいつか?」(K148)

ドゥルーズは、制度とダイアグラムの関係を、「内在的原因」という概念によって言い当てようとしている。ダイアグラムは、制度のありかたを外側から決定するわけではない。それは「結果のもとで現実化され(s'actualiser)、積分され(s'intégrer)、分化していく(se différencier)ような原因」として機能する(F44)。ダイアグラムは、制度のもとで実現にもたらされ、またさまざまな制度に分化していくプロセスの外部ではなにものでもない。そして制度は、内在するダイアグラムなしには、具体化するべきいかなる機能ももたない。両者は、たがいに還元不可能であるにもかかわらず、相互に前提しあい捕獲しあう。力の諸関係とは、言語と事物のアレンジメントに内在する「外」なのである。

欲望と逃走の哲学のオプティミズムを支えているのは、このような変異の二重の系列の区別であるように思われる。ドゥルーズはフーコー宛書簡のなかで、自分は社会や制度に内在する「矛盾」について論じているわけではないと言っている(DRF116)。矛盾の概念は、同一性や全体性を前提としている。だが、ここで問題となっているのは、あくまで異質な二つの系列の関係なのである。

ひとつのアレンジメントが、つねに脱領土化と再領土化の運動の複合を含まざるをえないのはなぜか?ドゥルーズの主張を煎じ詰めれば、そこで言い表されているのは制度に対する力の異質性であり、両者の関係の不安定性であるように思われる。社会は、自らに固有の目的に役立てるために、新しい力の関係を具体化し、その実現の度合いを高めようとするだろう。だが、社会の目的の実現と、力の関係の実現のあいだに、予定された調和を想定することはできない。制度を安定的に再生産するという要請と、ダイアグラムの実現の度合いを高めるという要請のあいだにも、予め均衡を保証するものは見いだされない。そこから、次のような一般的な予想を導くことができよう（ここではあくまで「予想」と呼んでおくことにしたい）。社会は均衡や安定を犠牲にし、固定された諸関係を解体し、変異の連続体を産出しなければ、力の関係を実現することができないのである。

「ダイアグラムは決して既成の世界を再現するように機能することはなく、新しいタイプの現実、新しい真理のモデルを作り出す。…それは、先行する現実や意味を解体し、これに劣らず多くの出現や創造性の点、予期しない結合、ありそうもない連続体を構成しながら、歴史を作り出すのである。」（F43）

私は、ドゥルーズがこのような方法論とその帰結をフーコーの権力論から抽出したと述べてきた。だが、本当を言えばそのような言い方は正確ではない。実は、ドゥルーズは二十年以上前の『ニーチェと哲学』（一九六二）で、すでにそれをニーチェ的な「系譜学」の方法論として素描しているのである。[23]

若いドゥルーズは、私たちが「アレンジメントの歴史」として論じてきたものを、「事物の歴史」と呼ぶ。私たちがそこで出遭うのは、またしても事物と力の存在論的差異であり、両者の相互前提の関係にほかならない。力は事物を占有し、そこに自らの本性を表現する。そして事物は、力の本性を表現することによって意味を獲得する。事物の意味とは、事物が力の本性を表現することによって獲得する機能にほかならない。そして、事物の歴史とは、諸々の意味の変化以外のなにものでもない。ひとつの事物を占拠し意味を刻印していく諸力の変遷があり（意味の継起）、おなじ事物を巡って対峙する諸力の闘争がある（意味の共存）。事物はそれを占有してきた力と同じ数だけの意味をもつのだ（NP3-6）。

ドゥルーズによれば、ニーチェが「系譜学」と呼ぶのは、このような事物と意味の錯綜した関係を解きほぐす技術にほかならない。彼が二十有余年の歳月を超えて、ニーチェからもフーコーからも同工異曲の議論を抽出していることは明らかだろう。いずれにせよ重要なのは、「力の生成変化」と「アレンジメントの歴史」であり、二つの系列を区別し、関わらせる系譜学的な方法なのである。

9　新しいプラグマティクス

私がフーコーの権力論への迂回によって示したかったのは、D＝Gのプラグマティクスが、ここに述べたような意味での系譜学として構想されているということであった。

じっさいのところ、彼らのプラグマティクスの構想を明らかにするためには、「言表行為のアレンジメント」について語るだけでは十分ではない。それがどのような「力のダイアグラム」を実現するのかが問われなければならないのだ。D＝Gは『千のプラトー』で次のように言っている。チョムスキーが記述を企てる「文法の深層構造」は、「言語の抽象機械」である。それを抽象がすぎると非難してはならない。むしろ抽象が不十分であり、いまだ表層的にすぎると批判すべきである。彼が言語活動の条件として見いだすものは、依然として言語的なものでしかないからだ。

「真の抽象機械は、［単に文法や音韻のシステムに関係するばかりでなく、言表行為の］アレンジメントの全体に関係する。それはこのアレンジメントのダイアグラムとして定義される。…言語の体系が、社会的領域や政治的諸問題と相互に浸透しあうのは、抽象機械の深層においてであって、表層においてではない。アレンジメントのダイアグラムに関わるかぎりでの抽象機械は、抽象が不十分な場合を除けば、けっして純粋に言語的なものではない。」（MP115-116）（［　］は松井による補い）

そこで、D＝Gの言表行為の理論を、新たに獲得された系譜学的なパースペクティヴのもとで捉え返してみることとしよう。いまや「指令語」＝「発話内の力」の概念のもつ重要性は明らかであろう。それは、言語と力という異質な二契機が、いかに内在的に関係しあうかを理解させてくれるからである。

命令する、宣告する、助言するといった顕在的表現をもつ指令語は、他の指令語とともに、その都度の制度的前提のもとで特定の力のダイアグラムを具体化し、実現することに寄与しているように思われる。新しいプラグマティクスは、もはやオースティンのように言語行為の一般的分類を確立することに満足してはいない。いまや問題は、諸々の言語行為が、その都度の制度的条件のもとで、いかなる関係を結び、いかなるダイアグラムをいかなる度合において実現するのかということなのである。

これに対して、顕在的表現をもたない指令語（主体の位置の指定、対象領域の創設）は、ダイアグラムを実現する制度的条件の設定そのものに関わるように思われる。新しいプラグマティクスは、もはやサールのように約束や命令といった言語行為の一般的な遂行条件を分析するだけで満足することができない。

新たに重要性を獲得するのは、次のような一連の問いである。指令語は、異質な言表群をどのように関係づけ、ひとつの言表行為のアレンジメントを形成するに至るのか。主体はそれらの間をいかなる規則にしたがって移行するよう命じられ、その都度どのような位置や様態を割り当てられるのか。主体は「性」や「狂気」とよばれる対象領域のもとで、何をいかにして語りうるのか。そして、これらの制度的前提は自らを変異させつつ、どのようなダイアグラムの実現に寄与するのか。

だが、話はこれで終わりではない。フーコーの権力論への迂回を通して徐々に明らかになってきたように、本来問題にされるべきは、「言語の編成体」、「物の編成体」、「力のダイアグラム」の三者の関係である。したがって、言語の編成体と物の編成体がどのように関わるかという問題がいまだ残されている。D＝Gは『千のプラトー』で、前者を「言表行為の集団的アレンジメント」や「表現の形式」、後者を「身体の機械状アレンジメント」や「内容の形式」と呼んで、次のように論じている。

「アレンジメントはただその一つの表面においてのみ、言表行為のアレンジメントであり、表現を形式化する。もう一つの分離不可能な表面においては、アレンジメントは内容を形式化する。それは機械状の、あるいは身体のアレンジメントである。…内容は固有の形式をもつ以上、表現の形式に対して、いかなる象徴的な対応関係も線形的な因果関係ももたない。」（MP175）

ひとは言語と事物のあいだに、次のような関係を想定してきた。言語は事物を指示する、写像する、あるいは事物に分節や規定を与える等々。これに対してD＝Gは次のように考える。言語と事物はまずもって、それぞれ異質なやりかた、固有の流儀、固有の条件のもとで、同じ力のダイアグラムを実現する。彼らにとって、「象徴的な対応関係」は何ら根源性をもたず、せいぜい派生的なものにすぎないのである。

「重要なのは、人間科学は監獄に由来するということではなく、人間科学は監獄それ自体が依拠するような力のダイアグラムを前提しているということだ(24)。」(F79)

「真理はそれを確立する手続き(procédure)から切り離すことができない。だが、手続きは何から構成されているのか。おそらく、それはおおむねひとつの過程(processus)とひとつの方式(procédé)からなっている。過程とは見る過程である。それは知に対して一連の問題を提起するのだ。…どんなふうにしてこれらの対象、性質、物からもろもろの可視性を抽き出すのか？　そしてさらに、どのような光の下で、それら可視性はきらめき、かがやくのか？…どのようなやりかたで、どの主体のもろもろの位置とはいかなるものか？　だれがその位置を占め、見るのか？　しかしまた、言表の方式というものも存在するのだ。…いかにして語や文や命題のコーパスからそれらを横断する諸言表を抽き出すのか？…そして誰が語るのか？　すなわち、変項としての言表の諸主体はどのようなもので、だれがその場所を満たしにやってくるのか？」(F70)

人間科学とは言語の編成体であり、言表行為のアレンジメントである。それは、固有のやりかたで、言表の主体の位置や様態を配分し、対象領域を設定し、私たちがどんなことをどんなふうに言いうるのかを決定する。これに対して、監獄は事物の編成体であり、可視性のアレンジメントである。それは単なる石造りの建築物ではなく、まなざす主体と可視的な対象をともに可能にする「光の体制」にほかならない。ベンサムの考案した「一望監視体制」のもとでは、監視者や観察者は一方的にひとりひとりの囚人をとぎれることのない監視に晒しつづけることができるのである。

二つのアレンジメント、表現の形式と内容の形式は、それぞれ異質なやりかたでそれ自身の主体と対象領域を設定する。そして、それぞれの流儀で能動的な力（純粋な機能）と受動的な力（純粋な素材）の規律訓練的な関係の実現にかかわる。言表の主体とまなざしの主体、言表可能な対象と可視的な対象のあいだに対応関係が見いだされるとしても、それはそれら自身のあいだに同型性や相同性や共通の形式が存在するからではない。ドゥルーズによれば、両者の対応関係は、それらが同じ規律訓練のダイアグラム、人間の客体化のダイアグラムを前提しているということから派生するのである。[25]

私たちはようやく、D＝Gのプラグマティクスの基礎概念について一通りの検討を終えることができた。いまや、彼らによる総括を聴くべきときである。彼らによれば、新しいプラグマティクスは「四つの円環的な構成要素」からなる。もはや彼らの言葉に注釈は不要であろうと思う。

「第一は生成的要素であって、表現の形式がつねに複数の［記号の］体制の組み合わせを要求するのはいかにしてか、すべての記号の体制、すべての記号系が具体的に混成的であるのはいかにしてかを示す。［記号の混成的体系の例としては、先に見た婚姻の装置と性愛の装置の関係を想起されたい。］……第二の構成要素は変形的であって、ひとつの抽象された［記号の］体制が他の体制へといかに翻訳され、変形されるか、またとりわけ他の様々な体制から出発していかに創造されうるかを示す。この第二の構成要素は明らかにより深いものだ。なぜなら、どんな記号の混成的体制も、過ぎ去ったものであれ、現実に進行中のものであれ、ポテンシャルにとどまるものであれ、ひとつの体制から他の体制への変形を前提とするからである。…

さて、第三の構成要素はダイアグラム的である。その本領は、記号の諸体制ないしは表現の諸形式をとりあげて、そこからもはや形式化されることをやめた記号―微粒子［純粋な機能と素材］、相互に組み合わせ可能な形のない諸特徴を構成するものを抽出することにある。…このダイアグラム的構成要素のほうが、明らかに変形的要素よりも深い。というのも、記号の体制の変形や創造は実際に、つねに新しいものであり続ける抽象機械の出現によって生じるからである。

最後に、本来的な意味で機械状の構成要素は、いかにして抽象的機械が具体的なアレンジメントのもとで実現されるかを示すものとみなされる。厳密にいえば、具体的なアレンジメントは、内容の［形なき］諸特徴に判明な形式を与えずには、表現の［形なき］諸特徴に判明な形式を与えることはない。二つの形式は相互に前提しあい、形式化されない必然的関係［共通のダイアグラム］をもつ。このことが、表現の形式を自足的なものとみなすことをいま一度妨げるのである。」(26)（MP181-182）（［　］は松井による）

私たちは語りつつ何をなしているのか？　オースティンの立てた問いは極めて魅惑的なものである。だが、それだけに、私は彼自身や彼の継承者たちの議論に隔靴掻痒の感を覚えてきた。彼らは言語行為を分類し（オースティン）、約束、依頼といった言語行為の一般的成立条件を分析する（サール）。そこにどれほど貴重な洞察が含まれていようと、私には新しく開かれた問いの端緒は放置されたままであるように思われたのである。

従来、言語とは言語ならざるものとの関係において何であるかが問題となるとき、ひとは二つの選択肢に訴えてきた。すなわち、両者のあいだに「象徴的な対応関係」を見出すことと、「線的な因果関係」を見出すことである。私には、語ることそのものが行為であるという発見が、言語と非言語の関係を別の仕方で問う方途をひらいているように思えてならなかった。だが、オースティンは問題の提起にあたって、形式化の要求を充足することに専ら心を砕いているように見えたし、サールは問題の新しさを、「意図」や「志向性」という既成の概念装置に還元しようとしているようにしか見えなかったのである。[27]

私がD＝Gのプラグマティクスの構想に見出したのは、まさにこの放置された問いの再開であった。たしかに彼らの議論は、現代の言語哲学に固有の諸規範など端から無視したものに見えるし、形式化の要求にこたえようとする姿勢も希薄である。またその特殊な実在論的立場（力の存在論）をどのように正当化しうるかという問題も、未解決であると言わざるをえない。だが、「内在的原因」としての、あるいは「内在的な外」としての「力」の概念が、語ることと行為することの内在的関係を、象徴的関係にも心理学的・社会学的因果関係にも訴えることなく定式化するのに寄与していることも、また確かなのである。「言語は何を意味するのか」ではなく、「言語は何をなすのか」と問うこと。そうした問いの内実がこれほど力強く語られたことがあっただろうか。プラグマティクス（語用論）が、言語学と社会学と心理学のアマルガムとは別のものでありうることが、これほどはっきり示されたことがあっただろうか。「プラグマティクスはもはや〈ごみだめ〉ではない。」（MP98）

だから私はD＝Gに学ぶべきだと考えた。暗号で書かれたかのようなテクストを切開して、彼らが言語行為論の問いに吹き込んだ新たな生命になんとか形を与えてみたいと思った。とはいえ本稿は、新しいプラグマティクスの基礎概念を現代言語学や現代哲学の諸理論との関係において提示するにとどまり、その作家論や分裂症論等における具体的展開を追跡することはできなかった。これだけでは、「内在的原因としての力」の概念に、発見術的価値をもった仮説としての地位を要求することさえ難しいだろう。彼らとともに歩むことで、どのような展開、どのような洗練が可能であるのか。しばらく試行を続けてみたいと考えている。

結び　新しいプラグマティクスの効能について

最後に残されたのは、プラグマティクスの「効能」の問題、すなわちそれは何の役に立つのか、という問題である。私たちは語りつつ何をなしているのか？　オースティンやサールにとって、この問いに答えるものは言語行為の一般理論であるが、D＝Gにとっては「アレンジメントの歴史」と「力の生成変化」の二重の系列の分析である。D＝Gは、言語行為論の問いを歴史的世界のただなかに定位させる。したがって、問いは、私たちが現になしていることに対する、私たち自身の実践的価値評価と不可分である。

この問題については、ドレイファスとラビノウの議論が参考になる。彼らは、フーコーの『監獄の誕生』以降の探求を「解釈的分析論」と名付け、その実践的効能について次のように論じるのである。解釈的分析論とは、現行の文化的実践に巻き込まれつつ距離をとろうとする者が、それに診断と処方をくだす試みである。そこには、相互に独立しているが、互いに支え合う三つの契機が区別される(28)。

第一に、分析者は私たちの社会が抱え込む苦しみや危機の感覚を共有し、それに対する実践的姿勢をとることから出発する。

第二に、分析者は、その危機や苦しみの感覚を生じさせている当の文化的実践がどのようなものであり、どのように形成されてきたかについて解釈を展開する。むろんフーコーは、自己の解釈が普遍的でよく根拠づけられた手続きや足場に支えられたものではないことを承知している。というのも、彼が主張するところによれば、西洋近代の人間の自己知は、人間の客体化（規律訓練）や主体化（性愛）の文化実践を基盤に形成されたものであり、分析者に残された足場はこのような文化的実践でしかありえないからである。私たちは否応なくこの共通の基盤のもとで何かを始め、理解し、行動する。分析者はこの文化的実践に固有の首尾一貫性を解読するための格子（権力概念）をつくり、もしこんなふうに見ればうまく理解することができるという解釈を提示するだろう。そうすることによって、この文化的実践のなかにある何かが、私たちを服従の主体たらしめると同時に、抵抗の主体たらしめてもいるのだということを説明するのである。ドレイファスとラビノウは、このような解釈的分析論の立場が、今日私たちに可能な選択肢のうちで、最も一貫性をもち、信頼に値するものであると主張する。

第三に、分析者は、いかに世の中が病んでいるかについて診断を下しうると主張するからには、健康について何らかの規範を示さなければならないだろう。むろん、ここでも、普遍的で客観的な規範への依拠は問題にならない。現在に対する批判と抵抗に、苦しみと危機の感覚以上の根拠を与えうるとすれば、それは新たな来るべき倫理の体系を招来しうるような仕方で思考し行動すること、あるいは生の新たな倫理的形式を創出することによってでしかない。

そのさい私たちは、晩年のハイデガーの待機と祈りの姿勢よりも、フーコーの系譜学的／考古学的手法により多くを学ぶことができるだろう。系譜学は、特定の目的のもとで組織されてきた文化的実践が、いかにして別の関心や意志によって占領され変形されるに至るのかを明らかにする（古代人の自己統治とキリスト教の禁欲の関係）。そして、考古学はこの変形以前の文化的実践の古層を復元するのである。新たな倫理の体系がいかにして出現するのかを理解するための手がかりが、ここにある。新しい倫理とは、古い体系のもとでは重要な役割をはたしていたが、今日の体系のもとでは周縁化され矮小化されてしまった実践、だがそれにも関わらず存続し続けている実践に光をあて（たとえば友情や身体の快楽）、そこに新たな意味を付与するものではなかろうか？　私たちは、現在の支配的な文化実践に、このような周縁的実践を対置し、そこに新たな意味を与えていくことができないだろうか？　そして晩年のフーコーは、まさにそのようにして生きたのではなかろうか（むろん、新たな倫理がそれ自身に固有の危険を宿していないという保証はどこにもないのだが）？

ここに提示されているのは、極めて洗練されていて、ほとんど模範解答的なフーコー理解である。そればかりではない。私は、D＝Gのプラグマティクスもこのように理解され活用されるべきだと主張する誘惑に駆られている。少なくとも、私がフーコーの言表論や権力論を参照しながら理解したかぎりでは、D＝Gの提案はこのような理解や使用にひらかれていると言うことができるし、ドレイファス＝ラビノウは新しいプラグマティクスが実際にどう機能しうるかについて多くを言い当てているようにも思われる。しかし、D＝Gの思考は、このような口当たりのよい模範解答には回収しきれない過剰をはらんでもいる。さしあたり、このような過剰は棚上げにしておくこともできる。私はそのかぎりで、新しいプラグマティクスがドレイファス＝ラビノウの言う「解釈的分析論」として機能しうる可能性について述べたのだった。私が過剰と呼ぶのは、D＝Gのテクストを通じて鳴り響く一つの問いにほかならない。私たちの健康と病を定義するのは、アレンジメントとダイアグラムのさまざまな状態、そしてその組み合わせ方ではなかろうか。そして、私たちに大いなる健康をもたらすのは、もはや領土化も再領土化もなしに、様々なアレンジメントとダイアグラムの変異の能力を最大限に肯定するような組み合わせではなかろうか？ そうであるとすれば、私たちはそのような組み合わせを実現するために、いかに思考し行動することができるだろうか？

『千のプラトー』は、このような問いのために、アレンジメントとダイアグラムの様々な状態を区別し、それらの状態相互の移行可能性について錯綜した議論を繰り広げる。一方では、抽象機械（ダイアグラム）の様々な類型が区別されなければならない。抽象機械は、様々なアレンジメントに対して超越的なモデルとして機能する場合もあれば、それらの創造的な「逃走線」を連結し、共通の加速にもたらすように機能する場合もある。「抽象機械は、領土的アレンジメントを別のものに、別のタイプのアレンジメント、分子的なもの、宇宙的なものに向けて開き、生成変化を構成する。」（MP637）

他方で、アレンジメントも、その「変身の能力」に応じて、多様な性質を示す（創造性、不毛性、致死性…）。「一般にアレンジメントは、それが輪郭をもたずに物のあいだをすりぬける線を示し、機能―素材に対応する変身の能力をもてばもつほど、抽象機械に親和的である。」（MP639）「閉塞する接合」、「ブラックホールを穿つ再領土化」、「死と破壊の線」を回避し、「絶対的肯定的な脱領土化」へと導くことによって、私たちに大いなる健康をもたらすアレンジメントとダイアグラムの組み合わせは、いったいどのようなものなのだろうか？

だが、このような問いに対して、私は態度の留保を表明しておきたい。というのも、私が本稿で辛うじて明らかにしえたことだけでは、アレンジメントや抽象機械の類型を打ち立て、それらの価値を評定することがいかにして可能なのか、また「絶対的肯定的脱領土化」ということで何を理解すればよいのか、はっきりさせることは難しいからである。私は、いまだD＝Gのプラグマティクスの究極の問題をよく規定しえないことを率直に告白しなければならない。再度『千のプラトー』のテクストの錯綜に分け入り、議論を仕切り直す必要があろう。だが、もはや紙幅は尽きた。その作業は他日を期すことにして、筆を擱くこととしたい。

◉注

D＝G、ドゥルーズ、フーコーの著作からの引用は、以下の略号と原書の頁数によって本文中に示した。なお、訳文は邦訳を参考にさせていただきながら、筆者自身が訳出した。訳者諸氏に深く感謝したい。

D＝Gの著作

K　Kafka, *Pour une littérature mineure*, 1975, Les Éditions de Minuit.（邦訳『カフカ――マイナー文学のために』宇波彰・岩田行一訳、一九七八、法政大学出版局）

MP　*Mille plateau*, 1980, Les Éditions de Minuit.（邦訳『千のプラトー』宇野邦一他訳、一九九四、河出書房新社）

ドゥルーズの著作

NP　*Nietzsche et la philosophie*, 1962, P.U.F.（邦訳『ニーチェと哲学』足立和浩訳、一九七四、国文社）

F　*Foucault*, 1987, Les Éditions de Minuit.（邦訳『フーコー』宇野邦一訳、一九八七、河出書房新社）

DRF *Deux régimes de fous, Textes et entretiens 1975-1995*, ed. par David Lapoujade, 2003, Les Éditions de Minuit.（邦訳『狂人の二つの体制一九八三─一九九五』宇野邦一他訳、二〇〇四、河出書房新社）

フーコーの著作

AS *Archéologie du savoir*, 1969, Gallimard.（邦訳『知の考古学』（改訳版）中村雄二郎訳、一九八一、河出書房新社）

SP *Surveiller et punir*, 1975, Gallimard.（邦訳『監獄の誕生』田村俶訳、一九七七、新潮社）

VS *Histoire de la sexualité I, La volonté de savoir*, 1976, Gallimard.（邦訳『知への意志』渡辺守章訳、一九八六、新潮社）

（1）N・チョムスキー『文法理論の諸相』（原著 N. Chomsky, *Aspects of the Theory of Syntax*, 1965, MIT Press）安井稔訳、一九七〇、研究社、三～五頁、一一～一八頁。本書は、チョムスキーが変形生成文法理論の体系的枠組をはじめて明確にした書である。本論では、変形生成文法理論の詳細や、その後の変遷については取り扱わない。

（2）N・スミス、D・ウィルソン『現代言語学――チョムスキー革命からの展開』（原著 N. Smith and D. Wilson, *Modern Lingusitics—The Results of Chomsky's Revolution*, 1979, Penguin Books）今井邦彦監訳、一九九六、新曜社、三七頁。

（3）文法の生得性と普遍性、言語学の方法論とのかかわりについては、N・チョムスキー『文法理論の諸相』（前出）の「方法論的序説」§4～§8、および、N・スミス、D・ウィルソン『現代言語学』（前出）の第一、一一、一二章を参照した。

チョムスキーの学問論については、N・チョムスキー、M・ロナ『チョムスキーとの対話』（原著 N. Chomsky, *Dialogue avec Mitsou Ronat*, 1977, Flammarion：三宅、今井、矢野訳、一九八〇、大修館書店）が参考になる。引用は『対話』一六七頁から。

（4）N・スミス、D・ウィルソン『現代言語学』（前出）第三、七、八章を参照した。

（5）ラボフの言語変項、変項規則、言語変化の理論については以下を参照した。

（A）W. Labov, *Sociolinguistic Patterns*, 1972, University of Pennsylvania Press.

（B）U・ワインライク、W・ラボヴ、M・ハーゾグ『言語史要理』（原著 U. Weinreich, W. Labov, M. Herzog, Empirical Foundation for a Theory of Language Change, in W. P. Lehmann and Y. Malkiel(ed.), *Direction for Historical Linguistics: A Symposium*, 1968, the University of Texas Press）山口秀夫編訳、一九八二、大修館書店。特に重要なのは、ラボフ執筆の第三章「分化した体系としての言語」である。

（C）R・ウォードハウ『社会言語学入門（上）（下）』（原著 Ronald Wardhaugh, *An Introduction to Sociolinguistics*, 2nd ed., 1992, Basik Blackwell Ltd.）田部・本名監訳、一九九四、リーベル出版、第六、七、八章。

（D）R・A・ハドソン『社会言語学』（原著 R. A. Hudson, *Sociolinguistics*, 1980, Cambridge University Press）松山・生田訳、一九八八、未来社、第V章。

（B）はラボフの論文の唯一の邦訳である。（C）（D）には、ラボフの理論をめぐる論争、変項規則の概念への批判について有益な解説がある。

（6）ウォードハウ『社会言語学入門（上）』（前出）四一頁。

（7）ハドソン『社会言語学（上）』（前出）六一～六四頁。

（8）ウォードハウ『社会言語学入門（上）』（前出）五七頁。

（9）K・ヴァーゲンバッハ『若き日のカフカ』（原著 K. Wagenbach, *Franz Kafka*, 1958, Francke Verlag）中野・高辻訳、一九六九年、竹内書店。第三章「世紀の転換期のプラハ」を参照のこと。

（10）N・チョムスキー、M・ロナ『チョムスキーとの対話』（前出）九八～一〇一頁（D＝Gは MP118 の註でこのくだりの参照を指示している)。

(11) W. Labov, *Language in the Inner City: Studies in the Black English Vernacular*, 1972, University of Pennsylvania Press. また、ウォードハウ『社会言語学入門(下)』(前出)四二八〜四三三頁には、ラボフの議論のコンテクストが紹介されており有益である。

(12) J. L. Austin, *How to Do Things with Words*, 2nd. ed., edited by J. O, Ulmson and Marina Sbisa, 1975, Harvard University Press. (邦訳J・L・オースティン『言語と行為』坂本百大訳、一九七八、大修館書店) 以下に、Lecture I-VII の内容を要約する。

(13) Jean-Jacques Lecercle, *Deleuze and Langage*, 2002, Palgrave, p.167. ルセルクルの著書は、『意味の論理学』以降のドゥルーズの言語哲学の展開を丁寧に追いかけた好著である。だが、本書を一読するかぎりでは、ルセルクルは文学趣味の強い人のようで(彼はルイス・キャロルの研究者である)、ドゥルーズの『意味の論理学』や作家論の解釈には学ぶべきところがあったが、D=Gのプラグマティクスにかんしてはテクストの無難な要約に終始している感が強い。彼にとっては、ドゥルーズと作家たちとの関わりのほうが、ラボフやフーコーとの関わりよりも重要であるようだ。

(14) O. Ducrot, *Dire et ne pas dire*, 1972, Hermann. 以下に第二論文と第三論文の内容を要約する。オースティンにおける「前提」の問題については、J.L. Austin, ibid., Lecture IV を参照のこと。

ただし、デュクロが「前提すること」とよぶのは、言明の前提として特定の意味論的内容を聴き手に押しつけることである。だがこの後で見るように、D=Gはそれを、主体の位置の指定や、対象領域の設定へと拡大解釈する。

(15) MP175-176 の註を参照のこと。以下、本稿第五節から第九節までの議論は、この註の含意を展開したものであるといってよい。

(16)『フーコー』所収の論文のうち最初の二編は、それぞれ『知の考古学』と『監獄の誕生』の書評として、一九七〇年と一九七五年に発表されたものである。（ただし、収録にあたって大幅に書き換えられている）。『フーコー』に結晶することとなる言表概念や権力概念の理解は、D＝Gの共同作業が進められていた七〇年代を通じて熟していったもののように思われる。本稿七節でとりあげるドゥルーズのフーコー宛書簡（一九七七）はその一つの証左となろう。

（17）cf. H. Dreyfus and P. Rabinow, *Michel Foucault—Beyond Structuralism and Hermeneutics*, 2nd ed., 1983, The University of Chicago Press, pp.45-48.（邦訳H・ドレイファス、P・ラビノウ『ミシェル・フーコー――構造主義と解釈学を超えて』山形頼洋・鷲田清和訳、一九九六、筑摩書房、七九～八二、一二二頁）

ドレイファスとラビノウは、フーコーの言表概念とオースティンやサールの言語行為の概念のあいだに多くの一致が見られることを指摘している。また、註では、当初フーコーはその一致を認めていなかったが、サールとの書簡のやりとりを通じてそれを認めるに至ったことを報告している。

（18）E・バンヴェニスト『一般言語学の諸問題』（原著 E. Benveniste, *Problèmes de linguistique générale*, 1966, 1974, Gallimard）河村正夫・他訳、一九八三、みすず書房、二四三～二四六頁。

（19）O. Ducrot, ibid., pp.70-73. デュクロがその主張の根拠として展開する専門的な議論についてはここでは割愛する。

（20）M・バフチン『マルクス主義と言語哲学』［改訳版］桑野隆訳、一九八九、未来社、一七五～一八八頁。

（21）ドレイファスとラビノウは、フーコーが権力の一般理論の構築に慎重であるあまり、権力概念の存在論的、認識論的ステータスを曖昧なままに放置していることに苦言を呈している。フーコーは権力の概念を、一方では「もろもろの実践それ自身に内在する産出的原理」として、他方では「それらの実践を後から振り返って理解するための発見的原理」として使用している。どちらについても十分な説明や正当化は行われていない、と（cf. H. Dreyfus and P. Rabinow, ibid., p.207 邦訳二八三頁）。

彼らの指摘に照らせば、ドゥルーズの解釈は、権力がいかにして実践の産出的原理たりうるかを明確にする試みであるといえよう。だが、彼の議論は問題を解決するより、むしろ拡大再生産しているように見える。ドゥルーズは「力の諸関係」に「物とその状態」とは異種の実在性を認める。だが、何がこのような存在論的コミットメントを正当化するのかは説明されていないからである。

実は、ドゥルーズの特異な実在論的立場（現実的なものと潜在的なものにともに実在性を認める立場）は、初期のベルグソン論以来のものである。それは『差異と反復』（一九六八）や『意味の論理学』（一九七三）における展開を経て、D＝Gの著作にもひきつがれている。フーコーの権力概念の解釈もそのヴァリエーションにほかならない。特に重要なのは『差異と反復』であるが、ドゥルーズの業績を遡ることによって力の存在論を擁護することは、ここでは無理な算段である。プラグマティクスの問題との関連で、力の存在論がもつ意義については、本稿第九節で論じることとし、とりあえず先を急ぐことをお許し願いたい。

なお、Manuel Delanda, ***Intensive Science and Virtual Philosophy***, 2002, Continuum. は、ドゥルーズの特異な存在論の意義を、現代の自然科学との関連でみごとに解き明かしており有益である。

（22）G. Deleuze, ***Pourparlers***, 1990, Les Éditions de Minuit, p.123.（邦訳『記号と事件』宮林寛訳、一九九二、河出書房新社、一四九〜一五〇頁）。

（23）因みに、フーコーが自己の仕事をニーチェの系譜学と関連づけるようになるのは、一九七〇年代に入ってからである。フーコーの重要なニーチェ論「ニーチェ、系譜学、歴史」は一九七一年に書かれている。

（24）『フーコー』でも、『千のプラトー』でも、「表現の形式」と「内容の形式」の関係は、フーコーの『監獄の誕生』に依拠して議論されている。ただし、どちらのテクストでも中心的に議論されているのは、「人間科学」と「監獄」の関係よりはむしろ、「刑法」と「監獄」の関係である（cf. MP86-87, F39, 55, 69）。しかし、後者はきわめて複雑な説明を必要とするので、前者をとりあげることにした。

「刑法」と「監獄」の関係については、『情況』二〇〇五年三月号掲載の「図式から共通概念へ ―― ドゥルーズのカント論をめぐって」（安藤礼二氏と筆者による江川隆男氏へのインタビュー）における筆者の発言を参照されたい（四一〜四五頁）。

(25) ドゥルーズは、次のようにも言っている。

「真なるものは〈問題化〉を経なければ知に与えられることはない。そして問題化は、〈実践〉(pratiques)、すなわち見ることの実践と言うことの実践から出発することによってのみなされる。これらの実践、［見ることの］過程と［言うことの］方式は、真なるものの手続き、〈真理の一歴史〉を構成する。だが、真理の問題が真なるものの二つの部分［見ることと言うこと］の対応や同型性をしりぞけるときには、それらの部分はまさに問題として関わり合わなければならない。精神医学における簡単な例をとりあげることにしよう。ひとが保護院で見ることのできる人間と、狂人として言表することのできる人間は同じ人間なのだろうか。…十九世紀の精神医学は、狂気を〈問題化する〉このような確認のうえに成立したのであり、狂気についての一義的で確実な概念を形成したのとはほど遠い」(F70-71)（［　］は松井の付加）

ここでは依然として多くのことがらが曖昧にとどまっているように思われる。いかにして「見ること」と「言うこと」のあいだに「問題化」のプロセスが形成されるのか？　どのようにして、「問題化」のプロセスは「真理」の産出に至るのか？　そして、こうした事柄はほんとうに、「見ること」と「言うこと」のあいだの同型性や対応性ではなく、両者に共通の力のダイアグラムによって説明されうるのか？　フーコーの遺した具体的分析を参照しつつ、さらに議論を詰める必要があるように思う。

(26) 引用は『千のプラトー』第五章「さまざまな記号の体制」から。そこでD＝Gは、「シニフィアン的」「ポスト・シニフィアン的」「プレ・シニフィアン的」「逆シニフィアン的」という四つの記号の体制を区別し、これらの体制の混成体、これらの体制の相互変形、相互翻訳の可能性について論じている。引用中の、「生成的構成要素」と「変形的構成要素」の説明はこのくだりを下敷きにしている。第五章の議論をフォローする遑がなかったため、フーコーの『知への意志』からの例解で補ったが、「婚姻の装置」と「性愛の装置」は、身体のアレンジメントとしての側面を捨象して、言表行為のアレンジメントとしての側面にのみ注目するならば、

「シニフィアン的」記号の体制と「ポスト・シニフィアン的」記号の体制の混成体と考えることも可能なので、問題はないように思う（ついでに言うならば、D＝Gのカフカ論の要も、カフカのエクリチュールを「シニフィアン的」体制と「ポスト・シニフィアン的」体制の混成系として分析することにあるように思われる）。

（27）山田友幸氏は、現代の言語哲学に内在的な立場からオースティン以降の言語行為論の展開をサーヴェイし、「発語内の力の概念にいたっては必要な解明も与えられないうちに、その存在さえもが抹殺されかねない様相を呈しつつある」現状を批判している。山田氏は、オースティンとともに「発語内の力」を「慣習的効果」と捉えることに突破口を見いだしておられるようである。野本和幸・山田友幸編著『言語哲学を学ぶ人のために』、二〇〇二年、世界思想社、二〇五～二一一頁を参照のこと。

（28）cf. H. Dreyfus and P. Rabinow, ibid., pp.200-202（邦訳二七四～二七七頁）および第二版に付加された筆者たちの付論を参照のこと。

第八章　法-権利・社会・福祉国家

——「人を主体として生きさせる」ものをめぐって——

永井順子

序

　M・フーコーは、〈起源〉をめぐる形而上学を回避し、出来事の「可能性の諸条件」を描くことに努めた。そして、フーコーが最も関心を持った出来事とは、「人間が主体として構成されていること」であったと言えよう。(1)このことをごく単純化して言うなら、「人は何故生きるのか?」という問いにかえて、「何が人を主体として生きさせているのか?」と問うことに、フーコーの主題はあったと思われる。

　「主体として生きさせる」というように、「主体」であることに力点を置くなら、認識論や権利をめぐる法・政治理論を参照するであろう。他方で、「主体として生きさせる」というように、「生」に力点を置くなら、経済や社会保障に関心を寄せるであろう。これら二つの力点の相違は、理論的ないしは抽象的なものと現実的なものとのギャップと思われることも多い。

しかしながら、フーコーは、二つのものの「ギャップ」を無効にした。そのことは、「主体化＝服従化（subjection）」のテーゼに端的に示されていよう。本稿ではこのことを視野に置きながら、まず、「主体として生きさせる」というように「主体」であることに力点を置いた言説に対する、フーコーの批判の諸効果を見ていく。そこで、フーコーが、近代の法・政治思想に伝統的な「権利主体」の概念を批判したことに着目し、フーコーによる、権力の「法‐主権モデル」批判をめぐる議論を参照する（1）。次に、このフーコーによる批判を、「主体として生きさせる」というように「生」に力点を置く言説へと接続するものとして、フーコーディアンによるノルムと「社会」をめぐる議論を検討する（2、3）。最後に、「人を主体として生きさせる」という観点から、福祉国家について考察する（4）。

1　フーコーによる、権力の「法‐主権モデル」批判

フーコーが、権力を「法‐主権のモデル」で考えることを批判し、「規律権力」という新たな権力分析概念を提出したことはよく知られている。この点について英米圏では、一九九〇年代にフーコーによる「法の排除（expulsion of law）」が議論され、日本では二〇〇一年に関良徳が、「法の排除」論を紹介しつつ、これに対する反論も提出している〔関 2001:135ff〕。

フーコーによる「法の排除」論を提起したA・ハントとG・ウィッカムによれば、フーコーは法を「主権者による命令」、「制裁を背景とするルール」と同一視し、法的権力を「法律的君主制」のモデルで捉えているため、規律を特徴とする権力の近代的形態と法とが相容れないことを強調するに至ったとされる〔Hunt & Wickham 1994:58〕。

確かに、フーコーは、法の言葉で権力を語ることを批判する際、法＝主権者の命令とする見解を見せている。フーコーと法との関係は、彼が新たな権力分析を提出するに際し、法を古い権力分析の象徴として批判対象とする、ということに集約されるとも言える。そのようなフーコーの姿勢は、『監獄の誕生』〔Foucault 1975=1977〕、『知への意志』〔Foucault 1976=1986〕において顕著である。まず、『監獄の誕生』では、「法律の下層に」規律という新たな権力形態を見出すことが行われる。

原理上は平等主義的な権利の体系を保証していた一般的な法律形態はその基礎では、規律・訓練が組み立てる、本質的には不平等主義的で不均斉な、微視的権力の例の体系によって、細々とした日常的で物理的な例の機構によって支えられてきた。……現実的で身体本位の規律・訓練は、形式的で法律中心の自由の下層土壌を成してきたわけである〔Foucault 1975=1977:258=222〕。

次に『知への意志』では、より明確に、権力分析モデルの変更が宣言される。

権力の法律的かつ否定的な表象というものを手放してみようではないか。権力を、法や禁忌や自由、主権といった言葉で考えるのをやめてみよう。……権力についての別の理論を手に入れることによって、別の歴史の読解格子を作ると同時に、歴史の材料を、僅かに近付いて見ることによって、徐々に、権力の別の捉え方へと進むことである。同時に、法なしで性を、王なしで権力を考えることだ〔Foucault 1976=1986:117-118〕

このようなフーコーの立場を批判して、ハントとウィッカムが指摘したことは、主に以下の三点にまとめられよう。①近代国家の法をその言説形態と同一視し、法の命令的で否定的な概念構成を採用しているため、一枚岩で単一の国家や法というイデオロギー的概念構成を受容してしまっていること、②「法律的君主制」の想定において主権者＝王と考えるため、立憲民主主義国家を絶対主義国家の遺物であり、規律メカニズムの覆い＝仮面としてしか役に立たないとみなしていること、そして同時に、王の主権を離れた主権ないしは諸権利の可能性を排除していること、③近代における規律の勃興に伴う法の変化について、一般には法の増大が言われるにもかかわらず、これに対抗する考察を展開していないこと、である〔Hunt & Wickham 1994:3chap〕。

①については、フーコーは法や権力の表象、すなわち人びとが法や権力に対して持つイメージに注目し、これを問いなおすことを提起したのであり、法を「主権者による命令」であり、単一の国家‐法と捉えているのはフーコーではなく、人びとなのだという主旨の、関の反論〔関 2001:140-143〕が妥当である。そして、「表象としての法」を批判することは、実際には規律という「下部構造」が作動しているのであって法とはイデオロギーであるとするマルクス主義的な主張ではない。真実であるものと虚偽であるものの「分割実践」に批判的であったフーコーが、規律を真実であり法を虚偽であると断じるわけはない。「表象としての法」批判が目指すのは、真実の発見ではなく、権力分析概念の変更なのである。

同様に②についても、主権や権利をめぐる表象を問い直すことに、フーコーの主眼があったことを指摘できよう。実際にフーコーは、自由が法‐権利によって保証されないと主張するものの〔cf.Foucault

1984:245〕、権利一般を否定しているわけではない。それは、フーコーの次のようなことばに現われている。

> われわれが進むべきは、古い主権の権利の方向であるべきではない。そうではなく、新たな権利の形態、反‐規律的だが同時に主権の原理から解放された権利の形態の可能性へと向うべきなのだ〔Foucault 1997=2003:39-40〕。

この「新たな権利の形態」について、フーコーは考察を展開していない。だが、主権の権利を批判することによりフーコーが、権利も権力と同様に、特定の主体に帰属するものではないことを主張したことは明らかであろう。フーコーにとって権利とは、所有されるような何かではなく、「実践」であった[2]。

実はこの点は、ハントとウィッカムも認めていることである。だが、「だからといって、憲法や章典の規定が単なる修辞上のお飾りだということにはならない」と彼らは言う〔Hunt & Wickham 1994:45〕。そして、フーコーが権利を論じる仕方には、「市民権の拡大という観念に符合するところが全くない」と批判する。マーシャルに代表されるような、二〇世紀の半ばまでに福祉国家の枠組みのなかで、普遍的公民権と社会権の保障がなされるに至ったという説を、フーコーが無視しているように、ハントとウィッカムには思われるのである〔53〕。

このような印象が、③の批判の一つの支えになっている。そこで結局、ハントとウィッカムは、フーコーの法に対する見方を、規律を特徴とする権力において「法は重要ではない」とし、「法律の言葉で」

権力を語ることをやめるよう呼びかけることに代表させ、これを「法の排除」と呼んだ。ただし、フーコー自身が、次のように述べたことも、彼らは無視していない。

私は法が消え去るとも裁判の諸制度が消滅する傾向にあるとも言うつもりはない。そうではなく、法律はいよいよノルムとして機能するということであり、法律制度は調整機能を主とする諸装置（医学的、行政的等々の）の連続体にますます組み込まれていくということなのだ〔Foucault 1976=1986:182〕。

ハントとウィッカムは、この点に「法対規律」ではなく「法から調整（regulation）」への移行を見定める可能性を見、「後期フーコー」（「自由主義の統治」を研究するフーコー）に、その範を求めている〔Hunt & Wickham 1994:54-55〕。そして、「法律はいよいよノルムとして機能する」ことの含意について独自の理解と展開を試み、「統治としての法」という概念を提出した〔75ff〕。

彼らの著『フーコーと法』は、フーコーによる「法の排除」の動因を次の二点に見ている。第一に、フーコーの歴史的分析では、法が中心的役割を果たすのは、前近代の君主制 - 法 - 主権という複合体を構成することにおいてであること。第二に、フーコーは権力分析の方法として、否定的で抑圧的な権力から産出的権力への反転を主張しており、この反転には国家 - 権力から局所的権力ないしは「毛細状 - 権力」へと力点を転換することが伴うこと〔48-49〕。つまり、ハントとウィッカムは、フーコーによる規律権力と法的権力の対置を、主に微視的権力と大きな権力（君主制国家の権力）との対置と見ている。そこで、近代の法は、規律と同様、単一のものではなく局所的に作動するという主張が、彼らの「統治としての法」

概念の基礎となるのだ。

ただし、彼らは、フーコーが法的権力を批判するに至った、もう一つの重要な点、「殺す」権力と「生かす」権力＝「生‐権力」の対置を見逃していると思われる。つまり、「主体として生きさせる」ことの「主体として」に着目するあまり、「生」を見逃しているとも言えるのである。

彼らに先立ち、「法律はいよいよノルムとして機能する」というフーコーの指摘を、「生‐権力」の観点から展開しようとした人物として、フランソワ・エワルドがあげられよう。日本でも、関良徳〔関 2000〕や酒井隆史〔酒井 2001〕らが論を展開していることでもあるが、次章で、エワルドの論を参照しつつ、フーコーのターミノロジーである「ノルム」を、法と対比させつつ見ていく。

2　法とノルム

エワルドはまず、法と、フーコーの言う「法律的‐言説的（juridico-discursive）」なるものを区別し、フーコーが生‐権力（身体の規律と人口の調整）に対置したのは後者であること、したがって、フーコーが権力分析において法一般を否定したのではないと論じる。そして、フーコーが「生‐権力」に対置させた「死なせるか生きるままにしておく」権力ないしは「生殺与奪の権利」が、法の一般的特徴とは言えないことを確認している。その上で、エワルドは、生‐権力を規範化＝規格化（normalization）に結び付け、「法律的なるもの（the juridical）」に対置されるのは、「ノルム的なるもの（the normative）」であるとすることにより、フーコーの法的権力批判を、立法の増殖する現況に応えるものとして再構成する意図を見せている〔Ewald 1991:138〕。エワルドは次のような問いを立てている。「『法律的なるものの退化』という枠組みにおける、法の場所とは何か？　法の理論、実践がノルムのまわりで分節化されることは可能か？」〔139〕。

エワルドが「法律的なるもの」と「ノルム的なるもの」の間に区別を設けることにおいて重要なのは、前者が、何らかの超越的な真理を代理＝表象しているかのように想定される（自然法思想に典型的）のに対し、後者は、超越的なものを持たず、それ自体の内部に一定の規則性を持つような社会を想定しつつ同時に、その規則性を構築することで社会を囲い込み、創り出すものであることだ。エワルドによれば、ノルムとは、「ある集団が厳格な自己‐準拠の原理に則り、イデアや目的といった形態の外部の準拠点に何らたよることなく、集団自身に一つの共通分母を与える仕方である」〔154〕。

したがってノルムとは、「王の首を切り落と」した後の、すなわち、普遍的価値の終焉によって特徴付けられる近代という時代において、コミュニケーションを可能にさせるようなものである。ノルムは、「共通分母」によって、つまり、共通の標準で測られ、比較されるという意味において、人々を「平等にする」。さらにノルムは、「社会的な法を産出する手段」であるとエワルドは言う〔154-155〕。

「社会的」である法は、主権の意志から放出される法というモデル――リヴァイアサンのモデル――に基礎付けられるものではない。ノルムは、集団に集団自身に対する主権を与えるが、その主権は「契約contract」に由来するものではない。立法する主権という見かけをノルムは作り出すが、それはあくまで「見かけ」であり、ノルムの外部の何かに「由来」するものではありえないのである。したがって、ノルムの枠組みにおいては、「立法者」も存在しないことになる。法は義務も制裁も伴わない。それは単に「調整」する。ノルムの枠組みにおける法、すなわち「社会的な」法が、最も効率的に働くのは、それが

「強制 constraint」ではなく、「合意 consensus」として表現される時なのだ。このようなノルムの枠組みによる法の変化を、エワルドは次のようにまとめる。「ノルムは、法における主権の垂直的な関係のプレーを消滅させる。代わりに、社会福祉と社会保障の水平的な関係を支持するのである」〔ibid.〕。

ここで、フーコー＝エワルドが、「ノルム的なもの」に対置する「法律的なるもの」とは、「法における主権の垂直的な関係のプレー」であることは明らかである。さらに、このプレーを特徴付けるのは、主権者の命令である。

ハントとウィッカムは、エワルドがフーコーの法理解を「法律的なるもの」に限定したことに意義を認めていない。なぜなら、法の言説的次元、すなわち発話である限りの法に、フーコーの批判対象は絞られるとエワルドは見るが、法主体を想定すれば、法はつねに言説的だからだ、と言うのである〔Hunt & Wickham 1994:62〕。だが、フーコー＝エワルドにとっては、法主体を想定できないということにこそ、「法律的なるもの」とノルムの枠組みにおける法との差異がある。では、ノルムの枠組みにおいて法が「合意」として表現されるとエワルドが言う時、その主体の不在をどのように理解すべきか。

この点を理解するためには、「社会」の誕生（とりわけ、フランスにおける）を考察することを経なければならない。そこでまず、ルソーの『社会契約論』を見ていくが、ルソーの「社会契約」論もまた、権利をめぐってリヴァイアサン・モデルを批判するものであったことは注目に値する。(3)

「万人の万人に対する戦争」状態を回避すべく、一人の主権者に人民が権利を譲渡するというリヴァイアサンのモデルを、ルソーは次の二つの点で批判する。一つめが、「自然状態」は、人びとが原始的独立を保って暮らす「分散の時代」であり、平和状態や戦争状態を作るに至るほど相互に関係していなかったということである〔ルソー 1954:23、デリダ 1972:174〕。二つめは、人民が権利を譲渡するということが想定されるには、譲渡に先立ち、人民が権利を備えた人民として存在していなくてはならず、譲渡の方法（例えば、多数決で王を選ぶ）が定められていなくてはならない。このことは、「少なくとも一度だけは、全員一致があったことを前提とする」〔ルソー 1954:28〕。この全員一致を、ルソーは「約束」と呼ぶ。「社会秩序はすべての他の権利の基礎となる神聖な権利である。しかしながら、この権利は自然から由来するものではない。それはだから約束にもとづくのである」〔15〕。

ルソーにとって「自然状態」は「黄金時代」であるから〔デリダ 1972:88〕、自然状態での生存が不可能になった時はじめて、新たに生存を可能にするような別の状態が要請される。新たな状態にとっての課題は、「各構成員の身体と財産を、共同の力のすべてをあげて守り保護するような、結合の一形式を見出すこと。そうしてそれによって各人が、すべての人々と結びつきながら、しかも自分自身にしか服従せず、以前と同じように自由であること」である〔ルソー 1954:29〕。原始的独立を放棄するにたる理由がある場合にのみ、結合は可能になる。そして、ここで見出された「結合の一形式」が「社会契約」であり、新たな状態は「社会」と呼ばれるのである。

では、「社会契約」の内実とはどのようなものか。ルソーは次のように言う。「この基本契約は、自然的平等を破壊するのではなくて、逆に、自然的に人間の間にありうる肉体的不平等のようなもののかわりに、道徳上および法律上の平等をおきかえるものだということ、また、人間は体力や、精神については不平等でありうるが、約束によって、また権利によってすべて平等になるということである」〔41〕。このような「平等」が可能なのは、ルソーにとって社会契約が、「われわれの各々は、身体とすべての力を共同のものとして一般意志の最高の指導の下におく。そしてわれわれは各構成員を、全体の不可分の一部として、ひとまとめとして受けとる」ことを意味しているからだ〔31〕。そしてこの「ひとまとめ」が「主権者」（「主権者とは集合的存在にほかならない」）であり、「主権」とは「一般意志の行使」にほかならない〔42〕。

このような見解からわかるように、ルソーにとって「主権者」とは「社会」それ自体であり、「一般意思の行使」である「主権」とは、リヴァイアサン・モデルにおける垂直的な関係を前提とするものではない。むしろ、その一般的たることは、水平的な関係を支持する。さらに、「主権」の行為である一般意志の表明は、法とよばれるが〔44〕、法は相互的かつ一般的であるような、「社会的結合の諸条件」であるとされる〔57-61〕。

「法の対象は常に一般的であるとわたしがいう場合、その意味は、法は臣民たちを一体として、また行為を抽象的なものとして考えるのであって、決して人間を個人として、また個別的なものとして考えるのではない」とルソーは言う〔58-59〕。つまり、法とは、「主権者＝社会」の自分自身に対する抽象的な関係を指している。「主権者ですら、個別的対象に対して命じたことは、もはや法ではなくて、命令＝勅令であり、主権の行為ではなくて、行政機関の行為である」〔59〕。

まとめよう。ルソーのリヴァイアサン・モデル批判は、垂直的な主権のあり方を批判し、水平的な、「社会的な」主権のあり方を模索するものである。したがって、「社会」は、それ自体の外部に準拠点をもたないようなものとして考えられており、さらに、構成員の平等を推進するようなものである。また、法は、王の命令ではなく、「社会」の「社会」に対する関係であり、「社会的結合の諸条件」である。このような「社会」、法の概念構成は、「法律的なるもの」より、「ノルム的なもの」に親和的であろう。とりわけ、ルソーの法は、個別の法主体を有しない一般的「合意」としての法のあり方の、一つの説明になっていよう。ここで、ルソーとフーコー＝エワルドに共通するのは、「社会」を、外部に準拠点をもたず、内部で平等化ないしは水平化するような集合的存在として捉えていることだ。

ただし、ルソーとは異なり、フーコー＝エワルドが、この集合的存在を「ひとまとめ」とは考えていないことに注意すべきだろう。また、エワルドが明言しているように、ノルムの枠組みにおける法は、一般意志の表明ではない〔Ewald 1991:155〕。一般意志、ないしはその表明としての法は、個別的に作動する能力を欠いている（「法は臣民たちを一体として、また行為を抽象的なものとして考えるのであって、決して人間を個人として、また個別的なものとして考えるのではない」）からである。しかし、先に述べたように、「社会契約」が果たす「結合」が、「各構成員の身体と財産を、共同の力のすべてをあげて守り保護する」ことを目的としている時、各構成員の個別の身体や財産を対象としないでいる法が、「社会的結合の諸条件」として十分であるかに疑問がもたれよう。それは、「一般意志」とは何であるかが、不確かであること、そしてそれが「不在の王」であるとの疑いを拭えないこととも連動する。結局のところ、問いは次のようなものとなろう。「主権は個々人の生を保障するのか？」ないしは、「主権は人を生きさせるのか？」。

これは、今日まで続く問いであり、おそらく、フーコーが「Non」と答えた問いである。だからこそフーコーは、主権ではなく、個々人の生を保障するものへと考察を進めるのである。個々人の生を保障することは、一八世紀末に誕生し、それ以来今日まで、大きな課題なのだ。後年のフーコーは、この課題を

「統治性」というスキームで分析することになる。その際、一八世紀末のこの転換を、「社会」の発見という語彙で見定めている。その発見はまた、ルソーにも負わせられるものかもしれない。以下で、この点を確認しよう。

3　フーコーと「社会」

周知のように、フーコーディアンのなかで「社会」は、「社会的なもの」とも言い換えられ、特別な意味を有している。「社会的なもの」は、「公的なものと私的なものの新しい雑種的なかたちを導入し、そしてそれ自体が、国家の介入とその撤退、国家の負担とその軽減の再配分と独自のからみ合いを作り出す」と言われる〔ドゥルーズ 1991:281〕。このような「社会的なもの」は、一八、一九世紀に国民 - 国家の統治＝政府に適した新たなカテゴリーとして「発見」されたものである。[4] フーコーは、「自由主義の統治」に注目しつつ、次のように述べている。

もし統治が過ぎたるものであるなら全く統治していないことになる、……そこで見出されたもの――そしてこれは一八世紀末の政治思想の最大の発見の一つであったわけですが――、それは社会の概念なのです。つまり統治＝政府は、領土、地域あるいはその臣民を扱わなければならないのみならず、それ自体の反応のメカニズムと法則とを、その規則性と一方での撹乱の可能性もともに備えた複合的かつ独立的な現実をも扱わねばならない……〔Foucault 1984:242〕。

フーコーは「この新しい現実」を、「社会」と呼ぶ。フーコーディアンが「社会」ないしは「社会的なもの」に注目するのは、「自由主義の統治」を考察する際に集中しているのはこのためであろう。

統治性研究に至る以前、一九七五年から七六年に、フーコーは、コレージュ・ド・フランスの講義「社会は防衛されなければならない」において、一八世紀末の政治理論における「発見」を指摘している。この講義は、法 - 権利の理論にとって中心的な「主権の問題」および主権への諸個人の服従というスキームを回避して、別様に支配を考察することを課題としたものであり〔Foucault 1997=2003:27〕、同時期の『監獄の誕生』や『知への意志』と問題関心を共有している。さらにこの講義では、政治思想の広範な検討が行われており、後の統治性研究との連続性も指摘される〔cf. 重田 2003b:184〕。

フーコーはこの講義で、ホッブスらの主権の理論（ないしは「法律的 - 哲学的理論（philosophico-juridical theory）」の特徴を、「戦争の終了後に政治権力が始まる」と考えることと見定め〔Foucault 1997=2003:50, 110-111〕、これとは反対の言説の系譜（「歴史的 - 政治的（historico-political）」とフーコーは呼ぶ）、「政治とは別の手段で続けられる戦争に他ならない」（ブーランヴィリエ）に着目する〔cf. 重田 2003b、松葉 2003〕。フーコーによれば、ブーランヴィリエは、主権理論によって覆い隠された過去の戦争の歴史を描き、この歴史を、王権に「裏切られ、屈辱にまみれた貴族の武器」としたと言う〔Foucault 1997=2003:131〕。ここで貴族が闘わなければならなかった相手とは、一八世紀の社会における王権と「第三身分」＝ブルジョワジーであった。ブーランヴィリエは、社会の諸集団の力関係を戦争ということばで捉えたのであり、フーコーはこれを「戦争の一般化」と呼んでいる〔155-165〕。

ブーランヴィリエの戦争の言説の新しさは、歴史の隠された暗黒面をあらわにしたことのみならず、それを語る新たな主体を一つの「ネイション」として誕生させたことにあると、フーコーは見る。この時代の「ネイション」とは、共通の習慣や地位を有する人びとの集団であり、領土や権力制度、国家を前提とするものではなかった。ゆえに貴族は一つの「ネイション」であり、他のネイションと国家のうちに集められ、互いに闘うものと考えられていたのである〔134〕。

このような一八世紀の言説では、戦争という関係が、歴史を構成する役割を果たし、社会と政治的諸関係の実存の条件となっていた。だが一八世紀末には、戦争という関係は、社会を守り、保持する役割、政治的諸関係における社会の生き残りのための前提条件となったと、フーコーは言う。社会を、社会自体の身体に生まれつき備わる内部の脅威から防衛するという新たな課題が生じたのである。それは、内的な戦争という新たな観念の出現であった〔216〕。その背景には、「ネイション」概念の再定義がある。ここでフーコーは、シェイエスの『第三身分』を考察している。シェイエスは、「ネイションなるもの」の成立条件を、一方で法‐立法機関に見、他方で実質的な条件である「労働」と「機能」に見る。そこで、当時の国家において「労働」と「機能」の大半を担っているという理由から、複数の「ネイション」のうちの一つにすぎないはずのブルジョワジーが、「ネイションなるもの」の歴史的な核であることが論じられ、普遍性への可能性、法‐立法機関を得る潜在力を持つものとして、「ネイションなるもの＝ネイション・ステイト」に重ねられる。つまり、ブルジョワジーが「ネイションなるもの」になる潜在的可能性こそが、「ネイション・ステイト」を立ち上げるという仕組みが描かれるのである。簡略化して言えば、ここで、かつての「ネイション」は、「想像の共同体」〔アンダーソン1997〕としての「ネイション・ステイト」に変容するのだ〔Foucault 1997=2003:218-225〕。

その結果、戦争はネイション間の抗争ではなくなり、普遍的な国家の内部での、「市民の闘い」となる。この闘いに賭けられているのは、支配権を得ることではなく、国家そのものである〔225〕。先に内的な戦争において防衛される社会にふれたが、ここでは、社会は国家と言い換えられている。さらに、最終講義では、この内的な戦争は、「国家人種主義」を背景とするものであることが述べられている〔254ff〕。優生思想に代表されるような、国家の内部での「劣った者」の排除こそが、新たな戦争なのである。[5]

この一連の講義において、フーコーは、「社会」という語を明確な定義の下で使用しておらず、広く「戦争の場」と捉えているように見える。だが、これが、「ネイション・ステイト」の出現と同じ時期である一八世紀末に、フーコーはもう一つの転換を見ており、フーコーにとっての「社会」を理解する手がかりを与えてくれる。その転換とは、『知への意志』のなかの記述で知られる、「人間の身体の解剖 - 政治学から人種の生 - 政治へ」という権力の変容であり、「生きさせるか死ぬままにしておく権力」の誕生である〔Foucault 1997=2003:243, Foucault 1976=1986:175-177〕。この時、一七世紀以来、法律的権力の下層土壌で作動してきた規律権力、すなわち、個々の身体、「身体としての人間」に介入し「個人化」を果たす権力に加え、「生きている人間」、「種としての人間」を対象として、「マス化」し調整するような、新しい権力が生まれる。この新しい権力の対象は、「政治的問題、科学的であると同時に政治的な問題、生物学的な問題、そして権力の問題としての人口」とも言われる〔Foucault 1997=2003:243-245〕。

以上をまとめると、フーコーが一八世紀末に「発見」されたと言う「社会」の特徴を見定めることができよう。まず、それは、ヴァーチャルな性質を有する「ネイション・ステイト」であり、内的な戦争を内にはらむ。そして権力テクノロジーの観点からは、それは「人口」である。

この「人口」としての「社会」は、デュルケムの「社会」を参照することにより、重田によって明確化されている〔重田 2003a: 第二章〕。デュルケムは、「社会的事実」を「事物」として見ることによって、新たな学としての社会学を確立しようとしたが、そのための道具として統計を重視した。統計は、一八、一九世紀の新たな統治＝政府の主要な技術であり、また、社会学は、やはりこの時期誕生した統治＝政府の技術である「人文諸科学」の一つである。(6) デュルケムの社会学は、自殺や犯罪などの従来例外的・偶発的とみなされてきた事象に、統計的な規則性（自殺率、犯罪発生率）を見出すことで、その外部に根拠付けを有しないような「社会」を「一つの社会」として、描き出すことを試みたのだった。重田はこれを、「社会の統計学的一体性」ということばで表現している〔重田 2003a: 第二章〕。統計により、一つの規則性を有するような集合的存在、それはまた、「人口」の特徴でもあるのだ。

以上のような特徴を鑑みれば、個人を生きさせることを務めとするルソー的な「社会」においてもまた、「全体かつ個別的に」作動する「生‐権力」ないしはその対象としての「人口」が、「一般意思」に代わり、「社会」の説明原理として説得力を有してくる。実際フーコーは、「統治性」論文において、「人口の統治」という発想にルソーが近づいたことを示唆している。

政治の行使の内部への家政＝経済の導入、私の考えでは、それこそが統治において争われている主要な論争点なのです。……項目「政治経済学」のなかで、ルソーが、簡略化していえば、「家政＝経済《エコノミー》」という語はもともと「家族全体の共通の善のために家をかしこく統治すること」を指すのだということを述べるとき、まだ同じ（＝一六世紀と同じ）用語でかれが問題を立てているのがわかります

〔Foucault 1978=2000:254-255、（　）内引用者補足〕。

しかし、このモデルは、過去において参照されていたにせよ、もはや受け入れるべきではない。ルソーが言うには、今日、私たちはみな政治経済学が家族的家政学ではないことを知っている。そして、重農主義も、統計学も、人口の一般問題をも明示的に引くことなく、彼は、この切断と、経済学――政治経済学――がもはや古い家族モデルに押し込められるべくもないまったく新しい意味を持っているという事実をはっきり記載している〔268〕。

ルソーは、家族とは異なる、新たなエコノミーの領域を「発見」し、これを「政治経済学」の対象とした。この新たな領域が、「社会」である。ここで、フーコーは、ルソーの『社会契約論』が、「『自然』や『契約』や『一般意志』といった概念によって、主権の法的原理にも、統治の技法を定義し特徴付ける諸要素にも同時に場所を与えるような統治の一般的原理を、どうしたら与えられるか」ということを課題としていたと見るのである〔Foucault 1978=2000:268〕。

他方で、「社会」の誕生をルソー的に捉えるならば、「社会」における法は、はじめから、ノルム的に作用することを運命づけられていると言えるかもしれない。とすれば、主権者の命令としての法というモデルを、フーコーが法の典型と見ることに、ハントとウィッカムが疑義を呈することも理解できないことではない。実際、上のようにルソーを解釈した時フーコーは、統治の技法の出現によって、主権の問題が「かつてないほど先鋭的になった」ことを認めている〔ibid.〕。

そこで、次の課題となるのは、「主権―規律―統治」の同時並行的な絡み合いを、「社会」において見定めることであり、それは、この場所で、「人を主体として生きさせるもの」を見ていくことに他ならない。

4　「社会」と福祉国家の検討

前章では、「社会」の「発見」をルソーに見る可能性を示唆したが、他方で、フーコーディアンの「社会的なもの」は、ルソーの「社会」と断絶したデュルケムの「社会」であるのも確かだ。この場合、「社会」の「発見」は、一八世紀末から一九世紀末に遅らせられることになろう。そしてそれは、福祉国家（摂理国家、社会国家）の誕生の時期と重ね合わされる。

ジャック・ドンズロは、デュルケムの新しさを、「連帯」という概念の発明に見ている。

フランス革命、ないしはルソー的な社会契約の発想は、個人を国家へとダイレクトに、あらゆる中間項なしに結び付けるものである。実際、革命時のル・シャプリエ法により、十人以上の結社、集会が禁止されたのである。これは、個人主義的な主権の確立を背景に有するものと見られる。しかしながら、一九世紀には、普通選挙権の確立に見られるような政治上の権利の拡大と、労働の場での服従という、労働者の二つの「現実」の対立が、先鋭化するようになる。ここで、労働者の権利を保障するために国家介入を期待する立場と、国家介入は個人の権利の侵害であるという立場とが対立するようになったのである。フランスにおいて、第三共和制が出した答えとは、福祉国家であった。その鍵をなすのが、他ならぬ「連帯」の概念だった。

ドンズロは、第三共和制による福祉国家構想を構成する営みを、次の二つにまとめている〔Donzlot

1991:171〕。

（a）連帯と主権との区別を確立すること

（b）諸権利の対立的な言語に代えて、統計の均質化する言語をたてること

ここでは、主権の言説こそが、国家介入か自由かという対立を引き起こすものと考えられた。確かに、個人が主権者、権利の主体であるならば、国家の介入を個人が好きな時に拒否することができる。他方で、国家が主権者、すなわち一般意志の表明であるならば、そもそも国家に対立する個人が存在しないはずである。工業化の進展に伴い、労働者の劣悪な労働条件や貧困などの「社会問題」が発生した時、主権の言説は、問題を問題化するのには役立ったかもしれないが、それを解決することができなかったのである。つまり、「主権が個々人の生を保障できない」ことが「現実的に」明らかになってしまったと言えよう。

そこで、主権の言説に代わり「連帯」の言説が登場する。デュルケムの「有機体的連帯」の概念は、分業の進展による個々人の自立と相互依存の高まりを意味する。このように、「連帯」は、それ自身に内在的な社会発展の一般法則を有している。ドンズロは、この法則に則る限りでの国家の介入が認められたことを指摘する。そこで、「国家自体が社会的諸関係において危うい状態にある＝賭けられていることはもはやなくなり、社会的諸関係の外側に立ち、その進歩を保証するものとなったのである」〔Donzlot 1991:172-173〕。

さらに、デュルケム的な「連帯」において、その発展の一般法則は統計的なものであるから、国家が

「連帯」の社会関係に介入する仕方も統計的なものとなる。社会の「連帯」を創出しつつ、これにより個々人の生を保障するもの、それは、統計的なリスクに基づく社会保険に他ならなかった。

社会保険は、プロイセンでビスマルクが、一八七八年からの社会主義者鎮圧法という「鞭」に対する「飴」として創始したことが知られている。ただし、中世以来、集団（ギルドなど）の構成員の積立金によって特定の事故に備えるような相互連帯の仕組みは存在しており、一九世紀末の社会保険の新しさは、それが国家によって一定の社会集団に強制されることであった。この「強制」は「連帯への参加」と読み替えられるわけだが、そのことは、主体的な参加を待たずとも、個々人は常に既にある社会集団に参加していることを前提としている。この前提は統計的に見られた「人口」によって満たされる。社会保険の対象となるようなリスクを算出するにあたっては、一定の規則性を持つような「人口」が参照され、諸個人は既に「人口」の一員として、知らぬ間に社会に参加しているのである。

大澤真幸は、このような連帯のあり方を「否定的な連帯」と呼んでいる。大澤の分析を本稿の文脈に置き換えて述べると、以下のようなことが言える。集合内の任意の個別的関係を取り出してみても「連帯」は見出せないのに、集合全体つまりは「人口」を見た場合に「連帯」がある。既に述べたように、「人口」は「統計学的一体性」を備えている。しかし、この「一体性」は、個々の構成員によって感じられるものではなく、統計学者のまなざしの下に現れるものだ。そこで、この「一体性」が「連帯」へと変容するには、統計学者のまなざしの存在を忘れることが必要である。こうして「連帯」は目に見えないものとしてあることになるが、そうであればこそ、それが社会の「内的な関係」であることを証明することになるのである〔cf. 大澤 2004:191-214〕。

外部に超越的なものを持たないような集団に、内的な規則ないしは「共通分母」を与えるものを、エワルドはノルムと呼んでいた。また、エワルドは保険について、次のように述べている。

保険の出現とともにノルムは、多種多様な保険統計的人口を管理する手段として役立つ一方で、社会保障システムの制度によって、所与の国家の人口全体を管理する一つの方法となる。ここに、(ノルムの)微視的 - 道具的レベルから生 - 政治的レベルへの転換があるのだ〔Ewald 1991:141、( )内引用者補足〕。

エワルドは、規律の枠組み、すなわち「個々人を創り出す」仕組みにおいては、ノルムは、個人化の論理に則りつつ、創り出された個人の間のコミュニケーションを可能にする役割を果たしていたと言う。ただし、それは特定の実践、制度=施設に結び付いた、局所的なものであった。例えば、学校や軍隊における、個別化しつつ試験などによって比較・査定を行い、一定の標準化を行うノルムのあり方は典型であろう。だが、保険の出現により、ノルムは、個人ではなく人口全体に関わるものとなる。そこで、かつての規律的ノルムに代わってリスクが、個人間のコミュニケーションを可能にする役割を担当するのだ〔ibid.〕。

以上のことを整理すれば、保険によって「社会」を創り出す国家、すなわち社会 - 国家=福祉国家においては、ノルムは人口という全体的な水準で、その内的な規則、「一体性」を創出するが、個々人という個別的な水準には、「一体性」がその全体のままに現われることはなく、特定の実践や制度=施設を伴ったリスクが局所的に働いて、個々人の水平的な関係を創出していくということになろう。

エワルドが強調するように、リスクとは現実に実在するものではなく、認識のカテゴリー、特定の集団に常に起こりうる出来事を扱う一つの方法である〔Ewald 1991:142〕。保険のシステムにおいては、加入者全員が、共通のリスクのカテゴリーを参照し、保険料を負担することになる。局所的に働くリスクの特性が顕著であるのは、保険料の負担の場面である。(7) 社会保険であれば通常各人の所得に応じて、私保険であればリスクの高さに応じて、保険料は個別化されている。そして、負担の受け止め方は各人で異なろうが、保険料を払いさえすれば、そこに「連帯」が出現するわけである。

既に述べたように、一九世紀末に、福祉国家が保険制度を掲げて誕生した際には、この「連帯」は、階級対立を解消し、かつ個々人の（とりわけ労働者の）生を保障するものと思われた。しかし、今日では、次のような問いが噴出している。すなわち、福祉国家ないしは保険的な「連帯」は、個々人の生を保障するのか？

以下で、この点について若干述べ、結びにかえよう。

5　結びにかえて

日本では現在、保険が個々人の生を保障するということに関して、疑問が噴出していよう。とりわけ、保険の「はじまり」にあった「連帯」が、意識されることは少なく、また事後的に「連帯」を実現するステップとして不可欠である、保険料の納付に空洞化が生じてきていると言われる。

ドンズロが指摘したような、国家介入の正当化根拠である社会の発展法則は、完全雇用の達成というべヴァリッジ＝ケインズの夢とともに、信頼性を失った。福祉国家は、人びとの生を保障し、かつ自由を確保するもの、つまりは「人を主体として生きさせるもの」とは見られず、保障＝依存の温床として告発されている。しかし、それでも、かつての福祉国家から福祉ゼロへと転換した国の話は未だ聞かない。「無限の需要に直面する有限の制度」〔Foucault 1983=2001〕としての、福祉国家ないしは福祉社会を批判していく作業は、これからも続くだろう。

フーコー自身は、ベヴァリッジのメンタリティの再考を促しつつ、「社会保障の言語における『強制被保険者（＝被支配者）』という言葉の意味について、きっと言語学的な研究がなされるべきなのではないでしょうか？」という対話者の問いに答えて以下のように述べている。

「まったくそうなのです！ そして人間が支配下におかれたという意味の『国民』でなくなるには、いかにすべきかを知るという問題が提起されるのです」〔Foucault 1983=2001:214〕。

「主体として生きさせる」に代わる言葉が必要なのであろう。(8) それはもちろん、「死の中に廃棄する」ではない。そして、新たな「連帯」の模索は、既に始まっている。

◉注

（1）フーコーは、自身の権力研究の目的を「われわれの文化において人間を主体たらしめているさまざまな様式についての一つの歴史を創案すること」と述べている〔Foucault 1982=1996:287〕。この点についての考察として、〔柳内 2001: 第二章〕を参照。

（2）この点について関は、フーコーの言う権利とは人間に普遍的な権利ではなく、「特定の立場にある人々から発せられた『個別的権利（droits singuliers）』として解されるべきもの」としている。そして、先に抽象的主体を想定し、これに権利や義務を配分する契約説的権利論とは異なって、フーコーの権利論では、権利の主体が権利の発議と同時発生的であることを指摘している〔関 2001:176-177〕。また、市野川は、フーコーが法的権力モデルを批判した後、これに代わる新たな権力＝生 - 権力に抵抗する場面で、再び法や法的権利が活用されざるを得ないジレンマを引き受けていたことを、クロワッサン事件を引きつつ指摘している〔市野川 1997:124-126〕。

（3）「社会的なもの」の系譜をルソーに遡った研究として、〔アレント 1994〕の他に、〔市野川 2004〕を参照のこと。フーコー自身がルソーについて論じている箇所は、本文で若干指摘しているが、他に、「ベンサムはルソーの相補者」との発言があり、示唆的である。そこでフーコーは、ルソーの夢を「透明な社会の夢」と表現し、「王権の諸特権によって、あるいはしかじかの団体のもつ特典によって、あるいはまた無秩序によって配備された地帯が、もはや存在しなくなることなのです。おのおのの人間が、自分の占めている点から社会の全体を見ることができるようになることです」と説明している〔Foucault 1977=2000:262〕。この説明を見ると、規律社会よりは「監視社会」を想起する。ルソーとフーコーについて検討を行うことは興味深い課題であるが、論者の力量を超えており、本稿でも不十分なままにとどまっている。

（4）公私区分を無効にする「社会的なるものの勃興」は、アレントの分析として有名である。アレントもまた、「政治経済（political economy）」の出現に着目し、「家族の集団が経済的に組織されて、一つの超人間的家族の模写となっているものこそ、私たちが『社会』と呼んでいるものであり、その政治的な組織形態が『国民』と呼ばれているのである」と述べている〔アレント 1994:50〕。アレントとフーコーの「社会的なもの」を比較して論じたものとして、〔齋藤 2000:52-61〕も参照のこと。

（5）ただし、優生思想は多くの場合、他国との「戦争」（通俗的な意味での）において国力を増強する必要性から生じていたことも事実である。他方で、市野川らが指摘しているように、国力の増強の必要性により福祉国家体制が整備されていくなかで、言うなれば社会的「連帯」の重荷として（具体的には、福祉コストを負担できず、給付をもらうだけの存在として）、「死の中に廃棄」された人々がいる〔cf. 米本・松原・橳島・市野川 2000〕。

（6）フーコー自身がデュルケムについて述べたところでは、『知への意志』の「自殺が……十九世紀に、社会学的分析の場に入った最初の行動の一つであったというのは驚くに当たらない」という指摘が印象的である〔Foucault 1976=1986:175〕。

（7）重田はこの点について、デュルケムらの統計的な社会観により、社会が個人から構成されつつも個人に還元できないような「分割不可能な固有の実在」として出現する一方で、その社会の連帯とは、現実的に言えば「リスクを誰がどのように負担するのか」という問題に他ならない以上、連帯が、分割不可能な社会を分割せざるを得ない面を孕んでいることを指摘している〔重田 2003a:74〕。さらに、保険料の負担が「連帯」の賭金となってしまうと、社会の「分断」を促進しよう。「連帯」は、可能性として誰もが保険料を納付できる（つまり強制加入）というフェーズで構築されているものとみなし、現実的な納付をサポートすることが必要かもしれない。

（8）例えば、〔斉藤 2004〕、〔ロザンヴァロン 2006〕などを参照のこと。

◎文献

H・アレント、一九九四、志水速雄訳『人間の条件』ちくま学芸文庫。

B・アンダーソン、一九九七、白石さや、白石隆訳『増補　想像の共同体』NTT出版。

J・デリダ、一九七二、足立和浩訳『根源の彼方に　グラマトロジーについて』下、世界思想社。

J. Donzlot, 1991, "The Mobilization of Society", in G. Burchell, C. Gordon, and P. Miller, ed., *The Foucault Effect,* Chicago: The University of Chicago Press.

G・ドゥルーズ、一九九一、「あとがき　社会的なものの上昇」J・ドンズロ著、宇波彰訳『家族に介入する社会』新曜社。

F. Ewald, 1991, "Norm, Discipline, and the Law", in R. Post ed., *Law and the Order of Culture*, Berkeley: University of California Press.

M. Foucault, 1975, Surveiller et Punir, Paris: Gallimard.（＝一九七七、田村俶訳『監獄の誕生』新潮社）。

——1976, La volonté de savoir, Paris: Gallimard.（＝一九八六、渡辺守章訳『知への意志』新潮社）。

——一九七七＝二〇〇〇、伊藤晃訳「権力の眼」松浦寿輝編『ミシェル・フーコー思考集成Ⅵ』筑摩書房。

——一九七八＝二〇〇〇、石田英敬訳「統治性」小林康夫編『ミシェル・フーコー思考集成Ⅶ』筑摩書房。

——一九八二＝一九九六、「主体と権力」H・ドレイファス、P・ラビノウ著、山形頼洋ほか訳『ミシェル・フーコー　構造主義と解釈学を超えて』筑摩書房。

——一九八三＝二〇〇一、西永良成訳「無限の需要に直面する有限の制度」西永良成編『ミシェル・フーコー思考集成Ⅸ』筑摩書房。

——1984, "Space, Knowledge, and Power" in P. Rabinow ed., The Foucault Reader, New York: Pantheon.

——1997=2003, Society Must Be Defended, trans. D.Macey, New York: Picador.

A. Hunt & G. Wickham, 1994, Foucault and Law Towers a Sociology of Law as Governance, London: Pluto Press.

市野川容孝、一九九七、「安全性の装置　権力論のための一考察」『現代思想』vol.25-3、青土社。

——二〇〇四、「社会的なものと医療」『現代思想』vol.32-14、青土社。

松葉祥一、二〇〇三、「歴史・人種・権力　フーコーによるブーランヴィリエの戦争論」『現代思想』vol.31-16、青土社。

重田園江、二〇〇三a、『フーコーの穴　統計学と統治の現在』木鐸社。

――、二〇〇三b、「戦争としての政治　一九七六年講義」『現代思想』vol.31-16、青土社。

大澤真幸、二〇〇四、『性愛と資本主義』青土社。

P・ロザンヴァロン、二〇〇六、『連帯の新たなる哲学　福祉国家再考』勁草書房。

齋藤純一、二〇〇〇、『思考のフロンティア　公共性』岩波書店。

――、二〇〇四、（編著）『講座・福祉国家のゆくえ第五巻　福祉国家／社会的連帯の理由』ミネルヴァ書房。

酒井隆史、二〇〇一、『自由論　現在性の系譜学』青土社。

関良徳、二〇〇〇、「法・ノルム・合理性」『一橋論叢』第一二四巻第一号。

――二〇〇一、『フーコーの権力論と自由論　その政治哲学的構成』勁草書房。

J・ルソー、一九五四、桑原武夫・前川貞次郎訳『社会契約論』岩波文庫。

柳内隆、二〇〇一、『フーコーの思想』ナカニシヤ出版。

米本昌平・松原洋子・橳島次郎・市野川容孝『優生学と人間社会　生命科学の世紀はどこへ向うのか』講談社現代新書。

第九章　親密圏のノルム化

――批判的社会理論は人々の親密な関係のあり方と法との関係について何が言えるのか?――

綾部六郎

……わたしたちに求められているのは、
すでに従来のものとは異なった形へと変容しつつある
親密圏・親密性をいかに築き上げていくかという、
日々の実験への参入ではないだろうか。(1)

1　はじめに

本稿では、批判的社会理論が現実の社会的・政治的な課題とどうかかわり合うのかということを示す一つの事例として、いわゆる同性婚/同性パートナーシップの問題を採り上げて検討するが、まずは現代日本における性的マイノリティの状況について簡単に触れておこう。性的マイノリティの当事者たちのための著名な権利擁護団体である「動くゲイとレズビアンの会」(通称「アカー(OCCUR)」)のメンバーらによる「府中青年の家」訴訟の提起および勝訴は、画期的な出来事であった。鳥取県では、国の「人権擁護法案」の内容を先取りした条例が二〇〇五年一一月に制定され、そこでは「性的指向 sexual orientation」に基づいた差別の禁止が明文化された。(3)また、様々な問題点を指摘されつつも、いわゆる「性同一性障害者特例法」(5)が制定・施行され、特定の厳格な要件を満たした場合にのみ、家庭裁判所の審判による、戸籍の続柄における性別表記の訂正への途が拓かれた。同性婚や同性間のパートナーシップ制度については、後述の『クィア・ジャパン・リターンズ』誌などでも特集として採り上げられており、さらには赤杉康伸（同性パートナーシップの法的保障を考える有志ネットワーク）らが国政選挙や地方選挙の際に、各政党や立候補者たちにアンケートを送付し、この点についての見解や公約の制定を求めるなどといった活動をすでに行っている。(6)

本稿において、そうした諸問題の中でも同性婚／同性パートナーシップの問題を採り上げる理由について簡単に説明しておくと、すでに欧米諸国においては、同性婚あるいは同性パートナーシップといった制度上の違いはあれ、そうした諸制度の法制化が実現しているところがある。(7)東アジア地域においても、たとえば、台湾では二〇〇六年一〇月に立法委員・蕭美琴氏らによって「同性婚姻法」の法案が立法院に提案された、とのことである。(8)日本においては、尾辻かな子・大阪府議会議員（当時）の呼びかけにより、「Rainbow Talk 2006　同性パートナーの法的保障を考える全国リレーシンポジウム」が東京（全二回）・大阪・札幌・香川の各地で計五回開催され、諸外国の動向などを踏まえての問題提起が行われた。(9)このような現実の動きに対応するために、という理由に加えて、以下のような理論的なそれも存在する。

①市民生活の領域において、その及ぼす影響力がもっとも大きいものの一つとして法的婚姻制度がある上に、一部の性的マイノリティの当事者たちにとっては、この制度における完全な平等を達成することがもっとも重要な運動上の目標だ、と考えられている。さらには、いわゆる「ソドミー法」に見られるような同性間の性交渉を禁圧する刑事法の撤廃後における「異性愛者／同性愛者」間の〈平等〉の達成を示す典型的な事例として、同性婚の法制化ということが考えられる。

②同性婚／同性パートナーシップについて考えることは、いわゆる「家族法」を始めとする法というものが、人間の親密圏の内の特定のありようだけを法的に「承認」することの意味を、原理的に検討するための契機となりうる。

③「男／女」間の非対称な権力関係のあり方や、両性間の経済的・社会的不平等の存在という問題とかかわるものだ、と思われている「ジェンダー」の問題だけでなく、それと不即不離の関係に立つ「性的指向」などの「セクシュアリティ」がかかわる問題も検討することが重要であり、同性婚や同性パートナーシップの問題はそのための契機となる、と考えられる。

先述の政治的な動きに連動して、社会学や法学といったアカデミズムの分野においても同性婚／同性パートナーシップの問題について学理的な検討を試みる業績が出てき始めており、本稿もそうした流れに連なるものである。本稿では、そうした業績の中でもとくに「承認 recognition」論の観点からこの問題への検討を行っているものについて検討する。

もちろん、「承認」論それ自体、非常に多くの議論が積み重ねられてきている分野であり、それらすべてを対象にして論じることは無理なことである。本稿においては、そうした多様な「承認」についての議論の中で、同性婚/同性パートナーシップを法制化することを、「承認」論の観点から正当化しようとする議論を批判的に検討することにより、批判的社会理論の現在のありようの一端を示そうと思う。それは性的マイノリティの当事者たちだけではなく、「異性間のモノガミー」という形態だけではない、オルターナティヴで親密な繋がりを模索する人々のためにも、批判的社会理論によるそうした試みが必要であることを主張したいがゆえに、である。

2　同性婚の法制化を正当化するロジックとしての「承認」論

本節では、上述の問題意識の下、同性婚について論じている内外の様々な議論をいくつか採り上げて、検討したい。まずは二〇〇五年五月に刊行された『クィア・ジャパン・リターンズ』誌に掲載された、金田智之による同性婚擁護論から始めよう。[10] 金田は個人性を達成するために、同性婚の実現が重要であると説いている。以前の日本においては、「結婚」とは個人同士ではなくて、「家」同士の結び付きだ、と考えられていた。たとえば、日本の結婚式場では「鈴木家」や「山田家」というように案内が出ているのが普通である。もちろん、現代の日本においては、「結婚」というものに対する人々の意識が変化しつつあり、以前ほどは拘束的な性質を有するものでなくなりつつある。金田は、こうした状況の変化を踏まえて、婚姻制度というものが有している意義を個人性の確保ということに求める。つまり、従来は家同士の繋がりを象徴するものとして機能していた婚姻制度が、個人同士の結合を法的に保障し、また、他者からの「承認」を確保するためのものへと変化しつつあるのだ、と捉えているのである。[11]

つぎに前田剛志の見解を検討しよう。前田の論考は、金田と同様に同性婚の法制化を「承認」論の観点から論じているものである。前田はアクセル・ホネットの「承認」論の枠組みにおいては、「法による承認」が想定されていたことを指摘し、同性婚の法制化も「承認をめぐる闘争」の一つとして理解されることを主張する。[12]そして、この場合の「承認をめぐる闘争」において、「権利は実質的な拡張と構成員の増大という二つの方向へと普遍化される」[13]という。このように権利の拡張とマイノリティの包摂という志向を確認した上で、以下のように説くことで、前田も同性婚制度の導入に対する好意的な立場を明らかにしている。[14]

もちろん、同性婚という法による「承認」だけで同性愛者差別が全て解消されるわけではない。しかし、同性婚制度の確立は、個々の同性愛者や集団としての同性愛者に対する承認の一大契機となるのであって、こうした他者からの承認の視点なしに、同性愛者差別が解消されえないのもまた事実であると思われる。

こうした金田や前田の主張の特色としては、現代社会理論の分野における「承認」論を法理論の分野に領有し、同性婚の法認を「同性愛者」の存在に対する社会的・法的承認へと繋げていこうとすることにある。なお、ホネットの指摘によれば、「法は、社会的に保証（ママ）された自由を実現していく個体の機会の差異がしだいに法的に配慮されていく実質的な内容をさらに獲得する」[15]ことと、「法的関係は、それまで排除されたり、不利にあつかわれたりしてきた広範な集団にたいして、他のすべての社会成員とおなじ権利が認められるという意味において普遍化される」[16]という可能性がある。金田が述べている個人性の確立のため、というような正当化のロジックは前者の言明とかかわり、そしてすでに論じた通り、前田の主張は後者に依拠している、と考えることができよう。

また、同性婚をすることが法的に認められていないということは、当事者たちに「完全な資格をそなえ、道徳的に平等な権利をもつ相互行為のパートナーという地位にはないという感情」[17]を惹起させることになる、ともホネットは指摘しており、このことが同性婚の法制化を正当化するロジックとして機能していることも忘れてはならない。

3　正当化のロジックに対するいくつかの疑問

前節では、同性婚の法制化を「承認」論の枠組みを用いて正当化しようとする議論を採り上げて、そのロジックを分節化した。本節では、そうしたロジックに対する疑問を述べてみようと思う。まず、現代の日本において、なおも残る戸籍にまつわる問題について考慮しなくてはならない。戸籍制度の存在しない国々ならば、この問題について考える必要はないが、日本においてはそうもいくまい。戸籍の問題に詳しい佐藤文明が適切にも指摘しているように、戸籍制度が「家」制度と密接に結び付いたものである上に、戸籍と結び付いた婚姻制度は従来の異性婚制度において問題とされている夫婦同姓の強制や婚外子差別の存在の原因としても考えられている。[18]かりに同性婚の法制化が認められたとしても、戸籍制度のもつ負の側面が解決されないままになる危険性がある。

また、草柳千早がすでに指摘しているように[19]、自らのことを「同性愛者」であるとアイデンティファイすることができず、明確に区分されたセクシュアリティの狭間に存在する当事者たちにとって、こうした制度は福音とはならないだろう。現時点では、同性婚をすることは、自らが「同性愛者」であるというカミング・アウトを必然的に果たすものにもなってしまっているからである。[20] 逆のケイスでは、異性婚をしているカップルは異性愛者同士であると考えられることになるが、この場合に考えられていないのは、いわゆる「友情結婚」などのような、脱性化された人的結合の存在である。ここでは、特定のセクシュアリティのありようと結び付いてしまっている制度の問題点が露になっている。

つぎに同性婚という制度の法制化やそれを用いることが、なぜ個人性の保障や他者からの「承認」の実現といった結果をもたらすのか判然としない、という疑問も生じよう。たとえば、法制化が「同性愛者」の生や性のありようを「承認」することに繋がるのだとしても、そもそもそうした制度を利用しない当事者はどうなるのか。こうした疑問には、同性婚をしないという選択肢を確保するためにもその法制化が必要なのだ、と説く意見がある。[21] これは一つの卓見のように思われるが、こうした意見は後に詳しく検討する予定であるジャネット・E・ハリーによる極めて重要な指摘、同性婚制度のもつノルム化の問題を考慮していない。[22]

さらに言えば、婚姻制度の重要な社会的・法的な機能の一つとして身分の公示機能があることは違いないが、法的紛争がかかわる場合ならいざ知らず、普段の生活の中で第三者がわざわざそのカップルに関する戸籍の記載内容を確認してから、その関係を「承認」するということは考えられまい。法的制度はあくまでも紛争時などにおいてその効力を発揮するのであって、日常の生活においては当事者間の生活上の実践がどうなのか、ということの方がよほど重要なのではないかと思われる。ならば、同性婚の法制化は実のところ、賛同者たちがかかわるプロジェクトにとって、それほど重要な目標ではないのではないか、ということになりはしないか。

他にも「承認」論に依拠するものではないが、橋本祐子が「リバタリアニズム」（自由尊重主義）の観点から、婚姻制度の「私事化 privatization」を図ることによって、同性婚のみならず、多様な「家族」形態の実現が可能な制度の構築を主張していることも特筆される。彼女の主張によれば、「私事化」とは一般的には不道徳だと考えられている、売春などの行為に対する規制を個人の自己決定に委ねることで回避しようとするものである。つまり、他者の権利を侵害しない限り、こうした行為に対する法的規制をしないということだ。(23)

しかし、こうした「リバタリアニズム」の戦略に対しては、二つの疑問がある。第一に、同性婚および同性愛の問題を「道徳問題」として理解しているようであるが、「セクシュアリティ」論の教えるところによれば、このような理解の仕方では、我々の社会に内在化している「ヘテロセクシズム」や、「セクシュアリティ」の多様性を規制する装置としてのノルムの認知という観点を見失ってしまう可能性がある。第二に、婚姻制度の「私事化」という戦略により、婚姻の内容に関係する取り決めは、すべて当事者間の自由な「合意」に委ねられることになるわけであるが、ジーン・L・コーヘンが指摘しているように、当事者間に存在するであろう経済的・社会的権力関係の格差をどうやって是正するのか、という問題も生じる可能性があることは銘記しておかなければならない。(24)

4　婚姻という制度それ自体がもつ問題点：ノルムという観点から

上述の同性婚の法制化を図ろうとする動きに対しては、異性間に限定された婚姻制度の保持を願う者たちから様々な批判が寄せられたのも事実である。[25] 同性婚とは異なるものではあるが、異性間のみならず、同性間にもおけるパートナーシップの法的保障の制度化を目的として、フランスにおいて制定・施行された「Pacte Civil de Solidarité: 連帯民事協約」[26]に対して寄せられた代表的な批判として、ジュディス・P・バトラーは以下の二点を挙げている。[27]

①婚姻制度を始めとするあらゆる社会的・文化的制度は、性的差異を前提としているので、そうした前提を無化するような法制化には反対すべきであり、そうしなければ、社会や文化そのものの基本的前提との齟齬をきたすことになる。

②子どもの健全な成長のためには、異性同士の親の存在が不可欠であり、したがって、同性同士の親に育てられた子どもは、精神病になる虞がある。

こうした批判は、性差の本質主義に根差したものであり、同性婚の法制化についての是非を別にしても反論される必要がある。「ＰａＣＳ」の制定・施行によって、同性間のパートナーシップ制度における問題点（たとえば、「ＰａＣＳ」を締結したカップルが共同して養子を採ることはできない、といったことなどが挙げられる）が解決されるわけではなく、更なる〈平等〉の達成のためには、婚姻制度をすべてのカップルたちに対しても、完全に解放すべきだということになるだろう。もちろん、筆者も法的婚姻制度における完全な〈平等〉の達成という目標の重要性を理解できないわけではない。だがしかし、バトラーによって、性的マイノリティの権利獲得運動における目標としての同性婚の実現という志向に対して、以下のような的確な批判がすでになされてきた。[28]

①婚姻制度にまつわる問題の多い権利や義務を定めることによって、新たなる合法性のノルムが打ち立てられることになり、他の人々を再周縁化し、この運動の長年の目標でもあった性的自由の達成の可能性を予め排除することになってしまう。

②ゲイ・ポリティックスのために、婚姻制度を当然視してしまうことは、これらの制度に批判的である人々を、周縁化してしまうことになり、運動の矮小化に繋がりかねない。すなわち、性的関係をもたずに自立しているシングル・マザー&ファーザー、離婚者、事実婚をしている者、ヘテロセクシュアルなモノガミーというノルムから外れる、あらゆる形態の共同生活を営む性的マイノリティの当事者たちとの連帯が破られることになってしまう。

そして、岡野八代も、同性婚の法制化という社会運動上の目標が支配的になった場合に喪われることになるものについて、〈平等〉とかかわる観点から、重要な指摘を行っているので、以下でそのまま引用しよう。[29]

「社会変革力の簒奪」：平等な尊重を基調とする権利の平等の訴えは、普遍化可能であるために運動の手段としては利用しやすい。しかし普遍化可能であることは、多数者と「同じ扱い」を求めることへと運動を縮減させてしまう。

「差異の隠蔽」：差別を証明するために、「不変の差異」に基づく不合理な差別であると訴えなければならない。それゆえ、レズビアンとゲイの間の差異だけでなく、両者の内にも存在するさまざまな差異とそれに基づく利害の相違が隠蔽されてしまう。

「同化の強要」：マジョリティとの差異のために被る社会における不利益を克服することを運動の目的とすることは、広く社会的共感を呼ぶことにつながる一方で、社会における支配的多数者の価値観を揺るがさない少数者像を造り出してしまう。

本節においてこれまで採り上げてきた批判の内容は、同性婚の法制化を図ろうとするプロジェクトに内在している排除の作用の存在を明らかにするものでもあった。バトラーは、婚姻という法的制度を通じて、我々の親密圏の多様なありようを特定な形態だけに規制しているノルムの作用への視座が見失われてしまうということ、さらにはそのノルムの規制的作用に無自覚なまま、それに同化されることによって、マイノリティ間の運動上の連携も失われてしまうことになるのだ、ということも批判的に指摘している。また、岡野は〈平等〉という観点から、同性婚の法制化を実現させようとする法言説がもつ問題点を説得的に指摘しており、これはノルムへの批判的な視点を欠いた法理論が陥る陥穽でもある。

では、これまで本稿でたびたび論じてきたノルムとはいったい何なのか。ハリーの「承認・権利・規制・ノルム化：同性婚論議における正当化のレトリック」論文を詳しく検討してみることにしよう。彼女のこの論文は「承認」や「権利」という考え方でもって同性婚の法制化を正当化しようとする企てとノルム（化）との間の関係について詳細な検討を行っているものであり、本稿でこれまで述べてきた内容を補足する上で極めて役に立つものでもある。このハリー論文は大きく分けると、二つの部から成り立っており、前半では「承認 Recognition」と「ノルム化 Normalization」との関係について、後半では「権利 Rights」と「規制 Regulation」、「ノルム化」のそれについて論じられている。以下では第一部「承認とノルム化」の論旨を追ってみよう。

ハリーによれば、「承認」論を用いて同性婚の法制化を正当化しようとする試みには、二つの問題点があると言う。一つ目は「こうした主張は、同性間の関係が婚姻に似た形態を採りつつ、現実の世界にすでに存在していると仮定しており、同性間の関係にまで承認を広げることは、関係性についての展望やその関係性についての我々の考え方を変化させることには大してなるまい」[30]ということである。そして、個人間の関係に公的な承認を求める運動には、そうした関係を価値付け、評価する権力が国家にあるのだ、という事実を隠蔽してしまう危険性も内在している。[31]ハリーのこの指摘は先述の岡野が言うところの「同化の強要」という批判とも重なるものだ。

二つ目は、同性婚の「承認」がそのノルム化をもたらすことになるだろう、という指摘である。このノルムというタームには、二つの意味が込められている。ノルムに従っているということ、つまり、ノーマル normal であるということは、それがよいことであるということだけではなく、同時に平均的なことでもあるということも意味している。[32]この含意を踏まえるのであれば、同性婚については以下のように考えられる。同性婚の法制化はそれと異性婚との間にある区別を無くすことになるが、こうして婚姻とはみんながすることだ、という扱いを受けるようになる。[33]その結果、非婚の成人の存在やその者たちの性生活は一般には不可解なものとして思われるようになりかねず、婚姻しているか否かという区別が社会的統制の一つの手法としてより力を帯びてくる、という事態をもたらしかねない。[34]

　これらは「承認」論が見落としている問題点であるが、こうした「承認」の企てすべてが強度のノルム化と必ずしもかかわっているわけではない。ハリーがその一例として挙げているのは、先にも採り上げた「ＰａＣＳ」である。当初、本法の原案が一九九〇年にメランション元老院議員によって提出された際には、当事者の性別、その関係の性質のいかんにかかわらず、二人のあらゆる自然人に対して開かれているというのがその内容だったのであるが、その後の立法過程において、そして、法令の違憲性を審査する憲法院が本法を審査した際に、そうした内容に修正が加えられ、限定されたものとなっていった、という経緯が明らかとなっている。[35]「ＰａＣＳ」による関係の本質的要素としての性的愛情を本法が要求しているのだ、と解した憲法院の解釈の辻褄が合うのは、「婚姻とは成人間の親密なコミットメントにおける一種のというだけでなく、唯一のということでもあるパラダイムなのだ[36]」という前提を立てたときのみである、とハリーは言う。ハリーの以下の指摘も併せて引用しておこう。同性間のパートナーシップにおいて求められている「特定の形態とは、単婚的で、性的な要素を含み、家庭的であり、経済的に相互に依存しており、長期間にわたるレズビアンやゲイの生活、すなわち、婚姻に類似しているそれなのだ[37]」。

　ハリーは上記のように論じた後で、婚姻にまつわる二つの有益な区別の仕方を主張する。それは「婚姻に代わるもの marriage *alternatives*」と、「婚姻の代用物 marriage *substitutes*」との別である。ハリーによれば、提案された当初の「ＰａＣＳ」の原案は前者の例として考えられるのである。[38] つまり、いわゆる「カップル」でなくても、その法律の恩恵に与ることができるということは、従来の婚姻の枠組みから解放された関係性のあり方を志向するものであり、それはまさに alternatives だと解するのが正しい。しかし、上述したように、憲法院に解された「ＰａＣＳ」立法の内容には、同性間／異性間の区別なく締結できるというだけで、婚姻における場合と似た制約が課されているのである。「婚姻に代わるもの」を追求する企てもたしかに「承認」論の枠組みの中にあるものではあるが、婚姻を脱ノルム化する効果は大きいはずだ、とハリーは考えている。[39] と言うのも、そうした企ての追求によって、既存の関係性についてのノルムが攪乱されることになるからである。

以上がハリー論文の前半部分の論旨であり、ここまでにおけるハリーの批判の内容をまとめると、以下のように整理できるだろう。すなわち、「承認」論それ自体が有している同化およびラディカリズムの馴致という問題である。特定の親密な関係だけが「承認」されることになってよいのか。既存の性や生の形態を変革するためのポテンシャルを「承認」論は有しているのか。[40] 社会のマジョリティに「承認」されるためには、変革のラディカリズムを放棄しなくてはならないのか。この点、岡野がチャールズ・テイラーの「承認」論の枠組みを評価した際の指摘は参考になる。岡野の指摘によれば、テイラーは「……他者との相互承認のなかで形成されるアイデンティティ、自己実現に欠かせない……アイデンティティの実質的内容を、ときに他者の価値観の変更を迫ることをしてまでも承認させる、ということを法的承認の枠内では主張できない」[41] ことを問題視していた。この指摘においては、アイデンティティをめぐる「承認」のあり方が問題とされているが、本稿がこれまで論じてきた個人間の親密な関係性をめぐる考えにもそのままピッタリと当てはめることができる。

以下では、第二部「権利、規制、そしてノルム化」におけるハリーの主張を検討してみよう。本部におけるハリーの批判の眼目は、「婚姻をする権利」という語り方はどんな問題の存在を見失っているのかを明らかにする、ということにある。最初にハリーは「婚姻をする権利」という言い方に込められている四つの内容を分節化している。[42]

1　国家からの介入なしに婚姻の相手を選ぶ権利、

2　親密な関係のための形式として婚姻を選ぶ権利、

3　婚姻をする際における、不適切な理由（ジェンダー・性的指向）に基づく差別を免れる権利、

4　婚姻という基本的権利 The fundamental right *of* marriage。

上記のように分節化した上で、ハリーはこれらの間に存在している対立的性質を指摘している。たとえば、第一や第三の項目は個人主義的でリバタリアン的な性質を表しているのに対して、最後の性質は「婚姻関係を基本的社会形態への完全な参入として描き出している」[43]。この最後の性質は、婚姻とは〈個人の選択ではなくて、〉わたしたちの結合 association のことである、と説く「グリスウォルド対コネティカット *Griswold v. Connecticut*」事件における連邦最高裁の判決（一九六五年）においても示唆されている、とハリーは指摘する。[44]

さらに、ハリーはデイヴィッド・チェンバーズ David Chambers の見解を参考にしつつ、婚姻制度が有

している規制的内容、すなわち、貞操義務や雇用者に課される反縁故主義のルール、相互扶助の義務、死別や離婚によってしか関係を解消できないことなどを指摘した上で、彼が明示的には指摘していない規制の内容として、ポリガミーや期限の付いた婚姻というものが実質的に禁止されていること、および国家によって一方的に規制の内容を変えられうるということにも言及している。[45] 他にも婚姻にまつわる権利と言いながらも、配偶者間における義務と呼んだほうがいいような内容や、婚姻していることによる移民上や税控除上のメリットがあること、そして、婚姻制度が私的な福祉システムとして機能していることなども指摘している。[46]

以上が第二部の概要であるが、「婚姻をする権利」という概念に潜んでいる、いくつかの複雑な性質や、「権利」と「規制」との密接な繋がりが存在していることを指摘した。[47] もちろん、これまで祖述してきたハリーの指摘は、アメリカ合衆国における現状を対象としているものであって、参考になる記述は多いものの、そのすべてが必ずしも現代日本の法状況に当てはまるわけでもない。本来であれば、上記のハリー論文の内容を踏まえて、日本国憲法についての学説などにおいて「婚姻をする権利」はどのように論じられているのか、さらにフェミニズム理論の現代的展開を受けて、「家族」についての原理的な考察を試みる先行業績などについての検討も行われるべきであるが、それらについては後日の課題としたい。[48]

5　おわりに

我々がある社会的・政治的目標を実現しようとする場合に、「法という企て」（井上達夫）を試みるのであるが、そうした行為にはある種の排除のポリティクスの影がつねに付きまとう。わたしたちがそのことを無視してしまうとき、そこにはそうした企ての対象から零れ落ちることになる者たちが存在しているということも、また見失ってしまうことになるのだ。これまでに詳しく検討してきた、批判的社会理論の立場からの同性婚の法制化に対する批判の内容を踏まえるのであれば、その実現を性的マイノリティの今後の社会運動の主要な目標とすることには、重大な問題があるということが判明する。しかしながら、こうした困難と向き合うことがもたらすのは、運動の衰退や分断ではなくて、わたしたちのよりラディカルな生＝性のあり方なのだ。

これまでの議論を踏まえるのであれば、「同性愛者／異性愛者」間における婚姻制度の完全な〈平等〉化という運動上の目標は、その優先性を失うことになる。我々の親密圏のありようについてラディカルに再考し、性的マイノリティがかかわる社会運動が社会変革のための普遍性を獲得するためにも、このような目標を達成するということを志向するのではなく、他にどのような戦略が組み立てられるべきなのかということを真摯に検討することは、今後の理論・運動上の課題になるはずだ、と筆者は考えている。

付記：本稿は「第六回　東アジア法哲学シンポジウム　分科会テイマ『八　ジェンダーとフェミニズム法学』」（日時：二〇〇六年三月二六日　於：公務人力発展中心（台湾・台北市））での報告原稿「親密圏をめぐる〈法〉のポリティクス：『同性婚』の問題を事例にして」の改訂版であることを付記しておく。また、本稿の執筆過程で有益なアドヴァイスをくださった方々、とくに菅原寧格（北海道大学大学院法学研究科助教）や、池田弘乃（東京大学大学院法学政治学研究科総合法政専攻博士課程）、吉良貴之（東京大学大学院法学政治学研究科総合法政専攻博士課程・日本学術振興会特別研究員）の各氏にはお礼を申し上げたい。もちろん、なおも残る問題点はすべて筆者だけの責に帰せられるべきことである。

◉注

（1）志田哲之「親密な人間関係：人々の関係性はどう変化しているのか？」圓岡偉男・編著『社会学的問いかけ：関係性を見つめ直す』（新泉社、二〇〇五年）一二六頁。

（2）本件訴訟についての代表的な判例評釈としては、以下のものがある。君塚正臣「同性愛者に対する公共施設宿泊拒否：東京都青年の家事件」高橋和之ほか・編『憲法判例百選Ⅰ［第五版］』（有斐閣、二〇〇七年）六八―九頁。

また、アイデンティティの本質主義批判という観点から、本件訴訟における「アカー」側の法廷戦略への批判を行うものとして、以下の論考がある。伊野真一「脱アイデンティティの政治」上野千鶴子・編著『脱アイデンティティ』（勁草書房、二〇〇五年）四三―七六頁。

（3）本条例の正式名称は、「鳥取県人権侵害救済推進及び手続に関する条例」という。本条例は県議会で制定されはしたものの、その内容についての広範な反対もあり、二〇〇六年六月一日に予定されていた施行を停止して、「人権救済条例見直し検討委員会」において再検討中とのことである。関係する制度や手続の仔細などについては、鳥取県の以下のサイトを参照せよ。http://www.pref.tottori.jp/jinken/jourei.html

（4）ここでいう様々な問題点を指摘したものとしては、さしあたり、以下の論攷およびその註2で挙げられている諸文献を参照せよ。筒井真樹子「トランスジェンダーとパートナーシップ：異性愛主義と性別二元制を超えて」赤杉康伸ほか・編著『同性パートナー：同性婚・ＤＰ法を知るために』（社会批評社、二〇〇四年）二〇六―二二三頁。

なお、筒井の個人ウェブ・サイトも存在しており、非常に参考となるコンテンツに富んでいる。http://homepage2.nifty.com/mtforum/

（5）本法についての解説としては、議員立法の責任者や、「性同一性障がい」をめぐる法的問題について、多年にわたる研究に従事してきた法学者らによる以下の著作を参照せよ。南野知惠子・監修『解説　性同一性障害

者性別取扱特例法』（日本加除出版、二〇〇四年）および大島俊之『性同一性障害と法』（日本評論社、二〇〇二年）。

（6）赤杉の個人サイトのＵＲＬは以下の通りである。ここでは、アンケートの結果をまとめているサイトにもリンクされている。http://www.geocities.jp/novkun25/

（7）アメリカ合衆国における同性婚／同性パートナーシップの法制化をめぐる背景や歴史を知るために便利なものとして、ジョージ・チョーンシー（上杉富之＋村上隆則・共訳）『同性婚：ゲイの権利をめぐるアメリカ現代史』（明石書店、二〇〇六年）がある。また、本稿ではヨーロッパの状況などについては目を向けることができなかったが、これらの点につき参考となるものとしては、さしあたり、註（42）で挙げている谷口博士学位論文や、二宮周平ほか「婚外関係の多様化と法的保護のあり方：自己決定を支える法の論理」『北大法学論集』第五七巻第四号（二〇〇六年一一月）一七三七—七二頁での渡邉泰彦「ヨーロッパにおける同性カップルの法的保護」報告（一七五二—六四頁）などがある。大島梨沙・編著『研究推進ボード主催公開ワークショップシリーズ二〇〇七、No.3 第3回婚外関係の多様化と法的保護のあり方』（北海道大学大学院法学研究科「魅力ある大学院教育」イニシアティヴ研究推進ボード、二〇〇七年）も見よ。両論文をご支援くださった大島氏にお礼を申し上げる。

（8）以下の記述やインターネット・サイトの情報も参照せよ。角屋学「世界の同性パートナー制度：同性愛者の権利は、世界的な議論へ発展」赤杉ほか、前掲書一三八—九頁。
http://www.sukotan.com/news_backnumber/2003/new741.html
http://gayjapannews.com/news/news418.htm

（9）本イヴェントの成果などについては、以下のサイトで確認することができる。
http://homepage2.nifty.com/rainbowtalk2006/

（10）本稿では、「婚姻」とは民法上の身分行為を指すものとして用い、「結婚」という表記は文化的制度として構築されているような、前者よりもさらに幅広い概念を指すものとして用いている。

（11）参照、金田智之「同性婚は個人性を保障するために必要」伏見憲明・編『クィア・ジャパン・リターンズVol.0』（ポット出版、二〇〇五年）一三五―六頁。

（12）参照、前田剛志「同性愛と法理論：『承認』概念を手がかりに」『阪大法学』第五四巻第一号（二〇〇四年五月）一三三―四頁。

（13）同論文二三三頁。

（14）同論文二三四頁。

（15）アクセル・ホネット（山本啓／直江清隆・共訳）『承認をめぐる闘争：社会的コンフリクトの道徳的文法』（法政大学出版局、二〇〇三年）一五九頁。なお、訳語の選択について付言しておけば、ここで言及されているのは「自由」概念なのだから、本来であれば「保障」とすべきか。

（16）同書同頁。

（17）同書一七九頁。

（18）参照、佐藤文明「婚姻かパートナー法か：その効力の範囲と変化」赤杉ほか、前掲書九〇―一一一頁。

（19）参照、草柳千早『「曖昧な生きづらさ」と社会：クレイム申し立ての社会学』（世界思想社、二〇〇四年）一〇三―九頁。

（20）こうした視点は中村節郎との対話によって示唆を得たものである。ここに記して、感謝の意を表したい。

（21）及川健二によるクリストフ＝ジラール・パリ市（フランス）助役へのインタヴューから。参照、及川健二『ゲイ＠パリ　現代フランス同性愛事情』（長崎出版、二〇〇六年）三五〇頁。

（22）「ノルム norme」というフランス語の日本語訳としては、「規範」や「規格」などという例が挙げられるだろうが、本稿では原則としてこうした訳語を充てずに、そのままカタカナで表記する。

（23）参照、橋本祐子「リバタリアニズムと同性婚に向けての試論：私事化の戦略」仲正昌樹・編著『法の他者叢書・アレテイア　三』（御茶の水書房、二〇〇四年）九七—一一八頁。

(24) See Jean L. Cohen, *Regulating Intimacy: A New Legal Paradigm*, Princeton Univ. Press, 2002, pp. 184-7.

(25) 保守派などからによる主要な同性婚反対論については、さしあたり、以下の章の記述を参照のこと。See William N. Eskridge, Jr., *The Case for SAME-SEX MARRIAGE: From Sexual Liberty to Civilized Commitment*, The Free Press, 1996, Chapter. 4.

(26) 本法についての邦語で読める解説書としては、ロランス・ド・ペルサン（齊藤笑美子・訳）『パックス：新しいパートナーシップの形』（緑風出版、二〇〇四年）がある。

(27) See Judith Butler *et al.*, *Contingency, Hegemony, Universality: Contemporary Dialogues on the Left*, Verso, 2000, pp. 146-7＝ジュディス・バトラーほか（竹村和子＋村山敏勝・共訳）『偶発性・ヘゲモニー・普遍性：新しい対抗政治への対話』（青土社、二〇〇二年）二三七—九頁。なお、訳文については筆者の判断により、翻訳書とは異なっている部分もある。

(28) See *ibid.*, pp. 160-2＝邦訳二二六—八頁。

なお、バトラーは二〇〇六年一月にお茶の水女子大学で開催された講演会においても、以下のように述べている。「（一）結婚の法的権利を、レズビアンやゲイの人々にまで拡大することを主張すること、（二）性的生活を編成するにあたっては、その多様な方法を合法化して、結婚が唯一の合法的形態でないと主張すること、（三）結婚を望まないレズビアンやゲイ男性のみならず、結婚を望むレズビアンやゲイ男性に対して加えられる、同性愛嫌悪に満ちた攻撃に対抗すること」（七頁）が、セクシュアル・ポリティックスの運動における達成目標になるのだと。ジュディス・バトラー（竹村和子・訳）「ジェンダーをほどく」『思想』九八九号（二〇〇六年九月）四—一五頁。また、同誌所収の竹村和子「未来のバトラーとの対話に向けて」論文二一頁での指摘も参照せよ。

(29) 岡野八代「『承認の政治』に賭けられているもの：解放か権利の平等か」日本法社会学会・編『法主体のゆ

くえ　法社会学』第六四号（有斐閣、二〇〇六年）七一頁。

(30) Janet Halley, "Recognition, Rights, Regulation, Normalization: Rhetorics of Justification in the Same-Sex Marriage Debate," in Robert Wintemute and Mads AndenAndenæs, eds., *Legal Recognition of Same-Sex Partnerships: A Study of National, European and International Law*, Hart Publishing, 2001, p. 98. 本論文は吉田邦彦氏（北海道大学大学院法学研究科教授）のご好意によって入手することができた。ここに記して感謝の意を表しておきたい。

(31) See *ibid.*, p. 99.

(32) See *ibid.*, pp. 99-100. 重田園枝も「……normalという語は、現に存在している事物の状態の記述と、それを『正しい』とする価値評価との両方を同時に行う特殊な機能を持っている」と指摘する。重田園枝『フーコーの穴：統計学と統治の現在』（木鐸社、二〇〇三年）四六頁。

なお、邦語で書かれたノルム論についての先行研究として、重田の著作の他に中山竜一によるものが挙げられよう。中山竜一「標準と正義」『人文学報』第七六号（一九九五年三月）一〇一—一一八頁。また、ノルム論を人権論と結び付けて論じているものとしては、石埼学による論考がある。石埼学「野蛮な人権」全国憲法研究会・編『憲法問題一七　—二〇〇六—』（三省堂、二〇〇六年）四七—五四頁。

(33) See *ibid.*, p. 100.

(34) See *ibid.*.

また、ハリー論文を参照しつつ、バトラーは「婚姻がゲイ運動の内部においても規範的理念の位置を占めるようになるにつれて、性的交換にかかる諸関係が婚姻や準婚の外部でなされている性的マイノリティの共同体が病理化されたり、周縁化されたりする可能性は、さらに一般的になる」という懸念を示している。Butler *et al.*, *op. cit.*, p. 181, n. 16＝邦訳二四三—四頁、註（16）。

(35) See Halley, *op. cit.*, p. 101.

なお、本判決についての邦語による評釈としては、齊藤笑美子「婚姻外カップル立法の合憲性：連帯民事契約（ＰaＣＳ）法判決」フランス憲法判例研究会・編『フランスの憲法判例』（信山社出版、二〇〇二年）九八―一〇四頁を参照のこと。

(36) *Ibid.*, p. 102.

(37) *Ibid.*, p. 104, n. 17.

(38) See *ibid.*, p. 102.

(39) See *ibid.*, pp. 102-3.

(40) このディレンマを考える上で興味深いのは、本稿の註（4）の内容ともかかわるが、かの「性同一性障害者特例法」に内在している「性別二元制」という問題である。本法の問題点として、論者から「子なし要件」が挙げられることが多いが、筆者の考えるところでは、「性別二元制」を法認するものだということもまた重大な問題である。さしあたり、堀江有里による批判を参照のこと。堀江有里「人権施策と〈性的少数者〉へのまなざし：日本におけるその非対称性を中心に」仲正昌樹・編著『グローバル化する市民社会　叢書・アレテイア　七』（御茶の水書房、二〇〇六年）九三―一〇三頁。

(41) 岡野、前掲論文六六頁。

(42) *Ibid.*, pp. 104-5.

他に「婚姻をする権利」についての分析を加えているものとして、たとえば、齊藤笑美子「性的指向と人権：フランスにおける同性間婚姻論議」『一橋法学』第五巻第二号（二〇〇六年七月）五六二―六頁。なお、二宮周平の指摘によれば、男女間における婚姻最低年齢の格差や女性だけに課せられている再婚禁止期間の問題について論じる際に「婚姻をする権利」が問題になる、とのことである。二宮周平「一九九六年『民法の一部を改正する法律案要綱』とその後の状況」『法律時報』七八巻一一号（二〇〇六年一〇月）一九―二〇頁。また、国際人権法上における「婚姻をする権利」の現代的展開については、未公刊論文ではあるが、谷口洋幸の博士学位論文での記述が参考になる。谷口洋幸「国際人権法における性的マイノリティ事例の研究：法とセクシュアリティ序説」（中央大学大学院法学研究科二〇〇四年度博士学位申請論文、未公刊）の第五章。未公刊論文なのにもかかわらず、谷口洋幸氏（日本学術振興会特別研究員）が本博士学位論文を筆者にご恵投くださったことも謝意とともに明記しておく。

（43）*Ibid.*, p. 105.

（44）See *ibid.*

なお、岩浅昌幸も「グリスウォルド対コネティカット」判決について言及しており、参考になる。岩浅昌幸「"Freedom of Intimate Association"に関する一考察：自己決定権との関わりを意識して」『筑波法政』一四号（一九九一年）五一一頁。本論文についても、谷口洋幸氏のご好意によって入手することができた。ここに記して感謝の意を表しておきたい。

（45）See *ibid.*, p. 108.

（46）See *ibid.*, pp. 109-11.

（47）野崎綾子も「家族」を「権利」の言説によって論じることの問題点を指摘している。野崎綾子『正義・家族・法の構造転換：リベラル・フェミニズムの再定位』（勁草書房、二〇〇三年）一〇七—一九頁。

（48）たとえば、日本国憲法の解釈論としてまず考えることができるのは、二四条の性質をどう解するべきか、ということであろう。この点につき、植野妙実子による整理が参考になる。植野妙実子「憲法二四条と憲法『改正』・教育基本法『改正』」『法律時報』七八巻一一号（二〇〇六年一〇月）一三—五頁。

また、「血縁と婚姻を越えた関係に関する政策提言研究会」の有志が二〇〇四年に行った「同性間パートナーシップの法的保障に関する当事者ニーズ調査」(http://www.geocities.jp/seisakuken2003/tyosa/title.html)の成果を参考にするのであれば、当事者たちが求めている保障とは、経済面に関係するものが主であり、それに比べると貞操義務などの義務的側面はそれほど重視されてはいないという点で、同性婚の法制化によってもたらされるものとは幾分異なっているように思われる、ということも明記しておきたい。

著者紹介

仲正昌樹（なかまさ　まさき）金沢大学法学部教授
社会哲学

福田隆雄（ふくだ　たかお）早稲田大学大学院社会科学研究科修士課程修了
経済社会学

高原幸子（たかはら　さちこ）中京大学、静岡産業大学非常勤講師
フェミニズム倫理、社会思想史

清家竜介（せいけ　りゅうすけ）早稲田大学大学院社会科学研究科博士後期課程単位取得満期退学　現在社団法人日本経済復興協会特別研究員
社会学・社会哲学

権　安理（ごん　あんり）立教大学兼任講師
社会哲学・現代社会理論

合田香奈子（ごうだ　かなこ）早稲田大学大学院社会科学研究科博士課程後期課程
社会哲学

松井賢太郎（まつい　けんたろう）東京理科大学非常勤講師
現代哲学

永井順子（ながい　じゅんこ）早稲田大学大学院社会科学研究科博士後期課程
福祉社会学

綾部六郎（あやべ　ろくろう）北海道大学大学院法学研究科博士課程後期課程在学
現代社会理論・現代法理論

批判的社会理論《ひはんてきしゃかいりろん》の現在《げんざい》　　叢書・アレテイア　8

2007年5月22日　第1版第1刷発行

編　者　　仲　正　昌　樹
発行者　　橋　本　盛　作
発行所　株式会社 御茶の水書房

〒113-0033　東京都文京区本郷5-30-20
電話 03-5684-0751

組版　スタジオ・ウイング
印刷　平河工業社／製本　東洋経済印刷

Printed in Japan

ISBN 978-4-275-00530-4 C3010